KB038750

압축적 근대성의 논리

장경섭 지음
박홍경 옮김

압축적 근대성의 논리

THE LOGIC OF COMPRESSED MODERNITY

문학사상

차례

1부

압축적 근대성의 조망

2부

압축적 근대성의 구조적 속성

3부

압축적 근대성 이후

|한|국|어|판|서|문|

비록 최종 내용은 막연했고 계속 바뀌었지만 이 책, 더 정확히는 압축적 근대성에 대해 이런 성격의 책을 쓰겠다고 마음먹은 것은 20년도 더 되었다. 한마디로 이제 거의 4분의 1이 지난 21세기 내내 이 책을 쓰려고 애써온 것이다. 원래 목표보다 훨씬 길어진 집필 기간은 문제의식 및 분석된 현실의 일관성과 통합성을 저해했을 수도 있지만, 오히려 관찰 영역과 대상의 다양화, 관련 학술 토론의 다변화 및 심화로 이어져 결과적으로 본서의 내용이 애초 기대보다 훨씬 풍부해진 느낌이다. 심지어 여기에 소화하지 못한 내용들을 별도의 책으로 정리해 출판해야 할 상황이 되어, 결국 『압축적 근대성의 위험The Risk of Compressed Modernity』 저술·출판 계약을 같은 영국 출판사(Polity Press)와 맺게 되었다. 이 후속서는 필자가 1997~1998년 한국의 금융위기(IMF 경제위기)에 즈음해, 이는 단순한 경제위기를 넘어 압축적 근대성에 결부된 사회체제의 총체적 위기라고 국제 학술지

(《Economy and Society》)를 통해 제기한 주장들을 장기적 관점에서 (재)정리·평가한 내용들을 중심으로 한다.

어쨌든 압축적 근대성에 대해 미진하나마 일반 명제적 내용의 책을 완성하기는 했지만, 그 실증적 중심 기반이 한국 사회와 한국인인 것을 감안하면(그리고 필자가 한국의 대학에서 줄곧 연구·교육에 종사해왔으면서) 왜 굳이 영문으로 이 책을 처음 출판했는지 질문받을 수 있겠다. 수많은 이유가 있을 터인데, 학술 언어로서 영어의 편리성·보편성, (필자의 생활세계인) 한국 현실로부터의 객관화(혹은 타자화?), 압축적 근대성으로서 규정·분석·설명된 내용에 대한 국내보다는 해외 학술·문화·언론계의 적극적 관심 등이 그것이다. 그러나 30여 년을 넘긴 필자의 한국 내 학자·지식인으로서의 활동 성과로서, 그리고 압축적 근대성에 대해 최근 국내 학계와 사회에서 커지는 궁금증에 대한 응답으로서 본서를 한국어로 출판해야 할 필요성, 나아가 의무감을 심각하게 느낄 수밖에 없었다.

이런 이유로 문학사상사에서 한국어판을 출판한다는 소식을 접했을 때 엄청난 반가움을 느꼈다. 그리고 국역된 원고 검토를 의뢰받았을 때, 번역자인 박홍경 선생과 출판사의 황인석 에디터 등 편집진이 얼마나 정성을 쏟았을지 감동스러웠다. 책의 논지를 훌륭하게 담아낸 표지 디자인을 해준 박진범 디자이너에게도 감사드린다. 솔직히 사회학, 특히 비교근대성 분야의 온갖 학문적 특수어, 신조어, 유행어들이, 그리고 (국제적으로도 회자되는) 필자의 용감(?)한 신개념들이 그냥 추상적인 차원이 아니라 한국을 중심으로 구체적인 역사·사회 현실 속에서 제시될 때, 상식적으로 통용되는 한국어로 제대로 표현될 수 있을지 분명한 확신이 없었다. 이와 관련한 난관을 돌파하는 데 서울대학교 사회학과 대학원의 강다겸이 너무나 치밀하고 헌신적인 도움을 주었다. 그동안 대학에서 나의 고유한 연구 성과를 학생들에게 적극 이해시키려 노력해왔는데, 이런 노력이 절대 헛되지 않았음을 확인시켜준 셈이라 그 도움의 의미가 너무나 크다.

본서 영문판이 2022년 초여름 출판된 이후 얼마 되지 않아 아랍어, 프랑스어, 중국어 번역판 출판 의향을 접했는데, 이러한 뜻밖의 영광에 필자는 크게 고무되지 않을 수 없었다. 이와 관련해, 번역판 출간 의사를 밝힌 사우디아라비아, 프랑스, 중국의 출판사에도 감사하지만, 스스로 (엄청난 고생인) 번역 작업을 수행하겠다고 나선 모스타파 레즈라지, 벵자맹 즈아노, 박우 교수에게 너무나 감사한 마음이다.

지난해 영문판 출간 이후 이미 여러 주요 국제 학술지에서 다양한 반응과 평가를 담은 서평들을 게재했고, 특히 독일 베를린대학에 기반을 둔 《한국 유럽 리뷰Korea Europe Review》는 본서에 대한 북심포지엄 특집호를 통해 미국, 영국, 인도, 우크라이나, 이스라엘 학자들의 리뷰 에세이와 이에 대한 필자의 대응 논문을 출판한다. 한국 독자들의 참고를 위해 그 주요 내용을 잠깐 소개하면, 압축적 근대성과 그 세부 특질들은 사실 범세계적으로 광범위하게 나타나거나(Michael Seth), 특히 동아시아 각국에서 일상적으로 관찰되며(Suu-Ki Chai), 압축적 근대성의 시간적·공간적 구성에 대한 통합적 강조는 최근 지리학 배경의 정치경제학적 문제의식에 밀접히 접목되고(Jamie Doucett), 공격적 경제개발 등 급속한 변혁들이 민중적 시민권 차원에서 갖는 구조적 모순들이 특히 주목되어야 한다(Jeffrey Swindle)는 지적이 제시되었다. 제프리 스윈들의 서평문에는 본서 4장의 '멀티플렉스 극장 사회'란 심층부에서부터 융기된 지층들이 90도 전도되어 먼 과거에서부터 지금까지의 지질적 특성들이 수평적으로 현재에 공존하는 상태로 비유된다는 통찰력 넘치는 언급이 있는데, 이는 압축적 근대성의 시간적·공간적 입체 구성에 대한 탁월한 해석이 아닐 수 없다.

압축적 근대성의 고질적 부작용인 몰지성주의가 신자유주의 질서에 맞물려 급속히 확대 재생산되고 있는 사회환경에서 출판계의 경영상 어려움이 엄청나게 가중되고 있음에도 불구하고, 일반 도서보다 훨씬 비용 부담이 큰 본서 한국어 번역판을 출간하기로 결단 내린 문학사상사에 깊은 감사의 뜻을 전한다. 궁극적으로는 필자의 연구·집필 활동과 문학사상사의 출판 사업이 갖는 문명적 공동 가치가 많은 독자들의 사유 속에서 공감되기를 간곡히 기원한다.

2023. 11.

장경섭

|저|자|서|문|

1948년 형식상 고도의 선진 민주주의를 지향하는 정치적 발걸음을 내디딘 후 1960년대 중반부터 '기적적인 속도'의 자본주의 산업화와 경제성장을 이루고 21세기에는 한국 대중문화('한류')가 세계적 문화로 발돋움하기까지 한국 사회는 모든 방면에서 극적인 변화를 겪었다. 이러한 변화는 정치, 경제, 사회·문화 영역에서 (서구 또는 미국의) 근대 제도와 문물을 매우 광범위하고 공격적으로 모방하고, 재현하고, 활용한 과정에 힘입은 바 크다. 학제적으로 인문학과 분리된 전문 사회과학은 그러한 압축적 서구화 겸 근대화 원리를 발견하고 근거를 제시함에 있어 사회·정치적 토론과 철학적 숙고를 대신한 경우가 많았다. 그러나 일반적으로 시간적·물리적 압축 정도로 측정되는 '성공적' 근대화와 개발의 위력이 압도적이었기에 이에 동원·활용된 사회과학자들의 지위는 사회적 영향과 기술관료적 유용성에서 거의 배타적이었다.

한국의 대학에서 30여 년간 사회과학자로 연구하면서 한국의 사회과학이 실제 사회현상을 설명하는 학문적 장치 못지않게 그 자체로 설명이 필요한 독특한 사회현상이라는 생각이 든다. 이러한 생각은 한국 근대화와 개발, 그것의 실제 환경, 과정, 위험에 나타나는 극도로 압축적인 특성이 매우 중요한 학문적 주제라는 판단과 불가분한 것이다. 또 다른 분명한 생각은 근대화와 개발의 압축성이 목적이 분명한 국가적 성취인 동시에 세계사의 맥락에서 필수적이었다는(때로는 강제되었다는) 것이다. 이와 관련된 또 다른 생각은 한국이 전형적인 사례이기는 하지만 압축적 근대화와 개발이 현실로나 목표로나 탈식민 세계에서 보편적으로 나타났다는 것이다. 이처럼 서로 연관된 생각과 판단을 고려하면 필자의 연구를 포함하여 한국의 사회과학에 대한 고찰은 매우 흥미롭고 생산적인 경험이 되며 심지어 (실제?) 사회질서를 이해하는 중요한 여러 단서를 얻을 수도 있다. 그리하여 대학에서의 하루하루가 흥미롭고도 생산적인 경험이었으며 그 성과의 일부가 이 책에 담겨 있다.

물론 이 자기 성찰적인 지식사회학은 한국 사회학 분야의 많은 스승과 선학들의 고민으로서, 이들은 한국의 역사·사회 현실에 천착하여 사회학의 유용성과 혁신성을 제고하려는 지난한 노력을 기울여왔다. 그러한 귀중한 노력은 여러 사회현상의 설명에 있어 실질적인 기여를 했을 뿐 아니라 필자가 이 책에서 다룬 압축적 근대성에 관한 여러 중요한 질문을 발전시켜나가는 데 큰 도움이 되었다. 특히 내부다중근대성(4장)론은 이들의 연구에 담긴 풍부한 관찰과 사유에 힘입은 바 크다.

1990년대 이후 압축적 근대성을 분석하면서 울리히 벡, 브라이언 터너, 예란 테르보른 교수를 비롯해 비교근대성을 연구하는 다수의 세계적 권위자들과 긴밀하게 교류하고 협업했다. 그러한 교류의 결과가 이 책에 고스란히 담겨 있다. '세계화'에 대한 벡과 필자의 일치된 의견을 토대로 한 3장(세계보편주의 관점의 압축적 근대성), 테르보른의 근대성에 대한 세계 구조주의적 견해를 공유한 4장(내부다중근대성), 터너의 시민권 개념을 한국의 변혁적 정치에 확장한 5장(변혁공헌권리)이 그러한 예이다.

필자는 이미 이들과 다수의 저작을 공동 발표하기도 했다. 특히 브라이언 터너 교수와의 교류가 예상하지 못했던 수준으로 확대되어 2017년에는 방대한 5권 분량의 사회학 이론 백과사전(『The Wiley Blackwell Encyclopedia of Social Theory』)을 공동 편집했다. 이 백과사전에서 필자는 근대성·식민성·개발과 아시아 사회이론에 대한 두 섹션의 편집을 책임졌으며 범세계적 차원에서 균형 잡히고 포괄적인 방식으로 그 내용을 구성하기 위해 노력했다. 특히 아시아 사회이론 섹션의 경우 다수의 주요 아시아 학자들이 적절한 아시아적 관점에서 아시아(및 유라시아) 이론과 현실에 대한 많은 항목을 선택하고 집필할 수 있도록 조직하는 데 심혈을 기울였다. 해당 항목들은 아시아 근대성의 여러 중요한 요소와 측면을 나타내기 때문에 이 책 역시 이러한 내용을 긴밀하게 반영했다. 또한 울리히 벡 교수의 초청으로 압축적 근대성에 대한 필자의 연구를 그가 초빙 편집자였던《영국 사회학 저널British Journal of Sociology》(2010)과《사회 세계Soziale Welt》특집호(2010)에 게재하게 되었다. 여기서는 압축적 근대성과 벡이 제시한 '이차 근대성' 및 '반영적 근대성' 간의 공통적인 이론적·분석적 기반을 설명하고자 했다.

다른 한편으로는, 압축적 근대성이 필자가 인식한 것 이상으로 광범위한 사회현상을 유의미하게 설명할 가능성이 있음을 명망 있는 학자들이 일깨워주었다. 특히 낸시 에이블먼, 데이비드 마틴존스 교수를 비롯해 (오늘날 '한류'로 불리는) 한국 대중문화의 여러 장르를 연구하는 많은 학자들에게서 큰 가르침을 얻었다. 솔직히 이들이 압축적 근대성 측면에서 한국 대중문화를 분석한 내용을 읽기 전까지는 어떤 유형의 사회과학 연구라도 한국인의 일상적 경험과 생애 궤적을 반추하는 다양한 문화적 생산물들을 심도 있고 세밀하게 재분석할 수 있으리라고 생각하지 못했다. 이러한 측면에서 한국의 영화, 드라마, 가요, 소설, 기타 장르의 명작들이 지닌 사회·문화적 영향력에 열정적으로 호응한 국내외 대중은 사회학적 연구의 매우 흥미로운 주제인 동시에 그들 자신이 (필자가 '압축적 근대성'으로 설명하고자 했던) 복잡하고 모순적인 사회 현실에 대한 문화비판적 성찰에 참여하는 분석 공동체이다. 이러한 깨달음은 대중문화가 압축적 근대성의 개인적·사회적 현실을 효과적으로 반영하는 지적 형식일 수 있다는 생각으로 이어졌다.

전북대학교 이정덕 교수가 이끈 '개인기록과 압축근대' 주제의 SSKSocial Science Korea 연구(2001~2017)는 일기 등 다양한 생활자료들을 분석하여 압축적 사회 변화 속에서 한국인의 생애 궤적과 가족관계 양태를 조사했다. 필자는 이 연구 사업의 국제회의에 참여하여 발표 기회를 가졌을 뿐 아니라, 20세기 사적 영역의 급격한 변화에 대한 매우 체계적이고 심층적인 분석 결과를 접할 수 있었다. 또한 여러 아시아 사회의 인구 변화, 가족생활, 젠더 관계에서 압축적 근대성이 다채롭게 나타나는 것과 관련하여 오치아이 에미코, 스테비 잭슨 교수에게서 큰 배움을 얻었다. 압축적 근대성에 대한 필자의 탐구는 한국이 고유한 사례보다는 전형적인 사례라는 가정에서 출발했지만 여타 사회들에 대해 상응하는 수준의 체험과 관찰이 결여된 상태에서 이를 국제적으로 적극 확장하지 못했다. 이러한 아쉬움을 더는 결정적인 계기를 마련해준 분이 교토대학의 오치아이 에미코 교수이다. 일본의 세계화·교육·연구 프로그램인 '21세기 아시아에서 친밀 영역과 공공 영역의 재구성(2008~2012)'에서 오치아이 교수의 주도로 수행한 일련의 국제 공동연구는 여러 아시아 나라들의 사회·인구(학)적 변화에 대한 상호비교 및 유럽·북미와의 비교를 위한 분석틀로 압축적 근대성을 채택했다. 이 연구 사업과 관련한 강연, 발표, 토론, 출판 기회를 통해 세계 각지에서 나타나는 압축적 근대성의 실태와 유형에 대해 많은 것을 배울 수 있었다.

필자는 중국 맥락의 탈사회주의에 대한 초기 분석을 수행한 경험이 있었기에 최근 동아시아 등지의 '전환사회'들에서 일어나는 사회 변화에 점점 관심이 커졌다. 그러던 차에 중국 사회를 집중적으로 연구하고 중국 내 핵심 학자들 및 지식인들과 밀접하게 교류해온 프랑스 리옹대학의 로랑스 룰로베르제 교수가 현대 중국에서 나타나는 탈사회주의 압축적 근대성의 여러 구체적 실태를 일깨워준 데 대해 감사한다. 특히 프랑스 학술지《시간성Temporalités》2017년 특집호를 "'압축적 근대성'과 중국의 시간성Compressed Modernity and Chinese Temporalities"으로 기획해준 덕분에 필자가 중국을 '탈사회주의 복합위험사회'로 평가한 논문을 발표할 수 있었다. 후발 자본주의와 탈사회주의 맥락에서 압축적 근대성의 비교연구에 룰로베르제 교수와의 앞으로의 연구 협력이 더욱 기대된다.

이 책의 마무리 단계에서 필자는 영국 케임브리지대학 클레어홀(칼리지)의 방문연구원으로 초청받아 다방면의 지원을 받았다. 특히 클레어홀과 사회학과에서 본서의 주요 내용을 발표·토론하는 세미나 기회를 통해 탈고에 큰 도움을 얻었다. 이 시기에 아울러 베를린공과대학TUB의 독일학술재단 지원 장기연구과제 "공간의 재구성" 연구사업단의 초청으로 (본서 4장 내용인) '내부다중근대성'에 대한 강연을 했는데, 연구진과의 심도 있는 장시간 토론은 필자의 생각 정리를 결정적으로 촉진시켰다. 또 뒤이어 모로코왕국학술원의 특별강연 초청으로 "성취 및 위험으로서의 압축적 근대성"에 대한 발표·토론을 했는데 이 자리에서 수많은 모로코, 아랍, 아프리카, 아시아 및 구미 학자들과의 생각 교환이 엄청난 자양분이 되었다. 이와 관련해 케임브리지의 사라 프랭클린, 베를린의 후베르트 크노블라우흐, 모로코의 모스타파 레즈라지 교수에게 깊이 감사한다.

오랫동안 압축적 근대성에 대한 필자의 고민과 작업에 따뜻한 격려와 건설적인 조언을 아끼지 않았던 여타 수많은 국내외 스승, 선학, 동료 연구자들에게 깊은 감사의 뜻을 전하고 싶다.

이처럼 필자를 기꺼이 독려·지원해준 많은 학자들과 세계 각지 학술기관들의 성의를 생각하면 이 책이 그들의 기대에 부응할 수 있을지 사뭇 염려가 된다. 어떤 면에서는 그러한 모든 학문적 교류 자체가 필자에게 축복이었기 때문에 이미 넘치게 보상을 받은 기분이다. 이제는 남은 모든 한계와 부족한 부분에 대해 연구를 계속 해나가겠다는 말밖에 할 수 없다. 관련 후속 저서 『압축적 근대성의 위험』에서 이 책의 부족한 부분들을 채울 수 있기를 바란다.

끝으로, 헌신적으로 연구를 도와준 서울대학교의 허설화와 김희연, 세심하고 사려 깊게 수정·편집을 수행한 수전 비어, 줄리아 데이비스, 케임브리지에서 직접 회동을 통해 본서 출판 의지를 적극 밝히고 격려해준 존 톰슨 대표(케임브리지대학 명예교수) 등 폴리티 출판사의 여러 구성원들에게 감사의 인사를 전한다.

이 책은 한국연구재단의 지원으로 연구 및 집필되었다(NRF-2013S1A6A4016337).

1부

압축적 근대성의 조망

1장

서론: 논의의 목적, 쟁점, 내용

1-1 목적

한국 사회에서는 극단적인 사회 특성과 경향들이 매우 흥미롭게 뒤섞여 나타난다.[1] 한국의 1인당 국내총생산은 3만 달러가 넘고 여러 산업에서 전 세계를 선도하고 있으며 대학 교육 이수는 세계 최고 수준을 자랑한다. 수십 년간의 식민지 착취에 이어 전쟁으로 폐허가 된 나라가 '기적적인' 경제성장과 사회발전을 이뤘다는 사실에 한국인들이 스스로 자긍심을 가질 만도 하다. 그러나 한국인들은 국제 사회에서 회자될 정도의 극심한 사회문제들이 오래 이어지면서 신음하고 혼란을 겪고 있다. 가계 부채, 노인 빈곤, 자살, 결핵 감염은 선진국들을 통틀어 최악의 수준이다. 이와 동시에 한국 노동자들의 노동 시간은 연간 2,000시간

이상으로 세계적으로 손꼽을 정도이며, 학생들의 학습 시간은 세계 어느 나라의 학생들보다 많고, 노인들이 일을 그만두는 시기도 전 세계에서 가장 늦다. 인구통계 측면에서 한국의 합계출산율TFR은 2020년 기준으로 0.84로 세계 최저 수준인 반면, 기대수명은 세계에서 가장 빠른 속도로 증가하고 있어 그 어떤 사회보다 빠르게 인구 노령화가 진행되고 있다.[2] 필자가 오랫동안 관찰한 바로는 한국의 압축적 근대성compressed modernity은 서로 상충되어 보이는 수많은 극단적인 사회 특성과 경향으로 점철되어 있다. 오늘날 한국의 사회질서와 개인의 삶에서 나타나는 유례 없는 수준의 강도, 속도, 복잡성, 모순을 따져보면 이 사회가 처음 서구에 알려진 후 '은자의 나라'로 불렸다는 사실을 믿기 힘들 정도이다.

사회학에서는 이처럼 기적적이면서도 동시에 고질적 병폐들을 안고 있고 심지어 종종 발작적인 사회를 어떻게 해석할 수 있을까? 한국이 개발·사회·정치·문화적으로 전 세계에서 중요성을 인정받으면서 해외 언론과 대중은 깊은 인상을 받아왔다. 그뿐만 아니라 세계적으로 저명한 여러 학자들이 식민지 독립국들의 근현대화와 개발을 연구할 때 한국의 경험은 획기적 모범 사례나 가능성으로 분석할 근거로서 제시되었다.[3] 이처럼 한국 근현대성의 다양한 측면에 대한 설득력 있는 해석들이 제시되었지만, 사회학 일반에 미치는 주류 학문적 영향과 시사점은 비교적 제한되었다. 한국의 근현대성에 관한 연구 결과와 해석이 다양하고 실질적인 지적·현실적 기여를 하기는 했지만, 그렇다고 폭넓은 학문적 패러다임으로 발전하지는 못했다. 그 이유를 한국의 경험이 특이해서 다른 사회에 적용하기 어렵다거나 일반화가 가능한 이론적 시사점을 도출하기 어렵기 때문이라고 단정할 수는 없다. 일각에서는 한국이 근현대화와 개발 측면에서 거둔 성과를 유교적 가치, 식민지 근대화, 국가 개입주의, 자유주의 세계질서 등에 초점을 맞추어 지나치게 관련 이념이나 규범에 경도된 시각으로 주장하면서 학문적 객관성이 제약되기도 했다. 무엇보다 다수의 설명이 한국의 산업자본주의, 민주주의, 시민의 복지, 심지어 인구 재생산 측면에서 거듭된 혼돈, 퇴행, 위기 경향을 예측하지 못했다. 이들의 학문적·사회적 영향력은 한국 사회의 거의 모든 부문에 내재된 불안정성에 따라 부침을 거듭해 왔다.

한국 밖에서든, 안에서든 기존의 사회학이 진정으로 '한국성 Koreanness'을 구성한다고 보편적으로 평가할 수 있는 요소들을 체계적이고 효과적으로 설명했다고 볼 수 없다. 유럽과 북미의 이른바 주류 사회학에서 한국은 학문적 연구 대상으로서 (무시까지는 아니더라도) 대체로 경시되었다. 역설적이게도 한국의 대학은 교육, 심지어 연구에서 서구 사회학의 그러한 경향을 대부분 답습했다. 일반적으로 사회학은 서구의 주요 대학에서 박사학위를 받은 한국 연구자들을 통해 미국을 비롯한 서구에서 수입되었으며 해방 이후 한국의 사회학계에 전파되었다(김종영 2015).

따라서 대학 등 교육기관의 현대화가 상당히 빠른 속도로 밀도 있게 진행되었으나 한국 현실을 체계적으로 검증하고 이론화하는 학문적 기여는 대체로 모호한 상태로 남아 있었다(Park and Chang 1999). 학계 일각에서는 국제적으로 인정받는 국내의 학자들이 한국을 연구 주제로 삼는 것을 기피하는 경향마저 있었다. 이러한 맥락에서 차용된 서구의 사회학은 한국 실정에 맞춰 얼마나 보완·혁신되었는지에 상관없이 서구화가 곧 근대화라는 가정 아래 흔히 추측에 근거한 성급한 현실 처방들을 내렸고, 이는 한국 근대성의 복잡성을 가중시켰다. 이러한 딜레마를 마주한 다수의 국내(파) 학자들은 '토종 사회학' 혹은 '한국형 사회학'의 정립을 제안했다.[4] 그러나 20세기 이래 나타난 한국 사회의 핵심적 특수성은 전근대부터 내려온 고유의 내부 특성들보다는 서구의 근대성을 공격적이고도 복잡한 양상으로 수용하고 진행시켰다는 점에 더 결정적으로 기인하는 것으로 보인다.

한국 현실의 분석에서 기존의 사회과학이 사실상 '의도된 무효과intended inefficacy'를 보인 것과는 대조적으로 한국의 현실을 탁월하게 포착하여 중요한 형태의 미학적·지적 경험으로 가공해낸 문화 창작과 생산이 활발하게 진행되고 있다. 특히 한국의 수많은 영화, 드라마, 소설, 공연예술은 한국인과 한국 사회가 끝없는 격변 속에서 숱한 극적인 순간을 맞이했던 근현대사를 경탄스러울 정도로 잘 표현해왔다. 한국 사회의 현실과 경험을 완성도 높게 표현한 작품은 국제적으로 언론과 평단의 찬사를 받았고 어쩌면 사회과학자들로부터는 질시를 받을 만한 수준이다.[5] 한국뿐 아니라 전 세계에서 대중적 인기를 누리는 이른바 한류 대중문화의 공연 티켓 판매 규모, 드라마 시청률, 영화 관객 수, 웹페이지 방문자 수, 소셜미디어 팔로워 수 등은 상상을 초월하는 수준이다. 이처럼 전 세계에서 한국의 문화 생산물이 인기를 끌면서 한국성을 상징적으로 나타내는 용어의 필요성이 대두됨에 따라 '한류Korean Wave'라는 명칭이 붙었다. 대다수 한류 생산물이 한국의 현실과 경험을 긴밀하게 반영하고 있음을 고려하면 이러한 세계적 인기는 인간 삶과 사회의 공통적이거나 다양한 조건에 대한 초국가적인 (미적) 고찰을 한국적 맥락에서 수행했음을 입증한다.[6] 오스카상 수상작 〈기생충〉이 이를 단적으로 보여주는 사례이다. 이 영화는 한국 하층민이 일상에서 (이 책에서 필자가 분석하고 있는) 압축적 근대성의 현실 아래 고군분투하는 모습을 탁월하게 묘사하여 전 세계 관객들로부터 열렬한 반응을 얻었다.

필자 개인적으로는 1990년대 초부터 압축적 근대성이 한편으로는 한국인 삶의 극단적 변화, 경직성, 복잡성, 치열함, 불균형을 이해하는 데 어떻게 도움이 되는지 보여주고, 다른 한편으로는 그러한 특성 및 요소들 간의 연관성을 분석하려는 노력을 기울여왔다. 다행히 이러한 일련의 시도는 근대성과 식민성을 연구하는 세계 학계의 다원주의 움직임(Eisenstadt 2000)과 맞물렸고, 나아가 한국과 여러 아시아 사회들에서 적극적인 반응과 관심으로 이어졌다. 관련된 연구들의 주제와 분야로는, 동아시아의 가족관계 및 개인화(Ochiai 2011; Lan, P. 2014, 2016; Hao, L. 2013; Jackson 2015), 한국 근대성에 나타난 생활세계와 생애사(이정덕 외 2017), 동아시아의 돌봄 체계 및 사회정책(Shibata 2009, 2010; Ochiai 2014), 한국의 사회·정치 구조에 내재된 위험과 재난(Suh and Kim, eds. 2017), '한류'의 각 장르(Martin-Jones 2007; Paik, P. 2012; Keblinska 2017; Lee, K. 2004; Abelmann 2003; Jang and Kim 2013; Regatieri 2017; Kim, H. 2018), 아시아적 근대성과 개발 경험(Kang, M. 2011; Yui 2012; Yi, J. 2015) 등이 있다. 최근에는 중국과 여타 나라의 일부 학자들이 마오쩌둥 이후의 중국을 '탈사회주의 압축적 근대성'으로 분석하기도 했다(Wang, Z. 2015; Zhang, L. 2013; Xu and Wu 2016).[7]

압축적 근대성 개념이 이론적으로 모호하고 적용 범위가 유동적임에도 이처럼 많은 연구들에서 실증적 발견을 구성하고 해석하는 이론 및 분석 도구로서 활용되었다. 압축적 근대성의 주된 효용은 이론적으로 구체적인 설명 기능보다는 연구자와 현실 사이의 폭넓은 인식론적 매개 기능에서 찾을 수 있을 것이다. 특히 한류의 사회적 실체와 메시지를 해독하려는 비교문화연구에서 압축적 근대성을 이론 및 분석 도구로 채택한 것은 매우 흥미로운 일이다. 한국의 현실과 경험에서 압축적 근대성은 의식적이든 무의식적이든 문화 생산자들이 오늘날 한국 사회의 주요 실상과 특징을 포착하도록 돕는 단서로서 중요하게 기능해왔다.

필자는 한국·동아시아 압축적 근대성에 대한 연구에서 해외 학자들이 (포스트식민주의와 탈근대주의를 포함하기 위해) 폭넓게 정의한 비교근대성 논의를 적극적으로 수용했다. 물론 이는 세계 지성계의 근대성 논쟁과 핵심적 논자들로부터 중요한 통찰력을 얻기 위함이다. 동시에 한국과 아시아의 경험을 토대로 비교근대성에 대한 세계적 논의에 기여할 만한 가능성을 탐색하는 데 많은 관심을 기울여왔다. 이 같은 동기는 울리히 벡(반영적 근대화와 세계주의화), 예란 테르보른(착종근대성), 브라이언 터너(공헌권리로서의 시민권), 후베르트 크노블라우흐(재형상화), 오치아이 에미코(아시아의 압축적 인구 변천), 로랑스 룰로베르제(탈서구 사회과학), 스테비 잭슨(동아시아의 젠더), 낸시 에이블먼(한국에서의 가족과 이동), 문승숙(한국의 동원적 시민권), 구해근(한국의 계급 형성), 추아 벵 후앗(아시아의 대중문화, 한류), 그리고 다수의 한국 내 학자 등 여러 탁월한 학자들과 그들의 주요 연구에 대해 긴밀하게 논의하고 협업할 수 있는 기회로 발전했다.

필자는 이러한 앞선 연구를 비판적으로 발전시켜 압축적 근대성에 대한 새로운 저서를 통해 한국 및 비교사회적 맥락에서 압축적 근대성을 공식화한 설명을 제시하고 한국의 압축적 근대성을 구성하는 핵심적 주제들을 제시하고자 한다. 보다 구체적으로는 압축적 근대성의 정의와 구성적 체계에 대해 살펴보고 한국적 맥락에서 발현된 압축적 근대성의 본질적인 체계적 특성 몇 가지에 대해 논의할 것이다. 이 책의 목적은 근현대 세계사의 근대성 일반 범주로서의 압축적 근대성에 대한 잠정적 일반 명제를 제시하는 것이다. 다른 한편으로, 압축적 근대성의 다양한 체계적 특성은 필자의 연구뿐 아니라 다른 연구들에서 확인된 폭넓은 실증적 관찰을 토대로 포괄적으로 다룰 것이다. 이 책에 담긴 내용들이 비교근대성, 한국·동아시아의 사회구조와 변화, 한국·동아시아의 시민권, 아시아 대중문화, 아시아의 가족생활과 개인적 특성, 비교사회 정책과 돌봄 체계 등의 문제에 관심이 있거나 관여하고 있는 세계의 여러 학자들에게 도움이 되기를 간곡히 희망한다.

1-2 비교근대성 논쟁과 압축적 근대성

압축적 근대성은 탈식민 사회변동의 비판이론으로, 후기 근대 세계의 복잡하고 혼탁한 사회 현실에 관한 20세기 후반 이후의 자기비판적인 지적 각성에 동참하고 학습하려는 것이다. 그러한 지적 각성에는 탈근대주의 혹은 포스트모더니즘(Lyotard 1984, etc), 포스트식민주의(Chakrabarty 2000; Ashcroft, Griffiths, and Tiffin 2002, etc), 반영적 근대화(Beck, Giddens, and Lash 1994, etc), 다중근대성(Eisenstadt 2000, etc) 등의 논의가 있다. 탈근대주의는 근대성이 진보적 가능성을 소진했거나 남용했다면서 오히려 인류, 문명, 생태에 혼란과 파행을 야기할 뿐이라고 강하게 주장한다. 포스트식민주의는 해방된 제3세계에서 사회관계와 인식 구조의 식민적·신식민적 양상이 만성적으로 (재)발현되어 탈식민 근대화와 개발이 진정한 해방 과정과는 거리가 멀었다고 설득력 있게 주장한다. 울리히 벡과 앤서니 기든스가 주장했듯이, 후기 근대 현실에서 반영적 근대화는 현대사회와 시민들을 기회보다는 위험에 더 노출시키는 통제 불가능한 선택들의 홍수 속에서 구조적으로 복잡한 사회 변화 과정이다. 다중근대성론은 다양한 역사적·구조적 맥락에서 국가 형성 또는 부흥을 위한 다채로운 가능성과 형태의 근대성을 인식하는 데 도움이 되는 비교문명적 관점을 강조한다. 근대성에 대한 이러한 여러 비판적 논쟁에는 예외없이 압축적 근대성론을 위한 중요한 함의가 있다.

시간-공간 단축의 문제는 데이비드 하비(Harvey 1980)의 서구 근대화와 탈근대화에 대한 중요한 논의에서 핵심 주제로 제시되었다. 하비에 따르면, 자본주의 위기의 축적과 이를 극복하려는 노력은 통제 가능한 공간의 확대와 기계적 시간의 일반화로 이어져 궁극적으로 시간-공간 단축(하비는 '시간-공간 압착'이라고 표현한다)이 전 세계 차원에서 일어난다. 이러한 점에서 하비는 근대화와 탈근대화가 각각 설명하고 극복하려는 대상이 근본적으로 유사하다고 주장한다. 하비가 강조하는 '시간을 통한 공간의 파괴'와 '시간의 공간화'는 시간과 공간 사이의 복잡한 기능적 연관성에 관계되지만(Harvey 1980: 270) 필자가 2장에서 시간-공간 단축으로 제시하는 차원에 대체로 초점을 둔다. (전 세계 수준의) 시간-공간 단축이 각 단계에서 자본주의의 위기와 이를 극복하기 위한 적극적인 노력을 수반한다는 하비의 견해와 비교해 국가와 기타 수준의 압축적 근대성에서 시간-공간 단축 및 압축에는 훨씬 더 다양한 역사적 배경, 요인, 촉발자가 대두된다.[8]

아울러 포스트식민주의의 주요 이론가들이 주장한 현상(문화적 '잡종성', '혼합성' 등) 또한 시간-공간 압착에 포함될 수 있다(Ashcroft, Griffiths, and Tiffin 2002).[9] 문학비평에서 파생된 이 이론이 사회현상 일반을 다루도록 확대되면서 정치적으로 해방된 제3세계 민중과 지식인의 지위가 명확한 역사적·사회적 주권 주체로 인식되지만 여전히 그들의 정신적·물질적·제도적 삶은 식민적 또는 신식민적 (서구) 문화와 가치를 근본적으로 극복하지 못하고 토착적 요소들과 다양한 방식으로 결합하는 것으로 보인다.[10] 포스트식민 문화는 (신)식민 질서에 대해 '대립적'일 수도 있고 '담합적'일 수도 있다. 전자의 경우 (서구) 식민 문화와 가치를 비판하고 극복해야 할 대상으로 인식하는 것이다. 마찬가지로, 이 연구의 시간-공간 압착의 특정 측면에서 시간과 공간이라는 두 축의 서로 다른 위치에 있는 여러 문화와 제도가 상호작용하고 뒤섞이는 과정이 구체적인 역사와 사회 주권 주체로서 한국인의 이념, 가치, 의지에 지배받을 가능성이 얼마든지 있다. 그러나 압축의 대상이 되는 문화와 제도의 범위는 포스트식민주의에서 제안하는 것보다 훨씬 더 넓다는 점을 지적하지 않을 수 없다. 또한 압축의 측면은 잡종성이나 혼합성에 국한되지 않으며 경쟁, 충돌, 해체, 연결, 조합 등이 포함된다.

압축적 근대성의 다양한 차원은 구체적인 역사적·사회적 맥락에서만 분석할 수 있는 사회구조 및 변화의 발현적 양태이다. 따라서 어느 사회에서든 압축적 근대성의 형성과 변화는 세계 역사와 구조적 환경의 체계적이고 포괄적인 검토를 전제로 설명되어야 한다. 이와 관련해 테르보른의 착종근대성론은 근대성의 국제적 주체와 토착 주체 간 복잡한 상호작용과 관계의 사회적·제도적 결과에 대한 매우 유용한 단서를 제공한다. 테르보른(Therborn 2003: 295)에 따르면 "근대성은 역사적 발생 유형으로 말미암은 세계적 현상으로 봐야 하며 세계의 변동성, 세계의 연결성, 세계의 소통에 주목하는… 세계적 접근"이 필요하다. 나아가 테르보른(Therborn 2003: 295)은 두 가지 "근대성 형성의 일반적 과정"을 설명한다. "근대성과 일부 전통의 구조적 착종은 과거와 근대 사이 모든 단절의 무한히 가변적인 불완전성과 대다수 전통의 적응성"에서 비롯되며 "지리·역사적 착종은 서로 매우 상이하지만 밀접하게 상호작용하고 영향을 미치며 근대성을 향하거나 거치는 사회·정치적 경로들"에서 발생한다. 여러 사회들의 근대 역사와 구조적 조건은 지리·역사적 착종, 때로는 근대-전통의 착종이 발생한 근대성에 압축적 특성을 빈번하게 또는 만성적으로 유발함을 분명하게 보여준다. 테르보른의 착종근대성론은 중요한 인식론적 발전이지만 근대성의 세계질서하에서 다양한 종류의 정치, 사회·문화, 경제 변화를 분석할 때 (추상적인 구조적 조건에 대비되는) 구체적인 역사적 주체의 중요성에 긴밀한 관심을 기울여 신중하게 보완되어야 한다. 브뤼노 라투르(Latour 2005)는 (의견이 분분한) 근대 세계의 무한하게 다양한 가치, 목적, 자원의 존재론적 표현에 대해 주장한 '실천적 형이상학'에서 이러한 이론적·실증적 필요성을 설득력 있게 제시했다.

1-3 주제

이 책은 3부로 구성되어 있으며 제목은 각각 '1부 압축적 근대성의 조망', '2부 압축적 근대성의 구조적 속성', '3부 압축적 근대성 이후'이다. 1부에서는 서론이 담긴 1장 외에 2개의 장에서 각각 압축적 근대성의 기본 정의 및 구성과 세계보편주의적 발현을 설명한다. 2부는 6개의 장이 포함되며 각각 내부다중근대성, 압축적 근대성에서의 특질적인 시민권 유형, 압축적 근대성의 문화적 구성의 복합성, 개발에 대한 생산주의적 편향과 사회재생산 위기, 사회제도적 미비와 사회인프라 가족주의, 압축적 근대성의 인구(학)적 구성을 다룬다. 3부에서는 한편으로는 과거의 압축적 근대화와 개발을 위한 위험한 수단들의 부작용, 다른 한편으로는 사회·경제적 성숙(또는 포화)에 따른 선진국들 일반의 불안이라는 이중 부담을 안고 있는 한국의 포스트 압축근대적 현실을 논의하는 장으로 이 책을 마무리한다. 이처럼 다양한 주제만으로 이미 방대한 저서가 되지만 압축적 근대성의 과학적 설명을 독자적으로 제시하기 위해 다뤄야 할 다른 이론적·실증적 사안들이 많다. 그럼에도 이 책은 압축적 근대성에 대한 잠정적인 일반 명제로서 펴내는 것이다. 각각의 장을 요약하면 다음과 같다.

2장 「압축적 근대성: 구성 차원과 발현 단위」에서는 압축적 근대성의 공식 정의와 이론적·역사적 핵심 구성 요소를 제시하고자 한다. 압축적 근대성은 인간의 사회활동, 관계, 자산의 시간적(역사적)·공간적(문명적) 표현을 모든 가능성별로 조합하여 구성한 다차원 성격을 띤다. 즉 역사적 변화의 시간적 단축, 문명 범위의 공간적 단축, 다양한 시간성(시대)의 압축적 혼합, 다양한 공간(문명)의 압축적 혼합, 이런 차원들의 상호작용으로 구성된다. 압축적 근대성은 개인, 가족, 이차 조직, 도시·농촌 지역, 사회적 단위(시민사회, 국가 등을 포함), 나아가 세계 전체 사회에 이르기까지 인간 존재와 경험의 다양한 수준에서 표현될 수 있다. 각 수준에서 인간의 삶은 사회의 나머지 영역들과 정상적으로 통합되도록 강도 높고 복잡하며 유연하게 관리되어야 한다. 압축적 근대성은 탈식민 사회 변화의 비판이론으로서 탈근대주의, 반영적 근대화, 다중근대성을 포함해 후기 근대 세계의 복잡하고 혼탁한 사회 현실에 관한 20세기 말 이래의 주요한 자기비판적 지적 조류에 동참하고 배우고자 한다.

3장 「세계보편주의 관점의 압축적 근대성」에서 설명하겠지만 오늘날과 같이 빠르고 복잡하게 세계화되는 세상에서는 급진적인 과학·기술·문화적 투입의 추동력과 독점적인 정치·경제적 이해관계가 별다른 장애물 없이 국경을 넘나들며 작동한다.

옛 국가사회주의 국가의 자유주의 체제로의 전환은 이러한 투입과 이해관계의 세계화 추세를 강화했다. 그러나 최근 자본주의 공세에 따른 생태·물질·사회·문화적 위험은 더 이상 (선진국에서 저개발 국가를 향해) 단일 방향으로 전가되지 않는다. 선진국들조차 저개발국들에 대한 정치·경제적 지배 과정에서 세계화된 위험과 압박에서 자유로울 수 없다. 모든 개별 국가가 이러한 문제를 관리하고 관련 기회를 활용함으로써 세계화된 반영성의 내부화가 선진권과 저개발권(자본주의와 탈사회주의) 모두에서 일어나고 있음을 시사한다. 이러한 과정을 통해 사회들(또는 그 문명 조건들)이 서로 내재화되어 압축적 근대성이 후기 근대 세계의 국가(사회)에 나타나는 보편적 특징이 된다. 이는 개별 공동체, 조직, 가족, 개인 차원에서도 마찬가지이다.

4장 「내부다중근대성: 멀티플렉스 극장사회로서의 한국」에서 설명했듯이 근대성, 그리고 근대화의 과정은 아이젠슈타트가 다중근대성론을 통해 설득력 있게 설명한 것처럼 서로 다른 국가(사회)들뿐 아니라, 각국의 사회 내에서도 복수로 발현·진행될 수 있다. 한국은 변증법적 식민지 근대성, 탈식민기 반영적 제도근대성, 탈식민기 신전통주의 근대성, 냉전체제하의 자유세계 근대성, 신자유주의 경제 세계화에 맞물린 세계주의 근대성, 저항연대적 자유주의 근대성 등이 발현됨으로써 내부다중근대성에서 특히 두드러진 모습을 보였다. 이처럼 내부적으로 다양한 근대성들은 한국 사회와 시민이 19세기 말 이후 직면했던 외세의 일련의 강력한 영향과 이와 관련한 내부적 격변과 갈등을 반영한다. 각 근대성은 현대 사회변동을 규정하는 세계적 구조와 과정에 배태된 것이어서 특별하게 혹은 배타적으로 한국적인 것은 아니다. 그럼에도 한국이 근대성의 다중성 정도, 각 근대성의 극적이며 강력한 실현, 각 근대성의 장기적 작동, 다중근대성들 사이의 극도로 복잡한 상호작용에 있어 단연 두드러지는 사례임은 분명하다. 특히 서로 다른 세대, 젠더, 계급, 부문, 지역의 정체성과 이해관계에 다양하게 체화된 상태로 다중근대성들이 그 작용력과 형태의 수명을 무한정 연장해나가고 있는 가운데, 한국은 일종의 '멀티플렉스 극장사회'로서의 성격을 띠고 있다. 가능한 모든 근대성 주장들이 앞다퉈 때로는 동시다발적으로, 때로는 순차적으로 사회라는 무대에 올려지지만 이들 사이의 문명적 혹은 사회·정치적 화합 가능성은 분명치 않다.

5장 「변혁공헌권리: 압축적 근대성에서의 시민(권)」에서 자세히 설명하겠지만, 20세기 중반 이후 대다수 한국인의 생애사는 국가와 사회가 전면적인 (압축적) 근대성에 힘입어 부상하면서 극적인 제도·개발·사회·정치·민족적 변화와 위기로 점철되었다. 극적이고 근본적인 전환 단계마다 한국인들은 급격한 전환에 내재된 어려움뿐만 아니라 그러한 어려움을 관리하기 위한 조악한 제도적 조건으로 말미암아 발생하는 문제에 직면했다. 국가와 시민사회 모두 불안정하고 존속 여부가 불투명했으며 내부 조건과 국제 환경은 특히 신속한 제도 및 기술·과학 근대화와 적극적인 경제개발에 나설 것을 요구했다. 사실 그러한 변혁은 이제 걸음마 단계의 대외 의존적이고 탈법적이기까지 한 국가기구와 지배적인 사회질서의 성격에서 비롯된 사회·정치적 딜레마를 전략적으로 타파하기 위해 추진되는 경우가 많았다. 각 변혁이 그 자체로 궁극적인 목표가 되고, 변혁의 과정과 수단이 주요 사회·정치 질서를 이루며, 변혁에 배태된 이해관계가 핵심 사회 정체성을 형성하면서 거의 무조건적으로 변혁 지향적인 국가, 사회, 대중이 부상했다. 이러한 환경에서 변혁공헌권리 측면에서 독특한 시민권 유형이 생겨났다. 변혁공헌권리로서의 시민권은 국가나 사회의 변화 목표에 대한 각 시민의 기여에서 비롯되는 국가·사회적 자원, 기회, 존경에 대한 효과적이고 합법적인 요구로 정의할 수 있다. 한국이 제도 및 기술·과학 근대화, 경제발전, 정치 민주화, 경제 및 사회·문화 세계화, 최근에는 일종의 민족 재구성을 공격적이고 급속하게 추진하면서 시민들은 각 변혁에 적극적으로 동참하도록 요청받거나 스스로 요구했으며 정체성, 의무, 권리로 구성되는 시민권은 그러한 변화의 참여 조건, 과정, 결과로 상당 부분 구성되거나 실체화되었다.

6장 「복합문화체제와 다문화주의」에서는 21세기 초반부터 폭발적으로 증가한 한국 남성과 주로 아시아 여성 간 국제결혼이 한국이 진정으로 세계주의적 존재와 변화의 새 시대에 진입했음을 보여주는 징후일 수 있다고 설명한다. 이러한 전례 없는 현상은 한국의 여러 낙후 지역과 주변부를 명백한 다민족(인종)

실체로 변화시켰다. 중앙 및 지방정부는 신속하게 포괄적인 다문화가족 지원정책을 내놓았고 다양한 시민단체, 언론, 기업이 저마다의 다문화주의 사업을 통해 정부 정책에 화답했다. 다른 한편으로는 필자가 이 책에서 제시하는 '복합문화체제'의 주체로서 한국의 사회조직들과 시민들이 급속하게 탈식민 사회·정치 질서를 소화하고 사회·경제적 발전을 극대화하기 위해 도구적·선택적·신축적으로 세계 각지의 다양한 역사·문명적 자원들을 수용·활용해왔다. 이러한 맥락에서는 한국 사회에 빠르게 유입된 외국인 신부들의 법적 수용과 물리적 통합, 또는 다문화주의를 위한 정부와 민간의 노력이 반드시 한국이 지금껏 문화적으로 고립되어 있었다거나 이제야 다문화 또는 세계화된 주체로 변모하기를 희망함을 시사하지는 않는다. '다문화 신부'의 광범위한 등장은 한국 시민과 사회가 이들에 대한 개방적 수용과 적극 지원을 통해 자신들의 문화적 복합성을 보다 완성된 문명 속성으로 발전시켰다는 편의적 해석으로 이어져온 것으로 보인다. 그러나 한국인의 자기중심적 세계화의 일환으로 다문화주의가 자의적으로 연출된 경험을 통해 구성될수록 아시아의 결혼이주자들은 차별은 아니더라도 기존 한국인들로부터 구별 짓기 대상으로 남을 것이다. 이처럼 외국인 신부들이 기존 한국인들의 초보적 수준의 다문화 경험과 감정을 만족시키기 위한 필수 조건으로 모국의 문화적 특성을 지키고 표현하도록 계속 요구받거나 강요받을지는 지켜봐야 할 문제이다.

7장 「생산 극대화, 재생산 와해」에서 밝혔듯이, 한국(및 다른 동아시아 사회들)에서 압축적 근대성은 상당 부분 위(국가)로부터 강압적으로 시작되었으나 아래(일반 시민)에서 적극적으로 수용한 개발주의 정치경제political economy의 과정과 결과이다. 근대성은 기본적으로 개발주의 또는 생산주의 방식으로 이해되었기 때문에 근대화는 시간 단축적 경제개발을 달성함으로써 세계의 '선진국' 대열에 합류하는 정치·사회적 과업이 되었다. 이처럼 압축적 개발로서 강조된 근대성에 대한 접근은 경제생산을 극대화하면서 대신 사회재생산의 여러 조건과 과정을 체계적으로 희생시키는 다양한 정책, 제도, 행위로 이어졌다. 수십 년간 성공적인 경제개발이 이어졌으나 생산과 재생산에 대한 비대칭적 접근은 그 도구적 효과성을 잃게 되었다. 국제적으로 부러움을 살 만한 첨단 수준의 산업, 물리적 기반시설, 서비스, 생활양식 등의 이면에, 편협하게 정의된 개발주의 정치경제하에서 사회재생산 지원 가치가 없고 얼마든지 '폐기 가능deposable'하다고 여겨진 계급, 세대, 공동체, 문화, 지혜의 침식과 소멸로 인해 오늘날 한국 사회의 문명과 경제 발전은 심각하게 저해되고 있다.

8장 「사회제도적 미비와 사회인프라 가족주의」에서 강조했듯이, 한국인들은 근본적으로 가족에 의존하는 방식으로 현대역사를 살아오며 국제적으로 부러움을 살 만한 여러 성과를 냈다. 한국인의 근대성에 내재된 압축적 성격은 구조적으로 가족의 다양한 사회인프라 기능과 얽혀 있다. 한국 사회의 이러한 특징은 유교 등의 가족 중심 생활을 중시하는 전통 유산뿐 아니라 한국이 다양한 현대 사회·문화, 정치, 경제 요인에 대처한 과정과 방식에서 비롯되었다. 국가가 경제개발과 사회제도 근대화를 효과적으로 관리할 수 있게 된 후에도 가족 규범, 관계, 자원에 대한 한국인들의 의존은 크게 변하지 않았다. 사실 한국 근대성의 가족화된 특징은 그 방식이 지속적으로 변화하기는 했지만 오히려 계속 강화되었고, 국가와 국가에 연계된 사회 행위체들은 가족 중심의, 가족에 헌신하는 생활을 유지하려는 일반 시민들의 노력에서 전략적인 효용을 발견하고 의식적으로 활용해왔다. 이는 농촌 출신 이주노동자의 충분한 공급을 토대로 하는 초기 산업화(Lewis 1954), 수준 높은 공교육의 보편화를 통한 지속적인 인적자원 향상, 만성적 결함 상태의 공공복지에 대한 완충 역할을 하는 가족 내 지원과 돌봄 윤리의 지속 등 한국 개발과 근대화의 주요 특징과 조건 거의 모두에서 분명하게 드러났다. 국가가 실질적으로 가족주의 입장을 취한 것은 순수하게 가족의 사적 가치에 주목해서가 아니라 기술관료적 고민의 산물이며 이 책에서는 '사회인프라 가족주의infrastructural familialism'로 개념화했다. 역으로, 국가의 이러한 공리적 가족주의는 각 시민으로 하여금 국가 차원의 개발과 사회·정치 참여가 가족 차원의 헌신과 협조를 통해 체계적으로 촉진되었음을 깨닫게 했다. 사회인프라 가족주의는 위로부터 및 아래로부터 모두에서 지지되었다.

9장 「압축적 근대성의 인구(학)적 구성」에서 자세히 설명했듯이, 1960년대 초 이후 한국은 인구와 개발 차원에서 극도로 급속하고 근본적인 변화를 겪었다. 이주율, 도시화율, 출산율, 사망률 모두 전례 없고 비교 대상이 없는 속도로 변화하여 엄청난 경제성장, 산업화, 프롤레타리아화(농업에서 산업 부문으로 직업 변경)를 견인했다. 이러한 '이중적 격변'은 한국의 개발 경험이 중대한 인구적 조건, 과정, 결과와 밀접히 관련되어 있다는 점에서 전혀 우연이 아니다. 한국의 경제발전은 국가-기업의 동맹이 주도했지만 획기적인 범위와 정도에서 인적자원에 결정적으로 의존했다. 한국 시민들은 가족 차원에서의 유연한 인구적 적응 노력을 기초로 인적자원을 능동적 개발 참여와 이익 확보를 위한 전략적 기반으로 관리해왔다. 역으로, 한국이 최근 경험한 경제위기와 구조조정, 즉 탈개발적 전환은 인적자원, 가족관계, 재생산 활동의 급격한 재편을 일으켜 이전의 인구적 추세가 어떤 측면(출산율 하락, 인구 노령화 등)에서는 더욱 가속화되었고 다른 측면(출생성비 불균형, 이혼, 자살 등)에서는 둔화되거나 역전되었다. 반세기 동안 급격한 인구적 변화를 겪으면서 한국은 출산율, 혼인율이 높고 이혼이 드문 나라에서 출산율이 극히 낮고 독신과 이혼이 만연한 사회로 급변했다. 이러한 인구적 변화가 사회·경제적 지속 가능성을 위해 이전까지 당연시되던 물질적·문화적 조건을 근본적으로 와해시키면서 국가는 인구적 결손과 불균형을 역전시키거나 완화시킬 수 있는 전략적 대책들을 다급히 모색해왔다.

10장 「포스트 압축근대적 현실」에서 지적했듯이, 한국은 '기적적인' 근대화와 개발 성과를 이뤘지만 울리히 벡이 '이차 근대적' 위험이라고 설명한 자본주의 산업, 노동시장, 교육체계, 과학기술, 정부, 계급조직 등 근대적 제도들의 내재적인 역기능과 실패 급증에서 면제된 것은 아니었다. 한국인들이 이러한 위험들을 이제 막 인식했지만 다른 한편으로는 압축적 근대화 및 개발과 관련된 특수한 노력과 과정에서 비롯된 추가적인 어려움과 씨름하고 있는 실정이다. 역으로, 한국 사회가 압축적 사회·경제 변화의 위험한 시도들로 발생하는 부작용을 근본적으로 바로잡아야만 하는 중요한 순간에 한국인들은 개발과 근대화의 성숙 단계에 이른 선진국들이 공통으로 치러야 할 (흔히 '신사회 위험'으로 불리는) 대가들에 직면한 상태이다. 이것이 한국의 포스트 압축근대적 현실이며 가난과 배고픔, 정치적 균열, 사회 갈등과 혼란으로 점철된 식민지 해방 직후의 상황과 비교해도 어려움이 덜해 보이지 않는다.

2장
압축적 근대성: 구성 차원과 발현 단위

2-1 도입

2장에서는 세계적으로 자리 잡은 비교근대성 접근으로서 압축성 근대성의 공식 정의, 이론적 핵심 구성 요소, 역사적 조건을 다룬다. 이러한 접근은 탈근대주의(Lyotard 1984), 포스트식민주의(Chakrabarty 2000), 반영적 근대화(Beck, Giddens, and Lash 1994), 다중근대성과 착종근대성(Eisenstadt 2000; Therborn 2003) 이론 등 후기 근대 세계의 복잡한 사회 현실에 대한 다양한 비판적 논쟁에서 통찰력을 얻은 것이다. 1장에서 개괄적으로 살펴봤듯이, 근대성에 대한 이러한 비판적 논의들은 압축적 근대성론에 중요한 영향을 미쳤다. 압축적 근대성은 탈식민 사회 변화에 대한 비판이론으로서, 근대성과 근대성의 퇴행적 변형에 대한 비판적 논의에 동참하고자 하는 시도이기도 하다.

압축적 근대성은 경제·정치·사회·문화적 변화가 시간과 공간 차원에서 극히 압축적으로 발생하고, 서로 이질적인 역사·사회적 요소가 역동적으로 공존하며 고도로 복잡하고 유동적인 사회체계가 (재)구성되는 문명 조건이다(Chang, K. 2017a). 후술하겠지만 압축적 근대성은 개인, 가족, 이차 조직, 도시·농촌 지역, 사회적 단위(시민사회, 국가 등), 범세계 사회와 같은 다양한 층위의 인간 존재와 경험에서 나타날 수 있다. 각 층위에서 사람들의 삶은 사회의 다른 부분과 원만하게 융합될 수 있도록 강도 높고 복잡하며 유연하게 관리된다.

〈표 2-1〉 압축적 근대성을 구성하는 다섯 차원

<table>
<tr><th></th><th>시간(시대)</th><th>공간(지역)</th></tr>
<tr><td>단축/축약</td><td>[Ⅰ]</td><td>[Ⅱ]</td></tr>
<tr><td></td><td colspan="2">[Ⅴ]</td></tr>
<tr><td>압착/복잡화</td><td>[Ⅲ]</td><td>[Ⅳ]</td></tr>
</table>

〈표 2-1〉은 압축적 근대성이 시간/공간 영역과 단축/압착 과정의 두 축이 교차해 구성하는 구체적인 다섯 차원으로 이루어진다는 것을 보여준다. 시간 영역에는 물리적 시간(시점, 순서, 기간)과 역사적 시간(시대, 세, 시기)이 포함된다. 공간 영역에는 물리적 공간(위치와 영역)과 문명적 공간(장소와 지역)이 포함된다. 물리적으로 표준화된 추상적 시공간과 비교해 특정한 지역의 특

정한 시대는 실제로 존재하는 문명을 구성하거나 담지하는 현실적 틀이 된다.[1] 단축/축약은 두 시점(시대)이나 두 위치(지역) 사이의 이동 혹은 변화에 필요한 물리적 과정이 축약되거나 압축되는 현상을 말한다(각각 차원 [I]과 [II]). 압착/복잡화는 서로 이질적인 시대나 장소에 존재했던 복수의 문명 요소들이 일정한 시공간에 공존하며 상호 영향을 미치면서 변화를 일으키는 현상을 말한다(각각 차원 [III]과 [IV]). 이러한 네 차원에서 일어나는 현상들은 다시 복잡한 상호작용을 거쳐 또 다른 종류의 사회현상들을 야기한다(차원 [V]).

시간과 공간을 구분하고 단축과 압착을 가르는 위의 도식에는 논리적 타당성이 필요하다. 서구 근대성이 문명뿐 아니라 정치·군사적 우월성의 핵심 원동력으로 인식되는 비서구의 역사·사회적 맥락에서 서구는 별개의 지역일 뿐만 아니라 별개의 (자체적인) 역사적 순간을 규정하는 것으로 인식된다. 문명 부활을 위한 토착 세력의 의식적 노력이 외부 세력에게 패배하거나 내부적으로 좌절을 겪는 경우, 서구가 역사적 변화(근대화)의 방향성이자 문명 간 재편(실제로는 서구화)을 위한 동시대의 기준이 되는 경우가 많다. 변화가 단축적일수록, 즉 근대화가 빠르게 진행되고 더 완벽하게 서구화가 진행될수록 (그 과정에서 여러 토착 집단이 문화·이념적으로 소진되고 정치·경제적으로 희생되더라도) 해당 국가는 더 성공한 것으로 간주된다. 그러나 근대화와 서구화를 추진하는 바로 그 과정은 그러한 변화로부터 피해를 받는 집단의 문화·정치적 반발을 사며, 때때로 전통·토착적 문명의 구성 요소가 모순적이게도 근대화와 서구화의 전략적 관리에 유용한 것으로 간주되어 체계적으로 강화되기도 한다. 이렇듯 압착은 다양한 시간과 지역의 문명 구성 요소 사이에서 불가피해진다.

2-2 구성 차원

압축적 근대성의 다섯 차원(〈표 2-1〉)은 한국의 경험에서는 다음과 같이 설명할 수 있다. 시간(시대) 단축/축약(차원 [I])은 한국이 폭발적인 속도로 진행된 경제개발을 토대로 저임금 농업 경제에서 선진 산업경제로 옮겨 간 기간이 축약된 것을 예로 들 수 있다. 경제의 '압축적 성장', 사회의 '압축적 근대화'와 같이 종종 한국에 대해 이야기되는 빠른 변화가 이 차원에 속한다(즉, 압축적 근대화는 압축적 근대성의 구성 요소이다). 그러한 압축적(단축적) 변화는 문화 영역에서도 두드러져서, 심지어 탈산업 또는 탈근대 경향이 사회의 다양한 부문에서 관찰된다. 한국인들은 불과 반세기 만에 서구에서 200~300년 동안 수행한 것과 같은 경제·사회 개발을 이룬 것을 자랑스럽게 여기는데, 이러한 자부심은 국가 수준으로까지 전이되었다. 한국 정부는 한국이 '해방 이후' 또는 '독립 이후' 폭발적인 경제·사회·문화적 변화를 겪었다는 과시성 통계 자료를 빈번하게 펴냈다(통계청 1996, 1998).

그러나 한국인들이 역사 과정의 단축에 성공한 것이 곧 자발적 노력의 결과를 반영하는 것은 아니며, 많은 경우 이러한 단축은 정치·군사력과 문화적 영향력에 있어 비대칭적인 국제관계에서 비롯되었다. 예를 들어 정치, 경제, 교육 등에서 (서구형) 근대화 제도를 하루아침에 채택한 데는 해방 후 미군정의 통치가 가장 중요한 요인으로 작용했다. 오늘날 포스트모던 문화조차 초국적 미디어와 상업을 통해 한국으로 즉시 유입된다(Kang, M. 1999). 자발적 노력이 주요하게 작용했던 영역에서도 목표했던 최종 결과물이 모든 것을 설명해주지는 못한다. 예를 들어 서울과 부산을 각각 10시간, 5시간, 3시간 걸려 이동한다면, 각각의 상황에서 운전자(와 승객)들은 여행에 대해 다른 느낌을 받을 것이며 사고를 당하거나 피로를 느낄 가능성도 경우마다 다를 수밖에 없다. 따라서 한국의 개발 과속 경험을 분석하는 데 있어서는 의도된 목표보다는 과속 그 자체에 초점을 맞춰야 한다.

공간(장소) 단축/축약(차원 [II])의 예는 20세기에 한국이 지리적 거리와 차이에 상관없이 외세의 지배를 연달아 받으면서, 해당 사회들로부터 직접적인 영향을 받음으로써 정치제도부터 대중문화에 이르는 다양한 측면이 변화를 겪은 것을 들 수 있다. 물리적으로 제국주의 외세에 정복당하면서, 한국 사회에는 지역적 맥락이 상이한 여러 이념, 제도, 기술이 직접 강제되었다. 즉 문명 간 교류와 수용을 위한 일반적인 지리·공간적 요건이 생략되거나 단순화된 것이다. 이 같은 지리적 생략이나 공간적 단순화는 공간의 축약 또는 해체를 가져왔다. 특히 식민 통치와 자본주의 산업화 기간에 진행된 도시화는 외부 제도의 모방과 경제적 의존을 심화시킴으로써, 이러한 공간 축약으로 형성된 근대 도시를 토착 한국 문명과는 분리된 완전한 이종 공간으로 만들었다. 주요 도시에 위치한 대학교 대부분이 서구 문명의 포괄적이고 쇼핑몰과 같은 전초 기지 기능을 한다는 것 역시 공간 축약을 보여주는 또 다른 증거이다.

한국인 자신의 의지로 실현시킨 공간 단축은 1990년대에 정보화와 세계화가 전면적으로 진행되면서 가속화되었다. 특히 정보통신산업의 눈부신 발전은 한국을 정보화의 선구자 반열에 올려놓았다. 오늘날 전자통신 기술에 의한 공간의 축약 또는 해체는 21세기 국가 개발을 대표한다. 이러한 변화가 어우러지면서 불과 수십 년 전만 해도 해외여행이 특권층의 사치였던 한국은 국민들이 물리적으로 해외에 나가지 않더라도 외국(대부분 서양)의 공간에서 가상 여행 경험을 즐기는 나라가 되었다.

시간(시대) 압착/복잡화(차원 [III])와 관련해서는 (시간(시대) 단축/축약의 결과로 생긴) (탈)근대 요소와 (방치되거나 의도적으로 보호 또는 회복된) 전통 요소 간의 치열한 경쟁, 충돌, 분리, 연결, 화합이 촘촘한 역사·사회적 맥락에서 일어난다. 종종 '비동시성의 동시성'이라고 불리는 이러한 현상은 복잡한 변화의 조건과 과정을 갖는 이념, 문화 및 기타 비물질적 영역에서 주로 관찰된다.[2] 특히 내생적 사회혁명을 통해 봉건 사회구조를 근절해낸 경험이 없는 한반도에서는 식민화와 자본주의 산업화가 사회 전체로 확산되거나 전통적 가치와 문화를 완전히 대체해내지 못했다. 게다가 사회발전에 따라 한국인들의 기대수명이 빠르게 증가하면서 노인층의 수명이 증가했고, 이는 이들이 지키고자 하는 전통적 가치와 문화의 수명도 연장시켰다.

결과적으로 전통적·근대적·탈근대적 가치와 문화가 공존하면서 상이한 시간대에 문명 간 압착이 일어난다. 그러한 시간적 압착은 산업 부문 간 '불균형 성장' 전략으로 인해 국가가 차별적으로 지원하여 빠르게 성장한 근대적 제조업 부문과 침체된 전통 농업(법적으로 토착 가족농만 허용)이 공존하게 되는 경제 분야에서도 나타난다. 그 결과 상이한 역사적 시기를 나타내는 서로 다른 생산체계 간의 연결이 근대 경제질서의 핵심 특성이 되었다. 다양한 역사적 시기의 압착을 마주하고 있는 한국인들은 생애는 말할 것도 없고 일상에서 끝없는 '시간 여행'을 한다. 이는 '한류'라는 기치 아래 많은 아시아 국가들을 매혹시킨 한국 텔레비전 드라마와 영화의 가장 중요한 소재일 것이다.

공간(장소) 압착/복잡화(차원 [IV])는 (공간(장소) 단축/축약의 결과로 생긴) 해외·다국적·세계적 요소와 (방치되거나 의도적으로 보호 또는 회복된) 토착 요소 간의 치열한 경쟁, 충돌, 분리, 연결, 화합이 촘촘한 역사·사회적 맥락에서 일어나는 현상과 관련이 있다. 서로 다른 세계-지역 맥락에서 발생한 다양한 사회적 요소가 동일한 시간-공간에서 공존하고 기능하는 과정은 종종 의존적인 위계구조나 (신)식민 지배를 수반한다. 문화 영역에서는 에드워드 사이드(Said 1978)가 서구의 '동양주의'라고 비판했던 것이 탈식민 사회에서 근대화 엘리트나 기타 문화적으로 의존적인 토착 이해관계자들의 '내부동양주의internal orientalism'(Schein 1997)로 인해 해당 사회에 내면화되는 일이 종종 벌어진다. 마이클 립턴(Lipton 1977)에 따르면, 이와 유사한 위계구조가 많은 제3세계 국가에서 토착 농업, 농민, 농업사회를 부당하고 비합리적으로 희생시키는 '도시 편향성' 형태로 나타났다. 이와 더불어 한국 엘리트들은 초기 근대화 이론이 토착 사회와 사람들에게 자기비하를 유발했을 뿐만 아니라 서구 문명의 우월성을 위계적으로 전파하려는 외부의 정치적 노력을 반영한 것임에도 해당 이론을 환영하는 모습을 보였다(Kim, J. 2015).

그러한 역사적 분위기는 토착 문화와 제도가 외국의 문화 및 제도와 극단적인 갈등을 벌이는 데 기여했는데, 한국의 문화계와 의약계의 사례에서 생생하게 표출된 바 있다.[3] (한국사, 철학, 문학 등의) 인문학자들, 전통 음악과 춤 전문가들, 토착 의학의 의료행위자들 사이에는 서양의 관련 전문가들이 사회를 장악한 것에 대한 만성적인 냉소의 분위기가 흐른다. 그러나 한국 사회가 외부 세력(일본)에 의해 산업자본주의의 식민지로 점령당하고 해방 후에도 또 다른 외세(미국)로부터 서구 표준의 정치·경제 질서를 받아들이라는 압박을 받은 역사적 맥락이 있는 덕분에, 남아 있는 토착 문물이 현실적 효용과 상관없이 중요한 역사·존재적 정당성을 주장할 수 있는 면도 있다. 실제로는 매우 대외 지향적인 개발 과정을 밟아왔지만 여전히 민족주의를 내세우는 데

거리낌이 없는 한국인들의 이중성은 이들이 추구해온 근대성이 공간적 차원에서 이질적 문명의 압착으로 점철되어왔음을 나타낸다.

지금까지 설명한 압축적 근대성의 네 가지 차원으로 생긴 사회현상과 문화 요소는 종종 치열한 경쟁, 충돌, 분리, 연결, 화합을 거치면서 또 다른 사회현상과 문화 요소를 파생시킨다. 이는 압축적 근대성의 차원을 모두 아우르는 다섯 번째 차원으로 간주할 수 있다. 사실 한국의 사회현상과 문화 요소 대부분이 다섯 번째 차원과 관련된다. 과거, 현재, 아시아(한국), 서양의 공존이 압축적 근대성 아래 생겨난 사회현상과 문화 요소의 공통적 특징임을 고려한다면, 모든 문명적 구성 요소는 다양한 혼합화의 과정을 통해 발생한 것이다. 이러한 유형의 사회에 살고 있으면서 그와 같은 복잡한 사회현상과 문화 요소를 받아들이기 위한 태도를 계속해서 개발하고 유지하지 않는다면, 그 사람은 언제든지 사회적으로 낙오될 위험에 처하게 될 것이다.

단축적 시간과 공간을 통해 생겨난 사회현상을 이해하고 대처하는 것 자체가 이미 엄청난 작업이지만, 갑자기 발생한 새로운 사회현상과 전통·토착 요소 간의 복합적인 상호작용을 이해하고 조정하는 것은 더욱 만만치 않은 일이다. 그러한 어려움은 사회적 가치와 이념체계의 복합성에서 두드러지게 나타난다. 가족, 회사, 대학, 시민사회, 정부는 다양한 가치와 이념의 파노라마로서 나타난다. 과거, 현재, 아시아(한국), 서양의 가치와 이념이 병존할 뿐만 아니라 끊임없는 상호작용을 통해 새로운 요소를 만들어내는 이러한 질서는 '지나치게 역동적'이며 지나치게 복합적이다.[4]

2-3 발현 단위

한국 등지에서 압축적 근대성은 다양한 단위·수준으로 나타난다. 사회 포괄적 단위(민족, 국가, 시민사회, 국가경제), 도시와 공동체, 이차 조직, 가족, 개인은 모두 압축적 근대성을 관찰할 수 있는 단위이다. 이러한 여러 단위·수준은 매우 다양한 구성으로 압축적 근대성을 나타내면서 내부다중(압축적)근대성으로 이어진다. 또한 특정 단위·수준이 사회의 압축적 근대성을 표현함에 있어 다른 단위·수준보다 중심적 역할을 한다면 해당 단위·수준은 그 사회의 중요한 구조적 위치를 점하는 것이다. 다른 한편으로는 서로 다른 단위·수준이 압축적 근대성에 상승(또는 방해) 효과를 낳을 수 있다. 이제 이 문제를 한국과 동아시아의 역사·사회적 맥락에서 다뤄보겠다.

사회 포괄적 단위 사회 포괄적 단위는 한국(과 동아시아) 압축적 근대성과 관련하여 가장 일반적으로 논의되는 영역이다. 탈식민 맥락에서 경제 따라잡기와 신속한 정치·사회 근대화는 국가적 공통 의제가 되었다. 실제로 단축적 경제, 사회, 정치 변화는 국가 개발 또는 부흥이라는 기치 아래 일반적으로 경험되었다. 국가는 경제, 정치, 사회 근대화를 통해 번영하려 하지만, 국가의 역사적 기반은 전통·토착 가치, 상징, 기억을 통해 끊임없이 재확인되어야 한다. 게다가 그러한 (서구 중심의) 근대화 과정이 성공했든 그렇지 않든 사회, 경제, 정치 질서의 전통·토착 구성 요소는 하루아침에 사라지지 않는다. 이러한 맥락에서 사회, 경제, 정치 질서의 전통·근대(탈근대)와 토착·서구(세계)적 구성 요소의 혼합 압착은 거의 불가피한 것이다. 이와 관련하여 해방이 해외 의존적이고 정치적으로 선별적인 과정을 거쳤기 때문에 (Cumings 1981) 탈식민 국가 과업으로서 한국의 근대화는 국가와 시민사회 사이에서 오늘날까지 논쟁이 벌어지는 주제임을 염두에 두어야 한다. 국내의 냉전 상황은 국가 중심으로 진행된 근대화 과정에서 역설적으로 시민사회를 독립적이거나 경쟁 가능한 주체로 만들었고, 노동권부터 생태 정의에 이르는 여러 진보적 의제를 적극적으로 추진할 수 있도록 이끌었다(Chang, K. 1999, 2012a).

지역(도시와 농촌) 동아시아 국가들은 여러 유서 깊은 도시들의 전통적 통치, 문화, 상업 등을 자랑하지만, 한편으로는 (일본부터 대만, 북한, 한국, 중국까지) 순차적인 산업화 과정에서 폭발적으로 빠른(혹은 단축적인) 도시화를 겪었다. 이렇게 형성된 초대형 도시 공간에는 (서구 일색은 아니더라도) 근대적 생활양식의 구역이 밀집 개발되어 박물관 전시품과 같은 전통·토착 문화를 둘러싼다. 거대한 주거도시와 산업도시를 단기간에 조성하는 일이 비일비재하며 근대 또는 서구 생활양식도 빠르게 확산된다. 다른 한편으로는 재구성된 중산층 의식이나 신전통주의 형태의 독재적 정치 지배가 종종 (도시화가 급격히 빠르게 이루어져도) 전통·토착의 얼굴을 하고 세계주의적 가치와 열망을 개인과 공공 생활에 덧입히는 데 기여한다(Koo, H. 2016). 그러나 단축적 도시화와 압축적 도시 생활은 그 자체로 권위 있는 문명적 대안이 되지 못하기 때문에, 끊임없는 도시 공간 재구성은 동아시아 도시 체제에 내재된 특징이 된다. 그런 점에서 도시 생활은 '변화무쌍'할 뿐만 아니라 구조적으로 단명한다.[5] 동아시아 (압축적) 근대성의 도시 중심적 특징은 곧 농촌 지역이 전통적 특징과 조건을 박제한 상태로 변함없이 남아 있음을 뜻하지는 않는다. 한국의 도시 중심 개발은 최근 농촌과 농민들이 '강제로' 노총각이 된 농촌 미혼 남성들이 아시아의 외국인 신부들과 결혼하는 사례가 급증하는 형태로 사회·문화적 세계화에 앞장서도록 만들었다(장경섭 2018, 6장). 이처럼 여러 사회·문화적 사례에서 볼 수 있듯이, 농촌 지역은 압축적 근대성의 중심지로 드러나거나 기능했다.

이차 조직 학교와 기업 같은 이차 조직은 근대화와 개발을 위한 수단으로 서둘러 대대적으로 설립되었지만, 이들의 조직구조와 문화가 서구 사회의 것을 단순히 베낀 것은 아니었다. 국가경제와 문명을 따라잡는 과정에서 근대·서구 지식과 과학을 단축적으로 흡수하는 주입식 교육이 교육의 절대적인 목적으로 간주되는 권위주의적 교실에서도 전통적인 사제 관계는 여전히 유효하다(한준상 1996). 1960년대 후반 한국의 '경제 기적'이 시작된 노동착취 현장에서는 작업장 감독자와 기업 관리자가 여공들을 마치 농촌에서 나이 든 친척을 대하듯 복종적이면서도 충실하게 일하도록 했다(Koo, H. 2001). 근대 산업현장은 종종 가부장적 문화 전통과 관련된 집단적 교류의 장으로 탈바꿈했다(Dore 1973; Walder 1986).

가족 한국·동아시아에서 개인의 근원이자 사회질서로서 가족주의(폭넓게는 가족중심주의)는 전통적이면서 근대적인 성격을 띠고 있다. 가족은 사회적 전투조직처럼 혼란스럽고 모순되는 사회과정(근대 경제, 정치, 시민생활)의 목표가 일상의 전략적 목표로 재구성되는 기능을 하는 한편, 문화적 저장소와 같이 다양한 역사·사회적 기원의 가치와 규범을 개인의 삶에서 일종의 나침반으로 받아들이고 재생산하게 한다(Chang, K. 2010a). 동아시아의 가족생활은 단축적이고 압착적인 사회과정의 축소판으로, 가족 구성원들을 긴밀하게 조직하여 그러한 사회과정을 뒷받침한다. 사실 한국(과 동아시아)에서 노동 집약적 산업화, 교육열, 가족의존적 복지, (여성의) 과도한 동원, 가족적 기업 관리(재벌) 등 압축적 개발과 근대화의 독특한 특성 가운데 대다수는 가족관계와 조직의 다양한 물질·이념적 기능과 사회제도적 효과와 복잡하게 얽혀 있다(Chang, K. 2010a; 이 책의 8장 참고). 유례없이 빠른 속도로 산업화 및 도시화가 진행되는 과정에서 대다수의 농가가 재능과 야망을 지닌 가족 구성원을 도시의 산업현장과 학교로 보내고, 가족의 중요한 전략으로서 이주한 가족의 도시 활동을 적극 지원하기 위해 물질 자원을 재분배함으로써 개발주의를 사실상 내면화했다. 재벌 기업의 가족 소유와 가족 경영은 많은 법·정치·경제적 문제를 낳고 있음에도 여전히 지배적 경제 주체가 되고 있다. 유연한 노동 공급과 안정적인 복지 제공을 위해 개발국가가 여성에게 지속적으로 의존하는 것은 기본적으로 (기혼) 여성의 가족에 대한 강한 헌신을 통해 가능했다. 공교육에 대한 학부모들의 막대한 재정 지원과 도덕적 헌신을 고려하면, 한국의 비견할 데 없는 교육적 성취는 곧 가족이 거둔 성과라고 할 수 있다.[6]

개인 평범한 한국인(또는 동아시아인) 성인이 일상 사회생활에서 고귀한 인상이나 지위 또는 개인적 특성을 지니려면 다양한 사회·문화·정치·경제적 맥락에 따라 미세하게 조정된 복잡한 가치와 태도를 솜씨 좋게 표현할 줄 알아야 한다. 훌륭한 부모, 교사, 관리자라고 평가받는 것은 무척 어렵고 혼란스러운 일인데, 그 과정에서 개인들이 다양한 맥락에서 일관성 없고 모순적인 존재가 될 위험이 크기 때문이다. 훌륭한 자녀, 학생, 직원으로 평가받는 것도 마찬가지이다. 훌륭한 배우자, 친구, 동료가 되는 것도 만만치 않고 부담스러운 일이다. 더군다나 생애 여러 단계에서 단축적이고 복합적인 사회 변화에 발맞춰 사회적 역할과 관계 또한 끊임없이 급변하므로 삶은 더욱 복잡해진다. 이와 관련하여 가장 큰 딜레마는 인생의 다양한 단계가 일관되지 않은, 벡과 그란데(Beck and Grande 2010), 기든스(Giddens 1990)가 '단절적'이라고 표현한 역사·사회적 요인에 영향을 받을 수 있기 때문에 유년기, 성인기, 노년기 사이에 논리적인 순서를 잃기가 쉽다는 것이다. 전통적인 문화에서 태어나 근대화·산업화 시대에 자라나고 탈근대·탈산업화 시대를 살아가는 일반적인 한국·동아시아의 성인은 생애 과정의 단계마다 비논리적으로 보이는 가치, 의무, 경험들을 끊임없이 감당해야 한다. 유연한 복합적 개인(성)은 이 사회의 문명적 요건이다. 한편으로는 신중하고 세련되거나 최소한 전통적이고 근대화되고 탈근대화된 존재이면서, 다른 한편으로는 토착적이고 서구화되고 세계화되어야 하는 것이다.[7] 한국인·동아시아인들은 유연하고 복합적인 사회 주체가 되지 못할 가능성을 경계하지만, 에너지가 넘치고 자원이 많은 개인은 압축적 근대성과 연관된 모든 사회·문화·경제·정치적 기회를 활용하여 매우 다채로운 삶을 영위할 것이다.

근대성은 주로 국민사회national society의 문명적 상태로 인식되었다. 탈식민 국가가 해방을 맞아 국가 주도의 물적·문화적·

제도적 변혁을 통해 근대화에 나서는 경우, 많은 나라가 그러한 계획을 제대로 설계하거나 관할권에 있는 국민과 사회를 완전히 통합할 수 없는 상태였다. 느슨하지만 성급하게, 또 강제적으로 정의된 국경 내에서 일부 지역, 인종, 계급, 직업(특히 군인) 또는 시민사회는 근대화의 대안적 상을 구상하고 추구하여 국가를 자임하는 세력의 지배에 도전하는 경우가 많았다. 미시적·사적 수준에서 개인, 가족, 기타 친밀한 집단은 정당성이 없거나 권위주의적인 국가의 지배를 비슷한 방식으로 거부했다. 근대성과 근대화 과정은 다중근대성론에서 설득력 있게 제시되었듯이(Eisenstadt 2000) 여러 국민사회뿐 아니라 각 국민사회 내에서도 복수의 형태로 존재할 수 있다. 그러한 근대화의 내부다중성과 다양성은 (본질적으로 압축적인) 근대성의 여러 단위 간 시간-공간(시대-장소) 압착의 복잡성에 기반한다.[8] 브뤼노 라투르(Latour 1993, 2005)의 세계관에 빗대자면, 다양한 사회적 단위와 주체가 상호작용하여 만들어내는 압축적 근대성의 '실천적 형이상학'에 대해 생각해볼 수 있을 것이다.

끝으로, 압축적 근대성의 단위에 대한 지금까지의 설명은 개별 국민사회 내부의 다양한 주권 주체에 초점을 두었으나 세계 여러 지역, 심지어 전 세계를 압축적 근대성의 잠재적이거나 실질적인 단위로 볼 수 있음을 기억할 필요가 있다. 이는 실증적으로도 분명히 파악되는 지점이다. 국제연합UN과 국제연합 산하의 조직들이 주창하는 무수히 많은 국제 협약을 차치하더라도 지속적으로 발생하는 세계적 전염병, 경제위기, 생태 파괴 등의 문제를 해결하기 위해 정상회담과 정부 회의 등이 연이어 열리고 있다. 세계무역기구WTO 체제에서 선진 자본주의국가의 정치·경제 엘리트들은 세계를 완전히 통합된 경제 근대화 단위로 상상한다. 이매뉴얼 월러스틴이 주도한 세계체제론을 통해 이미 우리는 독립적인 근대성이란 전 세계 수준에서만 의미 있게 구상할 수 있음을 알게 되었지만, 최근 (3장에서 분석한) 반영적 세계주의가 급속도로 진행되고 있다는 점은 특히 압축적 특성의 증가와 관련하여 '세계 근대성'을 전면적으로 입증해야 할 필요를 분명히 보여준다.[9]

마찬가지로, 세계 여러 대륙은 정치·경제, 문화, 공식 통치에서 근대성의 단위들을 역동적으로 강화하고 있다. 정치적 주권과 더불어 사회·경제 협력을 위한 공식 법적 단위인 유럽연합EU의 역사적인 발족은 세계 곳곳에서 유사한 목표를 향한 국제적 노력을 앞당길 것이 분명하다. 유럽의 경험은 한 대륙을 인류 존재의 단위로 공식 승격하는 것이 반드시 구성 사회 간의 문명적 동질성에 기반할 필요는 없음을 분명하게 보여준다. 유럽연합 내의 경제·사회·정치·문화·종교적 다양성은 이제 공식적으로 허용된 실용·반영적 교류를 통해 더욱 복잡해질 것이고, 이를 통해 압축적 근대성의 새로운 미개척 단위가 생겨날 것이다(Beck and Grande 2007).

아울러 최근 수십 년 동안, 특히 전 세계에서 냉전이 종식된

후 아시아는 자율적이고 실용적인 방식으로 지역 내 정부, 국민, 기업 간 포괄적인 사회·경제적 통합의 길을 따라가고 있다 (Chang, K. 2014). 분명 아시아는 초국가적으로 조직된 산업자본주의로 발전했으며 거대한 초국가적 노동시장, 지역화된 대중문화 영역 등의 형식을 갖췄다. 이러한 극적이고 근본적인 변화는 아시아에 역사적으로 전례 없는 중요성을 부여하며, 아시아는 갈수록 (압축적) 근대성의 새로운 지역 단위로 인식될 것이다.

2-4 토론: 근대화 이론에서 근대성 관계화 이론으로

근대성은 (일부 서유럽 국가처럼) 진화적으로 야기되거나 (서유럽 영향에 노출된 다른 모든 국가처럼) 동시에 구성된 국민사회의 문명 상태로 인식되었다. 두 과정 모두 근대화로 개념화되었다. 사회학과 파생 학문에서 후자의 근대화 과정은 통상 근대적 기업가정신, 민주주의, 자유주의 공동체와 '선택적 친화력'(Weber 1946)이 있는 국내의 특정 문화·사회·정치·경제적 조건을 발견하고 개발하는 측면에서 논의되고 이해되었다. 역사적으로 그러한 근대화가 희구되고 시도되었으나 서유럽 지역 이외의 그 어떤 나라도 그처럼 국가별로 고립된 방식으로 근대성을 이룬 사례는 없다. 이들은 대신 초국가적 정치·군사, 경제, 사회·문화 지배를 통해 근대성과 마주했다. 이러한 조우는 처음부터 근대성을 서유럽(나중에는 서구) 문명 및 정치·경제와의 관계화 relationalization의 문제로 만들었다.

관계화는 대상들이 관련되어 있는 객관적인 상태를 의미하는 '관계'와는 다른 개념으로, 여기서는 의식적으로 특정 관계를 상상하고 추구하고 부여하는 행위로 정의된다. 인식론적 속성으로서의 근대성은 근대성을 이미 구현한 국가가 존재론적으로 위협적인 영향력을 갖고 전근대적 또는 비근대적 국민이나 사회를 마주할 때마다 절실하거나 필요해졌다. 심지어 탈식민 세계에서는 인식론적으로 근대성이 초가치meta-value 지위를 점하기 시작했다. 현재 백인 중심 '신대륙' 사회들도 정치, 경제, 사회의 근대적 체계를 확립하는 데 자체적인 특성을 적극 더했더라도, 초기 이주·정착 공동체는 서유럽을 어머니와 같은, 근대성을 잉태한 우월적 세력으로 대면해야 했다. 이는 지금까지도 완전히 사라지지 않은 정서이다.

전통적인 근대화의 개념을 이어가고자 한다면, 근대화하는 국가의 정치·군사·경제·사회·문화적 측면에서 표현된 서유럽(이후 근대성 형성에 중요한 역할을 하는 미국을 고려하면 '서구'라고 표현할 수 있을 것이다) 근대성과의 관계화에 대한 역사적 과정과 구조적 조건의 중요성을 강조하기 위한 추가적인 개념·이론이 필요하다. 초국가적 지배 관계 맥락에서 (초가치라는 암묵적 지위와 더불어) 이미 근대성이 역사적 필연처럼 주어졌다는 인식론적 조건이나 딜레마를 고려하면, 근대화는 자연적(혹은 토착적)으로 실현되는 사회 절차가 아닌, 결말보다는 원인이 강조되는 정치적 색채가 강한 사업이 된다. (근대성 달성에) 상대적으로 효과가 있든

없든, 여러 탈식민 국가의 정치·경제·사회·문화적 조건을 형성하는 결정적 요인은 근대성 자체가 아니라 이처럼 가상 설정된 원인이다. 사실상 국가 내의 과학·기술·정치·사회·언론·문화·종교적 영향력을 갖는 모든 개인, 집단, 조직에서 근대성의 원인에 대한 추정을 제시했다. 사실 특정 국가가 실제로 근대화되었는지에 대한 질문조차 근본적으로 모호한 것이라면, 근대성에 대한 다양한 이해, 주장, 조건에 따라 기본적으로 국가의 모든 요소를 미리 정해진 대로 조직하고 관리함에 있어 근대성 그 자체나 근대성을 구현한 세력들과 관계화했음을 발견하고 이해하는 것이 매우 중요하다. 여기서는 이를 근대화와 구분하여 근대성 관계화modernitization 과정이라고 부르겠다. 이 개념·이론은 근대성의 초사회관계를 분석하는 데 매우 유용한 것으로, 마르크스의 계급 분석에 비견된다. 근대성 관계화는 유럽이라는 근원지 외부의 국민과 사회가 (서구 주도의) 근대성을 전용하고 모방하고 개조하고 달리 표현하고 저항하거나 다시 설계할 때 나타난다.[10] 이러한 개념틀은 근대성의 세계질서하에서 다양한 정치, 사회·문화, 경제 변화를 분석할 때 (추상적 구조 조건과 대조적으로) 구체적인 역사 주체의 중요성을 적절히 강조할 수 있게 해준다.[11]

국가 수준에서 근대성의 역사적 다양성은 1)유럽 근대성의 문명적 전용과 적응을 통해 독립국이 되는 '신'대륙의 유럽인 이주 식민지, 2)메이지유신 이후 일본과 대부분의 탈식민 국가 등

비유럽 국가에 의한 유럽 근대성의 능동적 도구주의적 전용, 3) 국가와 지역 근대성의 상호 전용을 통한 유럽 내에서의 근대성 전파와 강화, 4)유교 근대성론에서 주장하듯 (서구식) 근대화 사업과 목적을 위해 토착 또는 전통 문명을 창의적으로 재전용하는 비유럽 사회·국민들의 '내적 전환'(Geertz 1973), 5)자본주의 또는 자본주의 근대성에 대한 대안으로 추진된 국가개발주의 경로로서의 사회주의 혁명, 전환 또는 동맹의 도모, 6)식민 지배 국가와 자본에 맞서는 민족주의 시민사회나 프롤레타리아와 같이 식민화된 국민과 사회가 식민 근대 체계의 대항 요소로서 단행하는 변증법적 자기 개조(이 책의 4장 참고), 7)메이지 일본 치하의 류큐와 공산주의 중국 치하의 티베트처럼 유럽을 모델로 삼은 새로운 근대국가에서의 내부식민주의적 소수 국가 및 민족 억압 등으로 나타날 수 있다. 이 모든 경우에서 근대성 관계화는 근본적으로 인식론적·문명적·정치경제적 차원에서 근대성의 압축적 경험이다.[12] 압축적 근대성은 탈식민 세계사에서 근대성 관계화의 보편적 방식이었다.

근대화는 본질적으로 압축적 근대성을 수반한다. 특히 근대성을 무의식적으로 깨닫는 것이 아니라, 배우거나 알도록 강요되는 것은 인식론적 도약이다. 그러나 이러한 과정에는 종종 초기 근대화주의자들이 나머지 세계에 침략, 식민 지배, 착취 등을 가함으로써 전례 없는 고통과 희생이 따르는 경우가 많았다. 따라서 근대화를 최대한 빠르게 달성하고 최대한 많은 성과를 이루는 것은 외부에서 유래된 고통과 희생을 최소화하기 위한 역사적 긴급 과제가 되었다. 그러나 식민 통치로 정치적 주체성이나 사회·경제적 자주성을 상실한 국가들은 근대성 단위로서의 지위를 잃고 침략국이 초국가적으로 재조직한 근대성에 즉시 편입되고 만다. 자발적으로 촉진했든 비자발적으로 강요되었든, 근대성 관계화가 일어난 모든 사례에서 근대성은 압축적 방식으로 사유되고 추구되거나 부과되었다. 이는 이 책의 2부에서 소개하는 한국의 경험에서 알 수 있듯이, 보다 복잡한 근대성 관계화의 경우에서도 다르지 않다.

3장

세계보편주의 관점의 압축적 근대성

3-1 도입

21세기 인류 사회 및 경제 변화를 촉진한 주요 추동력 대다수는 일부 국가군에만 차별적으로 혹은 전적으로 적용되는 것은 아니다. 범세계적 자유무역과 금융화, 기업의 탈영토화, 생산의 초국화, 노동력 사용과 계급투쟁의 세계화, 범세계적으로 진행되는(혹은 IMF 등에 의해 전 세계에서 강제되는) 정책 자문 및 정책 형성, 정보 및 사이버공간, (점차 인체를 포함하는) 생명과학 분야의 생명 형태 조작에 대한 범세계적 협력, 국경을 넘나드는 생태계 및 전염병 위험, 초국가적 인구구조의 재편(노동력, 배우자, 아동의 이주), 예술과 엔터테인먼트 산업의 세계화, 국지전에 대한 범세계적 자금 지원과 관여를 생각해보라. 이러한 현상들에서 상이

한 개발 단계, 지역, 인종에 따라 다양한 국가나 사회가 상호 배타적인 방식으로 새로운 문명과 정치경제적 영향에 노출되는 것을 전제로 한 체계적 위계질서, 순서, 선택성이란 존재하지 않는다. 모든 나라가 반영적 세계화라는 새로운 문명 과정으로 말미암아 구조적으로 서로 얽혀 있기 때문에 원하든 원치 않든 이러한 과정에 얽혀 있을 수밖에 없는 상황이다(Beck and Grande 2010; Chang, K. 2010b).[1]

오늘날 세계 역사는 각국이 새로운 문명과 정치경제적 요인으로부터 혜택을 보는 것은 고사하고 살아남기 위해서는 이러한 현실을 적극적으로 내재화해야 함을 알려주는 듯하다. 보호무역주의, 종교적 근본주의, 언론과 인터넷 통제 등의 측면에서 고립주의적 시도는 국제적으로 (특히 신자유주의자들로부터) 도덕적 비난의 대상이 되기 십상이다. 사실 이러한 현실을 받아들일 것인지 거부할 것인지는 정치적 또는 사회적으로 선택할 수 있는 것이 아니다. 이러한 힘들은 세계적으로 반영적인 성격을 띠고 있어서 '(이차) 근대성의 자동적 동력'을 통해 국경을 넘나들며 강제적으로 발생하고 있기 때문이다(Beck 1994: 5). 울리히 벡은 이 문제가 가져오는 위험의 측면에서, '세계위험사회'가 도래했음을 단호하게 선언했다.

위험을 어디서나 감지할 수 있기 때문에 우리는 세 가지 중 하나의 반응을 보일 수밖에 없다. 위험을 부인하거나 무관심하거나 변화시키는 것이다. 위험의 부인은 대체로 근대 문화에서 나타나며 무관심은 후기 근대의 허무주의를 닮았다. 변화는 세계 위험사회의 '세계주의적 순간'이다. (Beck 2006: 331)

각국의 사회 수준에서는 문명의 발전성뿐만 아니라 물질적·물리적 안정성을 유지하기 위해 앞서 언급한 반영적 세계화의 과정을 수용해왔으며, 또 그래야만 했다. 이 과정을 통해 모든 사회 또는 사회의 문명 상태가 상호 내면화되어 —(위기 이전) 동아시아의 대외 지향적 근대화주의자들을 특징지은— 필자가 지금까지 '압축적 근대성'으로 분석해온 근대성의 형태가 이차 근대 세계의 국가에서 보편적 특성으로 자리매김하게 된다(Chang, K. 1999, 2016).

3장에서는 1)반영적 세계화에서 각 국가 수준으로 발현된 압축적 근대성의 새로운 단계를 이론적으로 논하고, 2)선진 자본주의사회, 저개발 자본주의사회, (사회주의에서 자본주의로의) (체제)전환사회에서 나타나는 압축적 근대성의 다양한 예를 비교 고찰한다. 먼저 압축적 근대성의 개념·이론을 간략하게 소개한 다음 앞서 언급한 두 가지 과제를 다룰 것이다. 이어 (압축적) 근대성의 지배적인 단위로서 국가의 지위가 약화되고 전 세계, 세계 여러 지역, 각국의 지방, 가족, 개인, 조직 등 삶의 다양한 수준에서 압축적 근대성의 상호작용이 가속화되는 현상을 알아보고자 한다. 끝으로 세계에서 반영적 세계화와 이에 수반되는 압축적 근대성이 가장 역동적으로 진행되는 동아시아의 사례를 보다 자세히 살펴볼 것이다.

3-2 내부화된 반영적 세계화로서의 압축적 근대성과 그 다양성

(세계위험사회의) 반영적 세계화와 맞물려 '이차 근대성'(Beck and Grande 2010)은 그 동기, 과정, 정도, 결과가 매우 다양한 형태로 도처에서 확인된다. 상대적으로 선진 자본주의사회는 과학·기술·문화적 투입 요소들이나 급진화된 반영성에 대한 정치경제적 이해관계가 자체적인 의도와 능력에서 비롯되는 경우가 많다는 점에서 상대적으로, '자체 추동된 이차 근대성'이 강하다. 그에 비해 후발 저개발 자본주의사회와 탈사회주의 전환사회는 대체로 서구 선진국과 (초국가적 기업 등) 범세계적 주체에 대한 정치경제적 종속으로 인해, 또한 그러한 대상으로부터의 학습·지원 및 협력을 추구하는 과정에서 급진화된 반영성의 위험에 노출된다는 점에서 상대적으로 '의존성에 의한 이차 근대성'의 특징이 강하다.

결과적으로 비교적 자주적인 이차 근대사회는 자유주의, 사민주의, 개발주의 사회와 같이, 일차 근대성의 초기적 체계 특성과는 구분된다고 볼 수 있다.[2] 이차 근대화의 과정, 성격, 결과는 그러한 초기 체계적 특성과 연관된 잠재적 (유사성뿐 아니라) 차이를 수반한다. 그 결과 의존성이 강한 이차 근대사회는 전통과 비교한 고전 근대의 정도와 복잡성, 자본주의와 사회주의 체제의 상이한 수용도 및 두 체제 간 충돌·혼합 양상에 의해 그들 사이의 다양성이 나타난다. 의존성이 강한 이차 근대사회들은 오늘날 전 세계 국가의 대다수를 차지한다. 이들 국가의 내부 다양성은 간단하게 분류할 수 있는 수준을 넘어서지만, (전근대, 고전 근대, 사회주의 근대 요소의 장기적 존속으로 인해) 그럼에도 일반적으로 이들 사회는 이차 근대성의 부분적 실현으로 특징지어진다. 그렇게 부분적으로 실현된 이차 근대성은 토착 사회의 질서 및 원리와 구조적 충돌을 일으켜 심각한 파괴적 영향력을 낳을 수 있다.

따라서 의존성이 강한 이차 근대사회는 (세계화된) 압축적 근대성 측면에서 논의될 수 있을 것이다. 그러나 비교적 자주적인 이차 근대사회라 하더라도, 문명·산업적 세계화 과정에서 의존성이 강한 이차 근대사회에서 발생하는 세계화된 기회뿐만 아니라 세계화된 위험에 노출되면서 압축적 근대성을 띤다. 요컨대, 세계화된 기회와 위험의 내부화가 자주성이 강한 이차 근대사회와 의존성이 강한 이차 근대사회 모두에서 일어나면서, 압축적 근대성이 반영적 세계화와 불가분한 관계가 되고 나아가 보편적 특질이 된다. 한편 그러한 상호 영향이 세계화된 반영(화)의 과정에서 일어나는 만큼 실제적 동시성이 이차 근대성과 압축적 근대성 간의 역사적 관계를 특징짓는다.

그렇지만 자주성이 강한 이차 근대사회와 의존성이 강한 이차 근대사회의 압축적 근대성 정도와 영향에 차이가 있음을 인지하는 것 역시 중요하다. 전자는 낮은 수준의 압축적 근대성으로 특징지을 수 있다. 후자가 (특화된 무역, 국제적 이주, 국경을 넘나드는 오염 등을 통해) 전자에 미치는 영향은 (선별적인 자유무역, 다국적 생산조직, 금융 침략, 신자유주의적 구조조정 프로그램, 현지 농업의 생명과학적 조작, 문화·이념 프레이밍을 통해 미치는) 그 반대 방향의 영향보다 간접적이고 제한적이며 긴밀한 감시와 통제가 가능하다 (혹은 현재로서는 용인 가능하다).[3] 그런 점에서 의존적인 이차 근대사회의 특징은 높은 수준의 압축적 근대성이라고 말할 수 있다. 낮은 수준의 압축적 근대성을 보이는 서구 사회에서는 현대의 문화·제도·기술적 구성이 내부(또는 내생)의 역사적 과정을 거쳐 발전하고, 외부 영향은 세밀하게 관리하면서 받아들인 경우가 많기 때문에 압축성이 약하다. 반면 높은 수준의 압축적 근대성을 보이는 비서구 사회에서는 이에 대응되는 구성이 더욱 압축적인데, 이는 자의로든 타의로든 내부의 문명적 요소들은 종속·위축되면서 현대의 문화·제도·기술적 영향들이 외부로부터 강요되거나, 차용되거나, 단시간에 적용되었기 때문이다. 후자의 경우 이차 근대가 급작스럽고 비자발적으로 진행되며 세계화 맥락에서 진행되더라도 토착적 이해관계, 가치와 상충하는 관계에 있어 식민 근대성이 빚어낸 전형적인 상황과 근본적으로 다르지 않다. 테러리즘은 그러한 불균형 관계를 벗어나고자 하는 가장 극단적인 시도로 보이며, 불균형을 강화하기 위해 군사 침략이 심심치 않게 자행되기도 한다.[4] 다만 (중국과 인도 같은 거대 인구 국가를 포함하여) 의존성이 강한 이차 근대사회가 자주성이 강한 이차 근대사회에 미치는 영향의 절대적 규모가 전례 없는 속도로 빠르게 커지고 있다는 점에서 그러한 국제적 불균형이 퇴색되는 것도 사실이다. 역설적으로 그러한 불균형 자체가 서구-비서구 관계 변화의 엄청난 속도를 유발한 결정적 요인일 수도 있는데, 그 불균형 자체가 기업과 국가가 경제적 이득을 얻을 가능성과 바로 연결되어 있기 때문이다.

3-3 선진 자본주의사회

초기 근대화의 역사적 성격

유럽의 근대화는 유럽 대륙 각지에서 상당히 다양하고 불규칙하게 진행되었다. 제2차 세계대전 이후 (서)유럽을 제도적으로 안정적이고 경제적으로 부유한 근대적 집단으로 묘사한 것은 해당 지역의 과거 역사를 임의로 왜곡 혹은 투사한 결과인 경우가 많다. 이에 따라 유럽의 많은 지역에서 미처 독립 또는 통일된 국민국가가 통합되지 않은 상황에서 대다수 유럽 사회가 소수의 근대화 선두 주자의 침략에 대응하고 그들의 앞선 기술·경제·제도·정치적 노하우를 빠르게 습득하는 따라잡기 근대화를 위해 치열하게 노력했던 사실은 제대로 평가받지 못했다.[5] 유럽 근대성에 내재된 지역 내 치열한 경쟁과 대립은 이 지역의 정치·군사(및 문명) 패권을 차지하기 위한 두 차례의 '세계대전'이 발발한 주요한 원인이었다(Hobsbawm 1994). 대다수의 유럽 국가에서 근대성은 새로운 지식, 문화, 권력의 여러 원천들 간의 문명적 단축과 압착을 수반하는 민족주의적 프로젝트였다(〈표 2-1〉 참고). 다시 말해 압축적 근대성이 18세기 말 이후 대다수 유럽 사회의 문명적 성격을 특징지은 것이다.[6] 게다가 서유럽이 아메리카와 오세아니아로 대륙을 넘나드는 정치·경제 및 인구 팽창에 나서고 토착 민족들이 완전히 토벌되거나 전멸하다시피 하면서 유럽계 이주민들을 통해 단기간에 근대성의 이식이 일어나기도 했다. 다만 자본주의 근대성의 다양한 위기나 국내 및 국외 사회주의의 영향에 대한 상이한 반응으로 말미암아 영미 자유주의(및 신자유주의)와 북유럽의 사회민주주의적 정치경제 및 사회정책 체계 간에 중대한 차이가 발생했다(Turner 2016).

한편, 동아시아를 비롯한 비유럽의 근대화 후발 주자들도 대륙 간(및 인종 간) 상품, 기술, 과학 및 문화 지식, 사회제도의 교류를 통해 위와 동일한 민족주의적 근대화의 국제 프로젝트에 참여했다. 아시아의 근대(화)주의자들에게는 상업적 민족주의가 가장 두드러진 동기로 작용했는데, 이들은 신전통주의 조직의 부활뿐 아니라 다른 문화를 배우는 데 있어 상당한 역량을 펼쳤다.[7] 이른바 동아시아의 개발국가들은 압축적 자본주의 발전의 가장 강력한 추진체이자 정치·사회적 가족주의에 기초한 신전통주의적 민주주의의 가장 집요한 수행체이다(Chang, K. 2010a). 아울러 미국이 이웃 공산주의 강대국에 맞서 조직한 동아시아의 '냉전 자유주의'는 이 지역에 이식된 자본주의 근대성을 이념적으로 신성화시키는 한편, 신전통주의 독재정권을 정치적으로 보호했다.

선진 자본주의사회에서 내부화된 반영적 세계화로서의 압축적 근대성

데이비드 하비(Harvey 1980)가 통찰력 있게 지적한 바와 같이, 세계적 차원에서 정치경제 및 문화 활동의 공간적 통합과 시간적 단축은 이미 20세기 초 자본주의 근대성의 일반적인 특징이 되었으며, 점차 국민사회가 자립적인 근대성 단위로서의 성격이 모호해져가는 정도에 이르렀다.[8] 그러나 국민국가는 경제생활과 사회·정치적 시민권을 제도적으로 관리·규정하는 단위 역할을 지속하고 있기 때문에, 근대성이 내생적으로 형성되었든 그렇지 않든 이를 국가 수준에서 고찰하는 것은 인식론적으로 여전히 타당하다. 오히려, 앞서 언급했듯이 이 지역 대다수의 나라에서 집단적 서구 근대성이 독립적으로 발전한 적은 없다. 그럼에도 세계적으로 유례없는 속도로 시간·공간 단축과 압착이 일어나면서, 선진 자본주의국가들조차 국가 근대성의 여러 기술적 수단과 사회제도가 심각하게 흔들리는 문명적 혼돈 상태에 처해졌다(Beck and Grande 2010). 이는 울리히 벡이 세계화된 반영성하의 이차 근대 상태로 간주했던 상황과도 대체로 일치한다.

실질적으로 선진 자본주의국가에서 후기 또는 이차 근대성은 산업공동화(산업 생산의 다국적 재배치), 기업의 탈영토화(비즈니스의 초국가화), 정보화, 국가적·국제적 금융화, 지식 국제 거래,

산업의 과학화(NT, BT, ICT), 생체공학, 국제적 생태 파괴와 거버넌스, 탈합리주의 및 초국적 문화 생산, 계급 관계와 시민운동의 세계화, 지역 전쟁에 대한 세계적 개입, 초국적 인구 재편(노동력, 아동, 배우자의 이주), 종교적 다원주의 등의 다양한 경향으로 특징지어졌다.[9] 여기서 이러한 경향들을 상세히 설명할 수는 없지만, 대다수 국민사회가 이 가운데 어떤 경향에 대해서도 상호 독립적인 실체로서 효과적으로 수용하거나 대응할 수가 없다고 해도 과언이 아니다. 다시 말해 이차 근대성은 국경 없는 문명적 실험과 끝없는 사회 간 의존성의 미개척 세계이다. 그럼에도 대다수의 국민국가는 자국의 이해를 위해 계속해서 그러한 실험과 의존성을 적극적으로 관리하고자 시도해왔다. 이러한 노력은 반영적 세계화의 내재화가 일어나는 보편적인 과정으로서 각 국민사회에서 압축적 이차 근대성을 발현시키는 것으로 보인다.

아울러 국가주의 정치경제학자들이 연구했듯이, 일부 국가는 이차 근대성의 물결 속에서 경제적으로 특별한 성공을 거뒀다(Weiss 1998). 지리적으로 유럽의 주변부에 있는 아이슬란드와 아일랜드 같은 나라가 주로 국제 금융화를 기반으로 세계적으로 각광받는 경제 실체로 떠오른 것이 대표적인 사례이다. 미국조차 국제적으로 금융적 영향력을 조작하여 한때 경제패권을 되찾은 모양새였다. 정보통신 분야에서는 핀란드와 한국이 일본, 미국, 독일과 같은 전통적 산업 선진국을 제치고 두각을 나타냈다. 한편 미국은 세계 곡물·육류 시장에서 우월적 지위를 강화하기 위해 농업 부문의 생명공학을 적극적으로 발전시켰다. 그러나 최근 자본주의국가가 거둔 이러한 성과들에는 경제, 사회, 생태 측면에서 일련의 위험이 뒤따랐다. 2008~2009년 세계 경제위기 당시 아이슬란드, 아일랜드, 미국의 금융이 붕괴 직전에 이른 것은 이를 단적으로 보여준다.

선진 자본주의국가들이 상호 다양한 모습과 성과를 보인 것과 무관하게, 기본적으로 이들은 모두 새로운 자본주의 근대성 단계에서 세계의 나머지 지역을 끌어들이기 위해 공동의 노력을 기울였다. 이러한 시도는 이차 근대성에서 우위를 점한 사회로서 이들이 갖는 일종의 자기 확신을 보여준다. (IMF와 같은) 기존 국제기관의 활용을 극대화하는 한편, 세계무역기구 등의 새로운 국제기구를 창설한 것은 모두 선진 자본주의국가들의 동맹이 앞장서서 추진한 것이었다. 이들의 의도는 간단하고 명확하다. 기존의 이익뿐 아니라 새로운 형태의 이익을 최대한 형성·실현할 수 있도록 세계 질서를 재편하려는 것이다. 20세기 후반부터 전 세계적으로 불평등과 사회생태적 위험이 걷잡을 수 없이 확대되는 것은 이러한 지배 동맹의 시도와 무관하지 않다.[10]

그러나 바로 그러한 역사적 과정을 통해 세계의 나머지 지역 또한 선진 자본주의국가들의 기초적 경제, 사회, 문화, 생태 구조에 침투되었다. 역설적이게도 (탈산업화가 일어난 자본주의사회의 노동자들은) 실업과 저소득으로 인한 만성적 곤궁 속에서 신흥 산업국가의 생산품을 구매하는 주 소비자가 되고 있는데, 이는 많은 경우 사회적으로 문제가 되는 노사관계나 위험성이 있는 원료와 기술을 통해 가격 경쟁력을 갖춘 것이다.[11] 유럽, 동아시아 자본주의국가에서 일어나는 인구 재생산 위기는 최근에 주변의 가난한 나라들로부터의 다양한 형태의 임시적·영구적 인구 이동으로 보완되기도 하는데, 이러한 인구 유입은 관련 사회의 구성을 다문화·다인종으로 변모시킨다.[12] 서구 학계, 예술계, 문학계에서 나타나는 포스트모던·탈합리주의 경향에는 이전까지 지성과 문화 측면에서 주변부에 해당하던 곳으로부터의 이론과 철학의 거센 유입이 동반되었다.[13] 선진 자본주의국가들에서의 산업자본 이탈이 개발도상국이나 경쟁 관계의 선진국에서 유입된 자본에 의한 지역 기업 인수나 새로운 산업 투자로 이어지는 경우도 흔하다.[14] 이러한 경향은 모두 이차 근대에서 선진 자본주의사회가 이전까지 주변부에 속하던 사회들을 정치경제적·문명적으로 내부화하고 이에 따라 갈수록 더 복잡한 이차 (압축적) 근대성을 경험하고 있다는 역사적 현실을 분명하게 보여준다.

3-4 저개발 사회

근대성의 식민지 및 탈식민지 상태

대다수 제3세계 국가의 경우 처음에는 근대성이 국제적인 정치·군사적 사건에 수반해 발생했다. 서구 제국주의 열강의 강압으로 국가의 일부를 경제·사회적으로 개방했든, 서구 국가가 총체적인 식민지 지배를 했든, 제3세계 국가는 근대성을 완전히 생경한 문명적 현실로 마주하면서 일순간에 토착 정치, 경제, 사회, 문화 체계를 낡거나 심지어 부당한 것으로 간주해야 하는 상황에 처했다. 제3세계 사회가 갑자기 마주하게 된 근대성은 점진적으로 형성된 것이 아니라, 과거와의 급격한 단절 속에서 도래한 것이었다. 서구 식민 통치자들은 원주민에게 패배주의적 역사 관점을 심어주고 강화하면서 그들이 일방적으로 '새로운' 영토라고 주장한 지역에서 서구의, 서구에 의한, 서구를 위한 근대화를 추진했다. 식민 통치자들은 실용적 필요에 따라 근대화 관련 조직과 전문직에 지역 출신을 채용하거나 활용했는데, 이들은 식민지의 다른 구성원들로부터 정치·문화적으로 분리되고 식민 지배자와 피지배자 모두로부터 주변적 위치에 처한 상황에서 '극장'과 같은 사회적 맥락에서 근대성을 과장된 형태로 실행하거나 표현함으로써 실존적 정당성을 입증하려는 경우가 많았다(Geertz 1973).

반식민, 반봉건 사회혁명을 통해 독립한 경우를 제외하면, 탈식민지 국가에서는 과거 식민 통치기관의 관리나 부역자들의 상당수가 해방 이후 정치 및 문화 지도자로 올라서고, 거침없이 서구 중심의 근대화에 앞장섰다(Fanon 2004). 서구의 식민 통치자들이 철저하게 기형적이면서도 근대화되지 못한 정치체계와 경제구조를 남겨놓고 떠나면서 근대화가 사실상 상황적으로 요구되고 절실한 국가(주의) 과업으로 부상했다. 그러나 과거 식민 부역자들이 이끄는 국가 과업으로서의 근대화는 여러 지역에서 자멸적이었다. 이들은 기존에 누리던 이해관계로 인해 첫째, 이름뿐인 독립국이 서구에 의존하는 구조를 유지하고 둘째, (신식민) 의존성으로 뒤얽힌 불평등한 구조를 유지하려는 경향을 보였다(Baran 1957; Frank 1967). 이내 근대화는 (자본주의) 경제개발, 보다 정확하게는 경제 추격이라는 제한적 정의로 바뀌었으며, 로스토(Rostow 1959)가 발전 단계 이론에서, 헌팅턴(Huntington 1968)이 기능적 권위주의 논제에서 주장했듯이 근대성의 정치·사회적 요소는 제3세계 근대화의 여러 특수한 유형에 따라 절충되었다. 압축적 근대성의 구성 요소인 단축적 경제개발은 거의 보편적인 국가 목표가 되었고 정치 거버넌스, 사회 동원 및 통제뿐 아니라 경제 관리에서 개발과 관련해 촉진되거나 정당화된 관행이 전후 제3세계의 실제 근대성 양식을 형성하는 데 계속해서 중요한 영향을 미쳤다.[15] (후에 논의하겠지만 미국과 연합국의 냉전 개입은 개발을 빌미로 한 제3세계 근대성의 왜곡을 더욱 강화했다.) 정치·사회적 목표를 희생했음에도 제3세계 국가 중에서 경제개발을 의미 있는 수준으로 달성하고 장기간 지속한 나라가 극소수에 불과하다는 사실은 세계 현대사에서 최악의 비극일 것이다.

저개발 사회에서 내부화된 반영적 세계화로서의 압축적 근대성

제3세계 국가 대다수는 오랫동안 개발에 실패(이와 관련해 고전 근대의 국가 과업에서도 실패)했지만, 이들 사회는 새로운 이차 근대성의 급격한 물결로부터 자유롭지 못했다. 이와 동시에 문명 변화의 전체를 아우르는 과정인 범세계적 신자유주의 경제 재구조화는 저개발국을 이차 근대의 소용돌이로 가장 직접적이고 분명하게 밀어넣었다. 사실 근대화와 근대성의 개념은 1970년대에 접어들며 저개발국과 선진국 모두에서 비판에 직면했지만, 최근 이들 사회 간의 국제적 상호작용에서는 아예 갑자기 자취를 감추었다. 역설적이게도 이는 이전까지 요란하게 회자되던 선진국의 책무, 즉 저개발국의 근대화 사업을 인도하고 지원해야 할 역사적 의무를 덜어주었다. 이른바 글로벌 남·북의 국제교류와 대화에서도 더 이상 저개발국을 위한 국가 근대화나 경제 자립은 공개적으로 장려되지 않는다.[16] 선진 자본주의 경제의 직접적인 산업 및 금융 투자가 현지에서 '배우고 실천하는' 산업화 과정을 대체했다. 이와 동시에 선진 자본주의국가의 핵심 세력은 그러한 투자 활동의 위험을 완화하기 위해 이른바 워싱턴 컨센서스를 통해 저개발국이 채무자로서 책임 있는 자세를 갖도록 강제했다.[17] 게다가 아직 안정성이 입증되지 않은 과학, 기술, 금융 실험을 토대로 하여 여러 독과점 상품에 연계된 새로운 경제 구상이 세계자유무역(WTO 체제)이라는 미명 아래 저개발국에 강제되었다.[18] 흥미롭지만 비극적이게도, 모든 정치, 사회, 문화, 생태 문제를 경제적 이해보다 경시하는 신자유주의 경향은 저개발국에서 경제적 사안과 경제 이외 사안 간의 만성적인 불균형을 더욱 심화시켰다. 이처럼 경제적으로 왜곡되고 정치·사회적으로 제어되지 않은 세계화 과정을 통해 각 저개발국은 후기 근대의 정치·경제적 이해관계와 상업화된 사회·문화적 관계가 급진적으로 펼쳐지는 세계화의 무대가 되었다(Henry 2020). 이는 표면적으로 반영적 세계화로서의 압축적 (이차) 근대성을 나타내는 또 다른 사례이다.

한편, 미국과 연합국이 냉전 정치의 중요한 변화 시점에 (자본주의) 저개발국의 근대화 사업과 관련하여 갑작스러운 태도 변화를 보인 것은 시사하는 바가 있다. 1980년대 초에 전 세계 사회주의체제의 경제·사회적 지속성은 미하일 고르바초프와 덩샤오핑을 비롯한 사회주의 정치지도자들에게조차 상당히 의문시되었다. 사회주의 근대성의 광범위한 내부적 체제 실패로 말미암아 많은 자본주의 진영의 선도국들은 종속국의 자본주의 근대화 과정을 보조하는 것이 국제 정치적 효용이 있는지를 진지하게 재고해보게 되었다.[19] 돌이켜보면 냉전은 또 다른 근대성의 세계적 체제로서, 냉전하에서는 독자적으로 (반영적이 아닌) 성찰적 근대성을 추구하기 위한 정치·이념적 공간이 제3세계 대다수 국가에서 주어지지 않았다(이 책 4장의 한국 사례 참고). 서구에서 권장한 자본주의 근대성은 기성의 문명 체계였으며, 서구는 사회주의의 영향력이 국제 정치에서 팽창하는 것을 막기 위해 제3세계에서 매우 압축적인 방식으로 자본주의 근대성의 실현을 감독하고 지원했다. 이러한 방식으로 미국이 현지 정치에 미친 영향은 그렇지 않아도 제3세계에서 자유 억압적인 자본주의가 반민중적으로 고착되었던 기존의 상태를 더욱 악화시켰고, 이는 많은 사회들에서 강력한 반미 정서를 유발했다. 세계적으로 냉전이 막바지를 향해 가면서 제3세계 여러 나라의 (압축적) 근대화 사업에 대한 온정주의적 정치 지원조차 느닷없이 끊겼고, 국제적 신자유주의 경제 재구조화라는 새롭지만 몰역사현실적인 패러다임이 급격하게 강화되었다. 이런 의미에서 제3세계 정치·경제의 신자유주의 재구조화는 경제 (부실) 관리에 탈냉전체제의 세계화된 반영성이 적용된 것이라고 할 수 있다. 흥미롭게도 냉전시대에 이른바 자유세계의 적들 중 대다수가 탈사회주의 전환을 거쳐 자발적으로 세계화된 자본주의적 반영성의 시대에 진입했다.

3-5 (탈사회주의) 전환사회

사회주의 근대화

계획적인 중공업화를 중심으로 구축된 국가사회주의는 압축적 경제개발의 근대 체계로, 이는 국가 자원을 생산재 산업에 최대한 동원하려는 정치·행정적 명령 체계에 기반한다. 대다수의 국가사회주의 국가는 그러한 정치경제체계의 역사적 정립 과정에서 소련 모델을 고도로 모방적이며 하향식으로 수용했다 (Kornai 1992; Riskin 1987). 이는 토착 인민의 이해관계와 공산주의적 이상 및 전략이 긴밀하게 연결되면서 하의상달적이고 내부 성찰적으로 사회·정치적 변혁을 추진할 수 있었던 초기 사회주의혁명 사례와 분명한 대조를 이룬다.[20] 토착 인민에게 환영을 받았는지와는 별개로, 국가사회주의 경제체계는 경제구조와 성과 측면에서 한동안 처음에 기대한 결과를 낳았다는 점에서는 매우 성공적인 것으로 드러났다. 국가사회주의 국가들이 초기에 낸 경제적 성과는 미국과 그 자본주의 동맹 세력이 정치적 불안을 느끼기에 충분한 이유가 되었으며, 이에 따라 사회주의 근대성과 자본주의 근대성 간에 문명 전쟁이 격화되었다. 그러나 이는 장기적으로는 경제·사회적으로 지속 가능하지 않은 상태로 귀결되는 맹목적 혹은 충동적 시도였던 것으로 드러났다(Kornai 1992). 역설적이게도 구조적인 경제불황과 사회 혼란을 처음 맞닥뜨리게 된 것은 러시아, 동유럽 일부 국가, 북한 등 사회주의 선두 주자들이었다. 그러나 사실상 국가사회주의를 채택한 그 어느 나라도 끝없이 자기반영적인 명령 경제체계의 실패에 따른 구조적 경제·사회 위기를 피해 가지 못했다(Riskin 1987).

전환사회의 내부화된 반영적 세계화로서의 압축적 근대성

내부에서 이념·정치적으로 격렬한 갈등이 벌어진 후 중국과 소련은 공개적으로 시장경제를 향한 탈사회주의 체제 전환에 나섰다.(러시아의 경우 형식상 대의민주주의를 지향한다.) 이어서 거의 모든 사회주의국가가 그 뒤를 따라 (자본주의) 반영적 세계화의 과정을 완성해가는 듯했다. 초기의 국가사회주의로의 전환과 마찬가지로 시장경제로의 전환 역시 고도로 단축된 과정을 거쳤으며, 이번에는 선진 자본주의사회에 이미 존재하는 제도와 관행을 따르거나 모방했다. 과거에 이념적 적이었던 나라들이 어느 순간 선진 산업자본주의를 따라잡아야 할 목표로 삼게 되었다. 그러나 그러한 체제 전환에는 세 가지 종류의 내재적인 위험이 잠재되어 있었다. 모든 자본주의나 시장경제체제에 내재되어 있는 위험, (과거) 사회주의 인민들이 자본주의나 시장경제체제에 대해 잘 모르거나 이념·감정적 반감을 품고 있는 데서 오는 위험, 국가적 경제불황으로 인민과 생산 단위의 자원 결여 상태의 사적 경제활동이 가진 위험이 그것이다.[21] (특히 러시아의 사례를 비롯해) 여러 전환사회에서 드러났듯이, 이러한 위험이 체제 전환을 둘러싼 정치적 불안정성이나 오작동을 통해 악화되면, 구성원이 겪는 고통과 사회적 비용이 관련 국가의 기본 사회구조에 엄청난 충격을 가한다(Rajkai 2016). 역설적으로 일부 자유주의적 (전환 정치·경제의 맥락에서 급진적) 서구 조언자들은 이처럼 복잡한 위험을 이유로 제도적 혼란과 구성원의 고통이 발생하는 기간을 최소화하는 충격요법 효과를 막연히 기대하며 소위 '빅뱅' 접근을 권하곤 한다.[22] 안타깝게도 러시아가 채택한 빅뱅 접근 방식은 앞서 언급한 위험을 심각하게 증폭시켰고, 반면 중국의 점진적 접근은 물질적 풍요와 이념·제도적 재탄생을 향한 훨씬 안정적인 변화를 가능케 했다. 이러한 중국의 사례는 보다 면밀한 관심을 기울일 만하다.

중국의 점진주의적(따라서 압축성이 약한) 체제 전환, 즉 '개혁'은 경제·사회체제에서 사회주의, 자본주의, 심지어 (신)전통주의의 장기적 공존을 의미하며, 이에 따라 중국인의 삶에 극도로 복잡한 (압축적) 근대성을 부여했다.[23] 흥미롭게도, 일부 사회주의 제도, 관행, 유산은 시장경제 발전에 매우 유용한 것으로 확인되었다. 예를 들어 교육 수준이 높고 규율화된 노동인구는 노동집약적인 산업화에 적절히 활용될 수 있었다. 강력한 지방정부는 공격적이지만 유연한 지방 경제개발 프로그램을 관리할 역량을 갖췄다. (토지 등) 희소자원의 공유제는 투기적 지대 추구 행위를 방지하여 주요 생산 요소의 합리적이고 공정한 배치를 가능케 했고, 도시와 지방 간 엄격한 주거·직업 분리는 빈농들이 그렇지 않아도 일자리가 부족한 도시로 일거에 집단적으로 몰려들 수 있는 위험을 예방하거나 둔화시켰다(Chang, K. 2020). 한편 이처럼 사회주의 유산들이 가졌던 뜻밖의 유용성과 더불어, 그 같은 유산들로 말미암아 발생한 다양한 부정적 영향과 장애물도 있었다.[24] 또한 개혁의 초창기부터 중국은 '경제특구SEZ'를 지정하여 서구 자본이 주도하는 근현대 및 첨단 산업의 전체 스펙트럼을 받아들이고자 했다. 이를 고립된 압축적 근대성의 제도적 틀이라고 부를 수 있을 것이다. 모든 선진 산업경제의 자본주의 기업은 잠재적 세계 최대 시장에서 골드러시와 같은 경제 기회를 노리며 중국 해안 지역의 경제특구로 몰려들었고 여타 지방정부들의 간청에 호응해 여러 내륙 지방으로도 진출했다. 이를 통해 중국은 내부적으로 세계화된 경제 실체로 변모하여 새롭고 급진적인 세계경제의 혜택과 위험 모두에 직접 노출되었다. 한편 탈사회주의 시대에 중국의 국제 지향적인 개발 성공은 다양한 제도·사회·문화적 요소에 기반한 것으로, 이로써 세계는 중국의 복잡한 현대 경제·사회 체제에서 파생되는 혜택과 위험 양쪽에 노출되었다. 예컨대, 전 세계가 한편으로는 값싸고 기능적이지만 유해한 중국 제품들에 소비자로서 혼란스럽게 예속되어왔고, 다른 한편으로 자연자원, 기술, 기업을 게걸스럽게 탐하는 중국 구매자들에게 공급자로서 애타게 매달려왔다(Chang, K. 2017c).

탈사회주의 (이차) 근대성의 또 다른 구성 집단은 동유럽 국가들이다. 대체로 중국의 점진적 방식보다는 러시아의 충격요법에 가까운 접근법을 채택한 이 나라들의 탈사회주의 전환에서는 초기에 인민들이 막대한 혼란과 고통을 견뎌야 했다(Rajkai 2016). 그러나 이들 사회는 서유럽과 지리적으로 인접하고 역사·문화적으로 연결성이 있어서 (고전 및 이차) 근대화나 개발에서 일종의 '연결 시동jumpstart' 효과가 나타났다. 물론 이러한 현상의 가장 직접적인 사례는 동독으로 경제·사회적으로 서독과 전체적으로 통합되었다.[25] 최근 유럽의 경제 및 사회 통합이 그러한 연결 시동 효과를 급격하게 증폭시켜 반영적 세계화로서의 압축적 근대화가 세계의 중요한 또 다른 지역을 실질적으로 아우르게 된 것 역시 분명하다. 통일 이후 구동독 주민들에게 복잡한 감정이 병존하는 것은 동·서독 통일에 기초한 압축적 근대성의 분명한 효과이고, 이차 근대 시대의 동유럽 전반으로 더욱 확산될 것이다.

앞서 설명한 선진, 저개발, 탈사회주의 국가의 이차 근대성 사례는 이차 근대 세계의 반영적 세계화가 사실상 전 세계 모든 지역에서 다양한 양상의 국가 수준의 압축적 근대성을 발현시켜 왔음을 보여준다. 그러나 이러한 발견은 다음의 두 가지 측면에서 보완, 검증되어야 한다. 첫째, 국민사회가 근대성의 단위로서 핵심적 지위를 빠르게 상실한 반면 개인, 지방, 세계 대륙 등 다른 인간·사회·공간적 영역이나 수준이 근대성의 단위로서 치열하게 경쟁을 벌이고 있다. 둘째, 이처럼 서로 경합하는 단위들 역시 점차 압축적 근대성으로 특징지어지며 마찬가지로 반영적 세계화와 연관되어 있다. 이러한 추세가 사회나 사회를 다스리는 국가가 그저 방치되어 있음을 의미하는 것은 아니다. 사실 많은 국가주의 정치경제학자들의 지적대로 (이차 근대적) 국가는 그 어느 때보다 광범위하고 어려운 기능적 임무를 맡고 있다. 개인, 가족, 지역, 대륙, 세계공동체도 마찬가지이다. 반영적 세계화하에서는 국민사회(및 국가)와 다른 인간 존재 영역 또는 수준 사이의 관계가 제로섬 구조에 머물러 있지 않고 역동적으로 서로를 강화시키는 것으로 보인다. 마찬가지로, 서로 다른 존재 영역이나 수준의 압축적 근대성도 상호 강화되는 경향이 있다.[26]

3-6 토론: 동아시아와 압축적 근대성

3장에서 압축적 근대성의 다양한 역사·체제적 사례를 다루면서 근대 세계의 일반적인 성격을 알아봤지만, 동아시아는 몇 가지 구체적인 측면에서 특히 주목할 만하다. 세계적인 정치적·지적 토론에서 21세기를 '아시아의 세기'라고 표현하는 것은 (특히 중국과 베트남 같은 탈사회주의 전환사회의 눈부신 개발 성공을 비롯해) 아시아 전역의 압축적인 경제 및 사회·제도적 발전 징후를 반영하는 것이다. 말할 것도 없이 일본, 한국, 대만, 싱가포르와 같은 (압축적으로) 산업화된 자본주의 이웃 국가들은 경제와 사회 측면에서 눈부신 활력을 이어가고 있다.(아시아 지역의 고속 개발 추세에 대다수의 동남아시아 국가, 인도 등도 포함되지만 여기서는 동아시아에 초점을 두겠다.)

중국과 베트남이 시장경제, 생산 사영화, 임노동 등의 측면에서 충분히 자유주의 체제로 전환되었는지 여부와 그 전환이 눈부신 경제발전과 이와 맞물려 정치·사회적 안정을 가능하게 했는지에 대해서는 여전히 논쟁의 여지가 있다. 그러나 많은 이들은 탈사회주의 개혁이 일본, 한국, 대만을 비롯한 정치·이념적 적국들의 압축적 개발과 다른 성과들에 크게 자극받은 결과라고 생각한다(Whittaker et al. 2020). 이들이 생산과 통치 측면에서 고립주의적 국가사회주의체제를 기본적으로 포기한 뒤, 새로운 출발은 자체적으로 고안한 사회·경제 정책과 프로그램이 아닌 자본주의 이웃들의 압축 개발 경험과 사회·제도적 환경을 본받으려는 절실한 열망에 기초했었다. 이러한 맥락에서 중국과 베트남은 이념적이고 역사적인 문제들은 뒤로하고 정부, 산업, 기술, 과학 전문가로 구성된 대표단을 자본주의 산업화와 이에 연계된 제도적 변화의 선두 주자들에게 여러 차례 보냈다.[27] 다시 말해 압축적 근대성, 특히 압축적 개발과 다양한 사회·제도적 압축 전환이 기본적으로 동아시아 각국의 국내 사회·경제적 변화뿐 아니라 국제관계 차원의 상호 인식과 활용을 특징지어왔다.

이처럼 지역적으로 연계된 압축적 근대성의 매우 흥미로운 역사에서, 동아시아의 압축적 자본주의 산업국가들은 탈사회주의 전환국가들에게 개입주의적 국가의 산업 정책, 사회·정치적으로 조직된 노동력 동원, 경제 전략적 고려에 의한 사회자원의 권위주의적 할당 명령 등 사회주의 시절의 정치구조와 사회·경제 정책들의 상당 부분이 신속한 시장경제적 산업화와 이에 필요한 압축적 사회 변화를 추진하는 데 재활용될 수 있음을 깨닫게 했다.(Chang, K. 2020, 2012a). 이 연구에서는 탈사회주의와 후발 자본주의 체제의 기능적 유사성이나 상응성이 압축적으로 여러 국가, 공동체, 개인의 목표를 달성하는 데 있어 어떻게 발현되는지 구체적으로 설명할 수 없지만, 압축적 근대성이 동아시아 각국(과 국가 하위의 사회적 단위) 및 국가 사이의 전략적 상호 관계 모두를 특징짓는 데 핵심적 중요성을 갖는다는 것은 명백하다.

동아시아 국가들에서 그러한 압축적 근대성의 개별적·관계적 중요성이 독특한 아시아성 또는 아시아주의의 공동 문명 또는 이념 형성을 (사전에 방지한 정도는 아니라도) 구조적으로 가로막았다는 점을 분명히 해야 한다. 개발을 비롯한 여타의 압축적인 공동의 경험이나 성취의 결과, 동아시아 국가들은 (그러한 현상을 연구해야 하는 사회과학을 포함해) 거의 모든 경제 및 사회·문화 영역에서 그 어느 때보다 세계화되었다.[28] 더욱 역설적인 것은, 그러한 다중적 세계화가 각국과 그 국민들 사이에서 공유되는 강력한 (국가 단위의) 민족주의 정서와 목표를 반영하고 미화한다는 점이다.[29] 예를 들어 동아시아인들이 관광부터 대중문화(특히 BTS로 대표되는 한류)에 이르기까지 서로의 문화를 소비하는 경우가 증가하고 있지만 이것이 국가 중심 민족주의의 대두를 막는 데 큰 도움이 되지는 못하고 있다.

돌아보면 압축적 근대성에서 이러한 민족주의의 역설은 19세기 후반 동아시아의 새로운 또는 근대적인 국제질서의 시작을 특징짓는다. 일본은 이전까지 중국의 패권을 중심으로 한 전근대 동아시아에서 고립주의를 취하다가, 메이지유신을 통해 압축적 서구화 겸 근대화를 추구하더니 지역의 지배자이자 세계적으로 경쟁력을 갖춘 정치·경제 대국을 자처했다. 일본의 냉혹한 식민 침략과 착취를 당한 사회와 민중들은 궁극적으로 일본이 압축적 근대성으로 기적을 일군 역사를 본받아 설욕하기를 은밀히 꿈꿨으며, 애국적 지식인들의 여러 회고록, 전기, 학문적 연구에 그 기록이 남아 있다.[30] 일본의 메이지유신은 서구 반영적인 급진적 체제 전환이었지만 거대한 목표와 기본 절차는 전례 없는 국가 중심의 정치경제적 구조와 사회이념적 질서에 기반하며, 이는 21세기까지도 의식적으로나 무의식적으로 다른 지역에서 널리 되풀이되었다(Chang, K. 2012a).

2부

압축적 근대성의 구조적 속성

4장
내부다중근대성
—멀티플렉스 극장사회로서의 한국

4-1 도입

슈무엘 아이젠슈타트(Eisenstadt 2000)는 '다중근대성'론을 제시하며 비교문명적 관점이 국가 건설이나 민족 부흥의 다양한 역사·구조적 맥락에서 근대성의 다채로운 가능성과 형태를 인식하는 데 도움이 된다는 점을 강조한다. 4장에서 필자는 이에 더해 근대성과 근대화의 과정이 (아이젠슈타트가 설명한 바와 같이) 여러 국민사회 사이에서뿐만 아니라 각 국민사회 내에서도 다양하게 나타날 수 있음을 주장한다. 앞서 2장에서 설명했듯이, 근대성의 내부다중성은 (국가, 시민사회, 민족 등의) 여러 사회조직과 더불어 개인, 가족, 이차 조직, 지역 등 개별 국가 내부의 다양한 사회조직과 단위에서 나타날 수 있다. 그러한 내부다중성은 사회별 근대성이 태생적으로 복잡한 성질을 띠게 한다. 이에 더해 여러 근대성·근대화 주체가 서로 경쟁, 자극, 억제, 무효화하거나 대체하는 관계를 가질 수 있으며, 이에 따라 내부다중근대성의 집단 내 상호작용이 이뤄질 여지 또한 생긴다.[1]

근대성·근대화의 내부다중성은 역사에서 근대화의 다양한 발현으로 뒷받침될 수 있다(이 책의 2장 참고). 19세기 후반 이후 한국(당시 조선) 사회와 백성들은 일련의 국제적 영향 및 이와 관련된 지역적 격변과 갈등에 휘둘렸다. 이는 이전까지 한국이 주로 경험했던 지역 내 정치·군사 관계의 구조와 변화를 반영하는 전쟁 및 충돌과는 근본적으로 달랐다. 19세기 후반 일본은 서구에서 유래된 근대성을 향한 반영적 자기 변형을 성공적으로 이뤄낸 뒤, 세계적 세력으로서 한국을 침략했다.[2] 일본이 한국을 식민지화한 것은 한국이 일본이라는 대리 주체를 통해 서구 근대성에 예속된 것으로, 이는 당시 형성되던 새로운 근대성의 세계질서에 대한 매우 흥미로운 시사점을 던져준다. 일본이 태평양전쟁에서 미국에 패하면서 한국(남한) 사람들은 또 다른 독특한 문명적 경험을 하게 된다. 미국이라는 자유주의 패권 세력이 미국의 정치, 경제, 사회체계를 중심으로 하는 이른바 '자유세계'에 편입되기를 사실상 강제한 것이다. 반영적 자유주의 제도화와 반공산주의 동맹이라는 측면에서 미국의 근대성 요구를 피할 수 없었지만, 한국인들은 문화·경제적으로 자체적인 방식의 근대성을 형성하려는 노력을 기울이기도 했다. 문화적으로는 특히 가족관계나 의례의 차원에서, 동등한 시민으로서의 근대적인 정치·사회적 지위를 (전통적으로 양반들이 누려왔던) 동등한 품격을 갖는 유교적 주체로서의 문화적 지위와 연결 짓고자 함으로써, 사실상 모든 한국인에게 일종의 신전통주의 근대성이 빠르게 보편화되었다. 경제적으로는 박정희 정권에서 신속하고 자주적인 국가 개발을 위해 일종의 국가자본주의 산업화가 시작되면서 경제적으로 놀라운 수준의 경제 성과를 이루는 한편 매우 독특한 정치경제 체제를 구축했다. 최근 한국은 경제·사회·정치적으로 여러 독특한 특징을 지닌 산업국가로서 신자유주의 세계화의 첨단 시대에 접어들었다. 새롭게 형성된 세계질서에서 한국은 내부의 일련의 복잡한 사회·경제적 위험과 비용을 토대로 선도적 위치에 섰다. 이렇듯 전 세계를 놀라게 만든 전환을 거치며 한국은 세계적인 주목을 받는 정치·경제·문화 주체가 되었지만, 사회 통합과 안정성은 여전히 시험대에 있거나 문제 상황에 있고 인구 대다수를 차지하는 하층 시민 집단은 차등적으로 권리를 박탈당한 상태이다.

이러한 역사적 전환과 이에 수반된 문명·정치·경제적 변화를 통해 한국은 내부다중근대성이 나타나는 나라가 되었다. 한국 사회는 다양한 근대성의 체제들이 서로 공존하는 일종의 멀티플렉스 사회로 보인다. 이때 각각의 근대성은 현대 사회변동을 규정하는 세계적 구조와 과정에 배태된 것이므로 특별하게 혹은 배타적으로 한국적인 것은 아니다. 그럼에도 한국은 근대성의 내부다중성 내용, 각 근대성의 극적이고 강렬한 실현, 각 근대성의 무한한 연장, 그러한 다중근대성 사이에 벌어지는 복잡한 상호작용 등으로 미루어볼 때 특별히 두드러지는 사례임이 분명하다. 여기서는 내부다중근대성론을 전체 사회 수준에서 다루지만 (개인, 가족, 이차 집단, 지방 등) 다른 근대성 단위들에도 적용할 수 있다.[3] 내부다중근대성의 사회·생태적 복잡성은 말 그대로 끝이 없는 것이다.

현대 한국이 이처럼 다양한 근대성으로 과포화 상태이면서도 오늘날 여러 영역에서 유교적 특성이 여전히 뚜렷하게 남아 있다는 것은 매우 놀라운 현상이다. 4장 아래에서 분석할 탈식민지 신전통주의 근대성이 그러한 현상의 일부 단서를 제공하긴 하지만 이와 관련해서는 전통적인 한국 사회(특히 조선)와 그것의 근대적 변화·변형을 보다 폭넓고 장기적으로 이해할 필요가 있다. 한국 역사에서 유교가 정치·사회적으로 갖는 중요성은 중국 역사에서 유교가 갖는 중요성에 맞먹을 정도로 지대하다. 특히 1392년 유교 국가로 건국된 조선은 효와 우애부터 백성에 대한 왕의 권한, 중국 제국과의 조공 관계에 이르기까지 철저하게 유교적 질서를 정의하고 사회·문화와 정치 관계를 규정했다. 16세기부터 조선의 유교적 귀족 계층인 양반은 가족의 종교의식과 관계를 중심으로 한 중국 유교를 도입하여 심화시킴으로써 자신들의 사회적 패권을 더욱 강화하려 했다(이광규 1990). 유교가 갖는 영향력은 매우 강력하고 광범위했는데, 이로 인해 역설적이게도 조선의 사회·경제적 분열에 따라 상민이 (많은 경우 가짜) 양반이 되는 현상이 널리 퍼졌으며, 이들은 이후 양반의 유교적 사회규범과 의례를 지키거나 흉내 내기 시작했다(김상준 2003). 이후 일본이 1900년대 초 조선을 식민지화하면서 자신들의 사회·정치 권력과 유교를 혼합하는 방식으로 조선의 유교 규범과 관계를 효과적인 식민 통제와 착취를 위해 활용하기도 했다.[4] 마지막으로, 4장 아래에 구체적으로 분석하겠지만, 일본이 태평양전쟁에서 미국에 패배하면서 한국이 독립하자마자 사실상 모든 한국인이 유교 규범과 관계를 통해 가족 수준에서 스스로 상층의 사회·문화적 지위를 얻고자 노력했다. 이러한 노력은 이들이 근대적인 민주적 정치권과 자주적 시민 지위를 보편적으로 획득한 것에 조율되었다(장경섭 2018 참고). 8장에서 설명하겠지만, 이와 관련하여 사회인프라 가족주의에 힘입어 유교의 실질적 영향력은 사회의 노사관계나 젠더 관계를 비롯해 다양한 (가족 이외의) 사회 영역으로 빠르게 확산되었다. 이처럼 한국의 전통, 식민, 탈식민 시대에 유교가 계속해서 강화되고 적용된 것은 어떤 근대적 접촉이나 변화도 한국의 유교 질서와 문화를 복합적으로 반영하고 이에 영향을 받았음을 시사한다. 한국의 내부다중근대성이 갖는 잠재적인 유교적 특성과 관련하여 각각에 대해 면밀하게 검토하는 별도의 연구가 필요하지만, 분명한 것은 현대 한국의 유교는 다채로우며 전통적일 뿐만 아니라 근대적일 수밖에 없다는 점이다.

이후 4장에서는 변증법적 식민지 근대성, 탈식민 반영적 제도근대성, 탈식민지 신전통주의 근대성, 냉전체제와 자유세계 근대성, 국가자본주의 근대성과 국가개발주의, 신자유주의 경제 세계화 및 세계주의 근대성, 형성 중인 자유주의 근대성 형성 등의 근대성 체제·유형을 다룰 것이다. 그런 뒤 이러한 내부다중 근대성들 간의 상호작용과 모순을 살펴볼 것이다. 끝으로 지극히 다양한 근대성 주장들이 앞다퉈 때로는 동시다발적으로, 때로는 순차적으로 무대에 올려지지만 이들이 서로 화합할 가능성은 확실치 않은, 멀티플렉스 극장사회로서 한국이 지닌 독특한 사회·문화적 특성을 조명하면서 4장을 마무리할 것이다.

4-2 변증법적 식민지 근대성

20세기 초 40여 년에 걸친 일본의 한국(당시 조선) 식민 지배는 기본적으로 일본이 범아시아 자본주의 제국으로 올라서려는 궁극적인 목표 아래 자본주의를 과도기적으로 재편한 과정을 반영한 것이다. 일본의 그러한 야망은 미국을 상대로 한 대규모 전쟁에서 철저한 패배로 끝났고, 한국이 미국과 그 적인 소련에 의해 분단되어 통치되는 결과를 낳았다. 이후 수십 년 동안 한국이 유례없이 빠른 경제발전을 이룰 수 있었던 요인과 관련하여, 일본의 식민 지배가 한국에 긍정적 영향을 미쳤을 가능성을 비롯해 치열한 논쟁이 벌어졌다. 식민 지배의 경험은 종종 한국이 일본에 의해 '식민지 근대화'를 겪은 것으로 해석된다. 그러나 일본이 한국을 제국적 정치경제의 영구적인 부분으로서 통치하려는 명백한 의도를 가졌다는 점을 고려할 때(Schmid 2010), 이는 근본적으로 해외 정복지에서 실현된 일본의, 일본에 의한, 일본을 위한 확장 근대화였다.[5] 일본의 자본주의 제국주의를 상징하는 한국 식민 지배는 식민지가 된 한국의 제도·법률·관념·기술적 근대화가 한국 자원의 동원과 착취를 극대화하려는 방향으로 유도되거나 수행되었다는 점에서 일종의 양식장 근대성fish farm modernity에 기반한다. 다른 한편으로 한국의 식민지 시대 경험이 어떤 조건과 과정에서 탈식민 시기에 국가 개발과 근대화를 위한 유용한 사회자원으로 활용되었는지는 여전히 불분명한 상태이다.

일본의 식민 자본주의 통치 기간에 근대화가 한국인들을 위해 추진되었다 해도 이는 기본적으로 계급에 기반한 과정이었다. 한국인들은 구조적으로 종속된 농민으로서 주변화되거나(Shin, G. 1997; 김동노 2007) 도시의 3차 산업 또는 공업 부문에서 일종의 식민 프레카리아트colonial precariat로 전환되었다(김경일 1992; 신용하 2001).[6] 일본은 토지조사사업을 실시하여 한국인들이 공동으로 소유하고 있던(따라서 공식적으로 소유권이 지정되어 있지 않은) 토지의 상당 부분을 불법으로 탈취하고, 농민들을 공동체의 도덕적 경제 주체에서 정치적으로 왜곡된 시장경제에서 계급적 이해관계를 가진 개별화된 경작자로 변모시켰다(김동노 2007). 식민지 산업화는 경제적으로 한국의 인구를 일본의 자본과 기술에 합병시키는 과정을 정치적으로 포장한 것이었는데,

이는 산업적 계급관계를 민족적 구분에 따라 거의 완벽하게 종속시켰다(김경일 1992). 그 과정에서 한국인들은 강한 민중적 계급의식을 동반한 사회주의적 민족주의를 발전시키기 시작했다(Cumings 1981).[7] 이는 일련의 자본주의 지배 세력, 즉 일본, 미국, 나아가 미국의 지원을 업은 한국의 종속적 자본주의 세력에 대한 민족주의적 투쟁에 있어 확고한 도덕적 이념으로 작용했다(한홍구 2002).[8] 이러한 현상은 단순한 식민지 근대화가 아닌 변증법적 식민지 근대성colonial dialectical modernity으로 개념화할 수 있다. 자본주의 근대성을 성급하게 부르주아 이념 및 지위와 동일시하는 경우가 종종 있지만, 자본주의체제를 강압적으로 받아들인 나라에서 민중 대다수가 부르주아지가 된 사례는 없다.[9]

변증법적 식민지 근대성의 또 다른 예는 일제 강점기에 열성적인 민족주의 시민사회가 탄생했다는 것이다(신용하 2001 참조).[10] 일제 치하에서 한국인들은 대리 국가로서의 권위주의적 식민 당국에 대항해 사실상의 시민사회를 구성했다. (봉건국가에 대항하는) 체계적 자유주의 정신을 함양하지 않았음에도, 일본 식민 정부의 잔인한 억압과 착취에 지배당한 한국인들은 집단적인 사회 주체로서 침략국에 맞서 저항해야 한다고 스스로 인식하게 되었다(신용하 2001).[11] 예를 들어 1919년 3월 1일, 한국인들은 전국적으로 비폭력 저항운동을 전개하고 일본에 식민 통치를 중단할 것을 요구했다. 인종차별과 착취를 통한 일본의 식민 통치는 이내 한국인들에게 세계 정치질서에서 자신들의 민족적 지위가 얼마나 위태로운지 일깨웠고, 이는 의도치 않게 활성화된 근대적 시민사회를 형성하는 데 기여했다. 이 시민사회의 영향은 한편으로는 식민 침략을 당한 다른 사회들에 확산되었고, 다른 한편으로는 21세기 한반도의 정치 지형에 이르기까지 지속되었다.

해방 이후 오래 지나지 않아 미국이 식민 지배국에 준하는 권력을 자처한 데 이어 자신들이 지원하는 정부의 설립을 돕거나 최근까지도 기존 국가 지도자들의 친미 성향을 유지하려는 노력을 기울임에 따라, 탈식민 시대 정치도 그러한 (압제적인) 외부 영향으로부터 완전히 자유롭지 못했다(Cumings 1981; 박태균 2008). 안타깝게도 미국의 통치 당국뿐 아니라 미국과 연대한 정권 대다수가 시민사회에 매우 적대적인 태도를 고수하면서 시민사회의 민족주의 감정이 더욱 깊어졌다. 역으로, 한국의 민족주의는 일반적으로 고유의 시민사회 지향적인 성향을 띠면서 일종의 민족주의적 자유주의 근대성을 굳건히 해왔다. 그러한 민족주의적 자유주의는 오랫동안 주요한 지적 조류로 자리 잡으면서 앞서 언급한 민족주의적 사회주의 및 나중에 설명할 박정희와 그 후계자들의 민족주의적 국가자본주의와 경쟁한다.[12]

4-3 탈식민기 반영적 제도주의 근대성

여러 탈식민 사회에서 근대화는 반영적(Giddens 1990; Beck, Bonss, and Lau 2003; Chang, K. 1999)[13] 과정으로 시작되었는데, 이는 해당 사회에서 초기에 자신들을 평가하는 과정에서 주로 그들을 지배하고 착취했던 서구 세력에 대한 자신들의 취약점과 결핍에 초점을 둠으로써, 제도적 근대성과 경제체제(자본주의 또는 사회주의)에서 서구를 모방하자는 공개적인 결정을 내렸다는 점과 관련된다. 반영적 근대성론은 처음에는 후기 근대 서구 사회의 변화를 설명하고자 제시되었지만, 탈식민 세계질서에서 보다 분명하게 합치되는 과정이 진행됨에 따라 서구 사회는 침탈적 착취자에서 문명 모델로 명예로운 변신을 할 수 있게 되었다. 반영적 근대화는 두 가지 상황적 결과를 야기했다. 먼저 국제적으로는 자본주의 서구의 옛 식민 침략자 일부가 식민지 시대 이후에는 근대화의 교사이자 지원자가 되었고, 이들과 경쟁 관계에 있던 열강들은 다른 근대화 노선(특히 사회주의)을 후원하여 비슷한 지위에 올랐다. 국내적으로는 (국가, 시민사회, 시민계급 등) 상호 경쟁 관계에 있던 세력들이 서구의 대응되는 상대들과 자신들을 사회·정치적으로 동일시하고 개발이나 근대화, 개혁에 대해 대체로 유사하거나 공통적인 목표를 추진하는 경우가 많았다.[14]

한국의 경우 과거의 식민 통치자였던 일본이 미국에 군사적으로 패배한 후 정치, 경제, 사회 전반에서 미국의 자유주의 원칙과 관행에 따라 여러 근본적인 개혁을 실시했다(Chang, K. 2012a). 한국이 근대화와 개발에서 반영적 기준으로 삼은 것이 미국의 정치, 경제, 사회체계였던 것이다.[15] 한국이 미국의 지배를 원치 않았던 것은 아니더라도 자신들이 요청하지 않은 미국의 군사 지배를 수년간 받게 되었다는 사실을 고려하면, 탈식민기 반영적 근대성은 신식민 과정의 일종으로 시작되었다고 볼 수 있다(Cumings 1981; 박태균 2008). 미국의 정치·군사적 영향을 받던 한국을 비롯한 여러 사회들에는 '근대적(미국적)' 정치, 경제, 사회체계로의 변화가 유도되거나 강요되었고, 이들 사회는 이를 통해 궁극적으로 미국이 이끄는 이해관계하에 있는 새로운 국제정치·경제로 편입되었다. 그러한 신식민 지배를 한국의 정치·사회에서 일제히 환영하거나 용인한 것은 아니었지만, 이후 한국전쟁은 시민사회 내부의 그러한 비판적인 입장과 의견을 박탈하는 데 크게 기여했다.

한국 등지에서 탈식민·신식민기 반영적 근대화는 관련된 시도의 대부분이 선진국의 정치, 법률, 경제, 사회체계를 제도적으로 모방하거나 복제하는 데 초점을 두었다는 점에서 일반적으로 제도주의적 성격을 띤다. 반영적 제도주의 근대성은 의회 입법, 정부령, 전문조직 규정, 시민공동체 선언, 심지어 독재 지시를 통한 제도적 선언으로 근대화가 진행되는 것이다. 그러한 모든 과정은 일종의 초국가적 지식 확산이었고, 그 과정에서 서구를 모델로 삼은 현지 대학들이 큰 역할을 했다.[16] 특히 사회과학계가 핵심적인 역할을 했는데, 많은 학자 겸 정치인, 행정가, 운동가들의 경력을 살펴보면 서구 대학에서 학위를 받은 경우가 많다는 점에서 이를 알 수 있다(〈표 4-1〉 참고).[17] 그러나 이러한 전문지식인들은 초국가적으로 도입하거나 개조된 제도를 사회적으로 착근시켜 재확립하는 데 대체로 실패했다. 특히 제도를 구체적인 사회적 이해와 관계에 체화시키고 효과적이며 지속 가능한 제도 운영을 위한 자원의 흐름을 조직하는 데 실패했다.[18] 그러한 작업은 학계보다는 정치, 행정, 사회운동의 역할에 가깝지만, 결국에는 관련된 많은 학자들이 정치인, 행정가, 시민운동가로서도 활동해왔다.

반면에 공공 통치의 영역에서는 반영적으로 정립된 제도의 이처럼 미흡한 사회적 효과가 국가 관리 및 지역 질서의 전통적 체제에 대한 역사적 기억과 언술을 통해 크게 보완된 것으로 보인다. 조선은 봉건적인(혹은 전근대적인) 사회·정치적 통치권 이념을 가지고 있었지만 정부 구조나 예산 기구, 시민권 개념에 있어서는 근대적 체제 및 개념들과 상당한 상응성이 있었다.[19] 고려도 마찬가지였다(Yi, K. 1984). 서구를 지향하는 반영적 제도주의에 직접적으로 연관된 학자, 법조인, 전문가를 제외한 대다수 한국인에게 전통 국가에 대한 간접적인 기억은 반영적으로 정립된 제도의 홍수를 이해하고 수용하는 데 있어 그 어떤 공식 선언이나 학계의 설명보다 더 중요한 문화적 기반이다. 물론, 봉건 국가 제도에 대한 역사적 참고 혹은 활용은 자유주의 기반의 반영적 체제가 확립되었다는 점에서 그 영향력이 근본적으로 제한되고 논리성이 떨어지기도 했다. 그렇지만 역설적이게도 한국의 민주주의가 신전통주의에 호소하는 독재적 국가 지도자들의 잇따른 등장으로 퇴보하는 과정에서 이러한 역사적 기억이 인식론적으로 악용되기도 했다(Cumings 2005).[20]

초국가적으로 유래한 제도의 사회적 실질성이 광범위하고 만성적으로 결핍된 가운데, 탈식민·신식민기 반영적 근대성은 여러 공공 및 민간 영역에서 삽목 근대성cuttage modernity이라고 특징지을 수 있는 단계 또는 상태로 남게 되었다. 얕게 심은 가지와 같은 사회·법 제도는 장기적으로 볼 때 효과적으로 기능할 수 없었던 반면, 복잡한 탈식민 현실에서 이러한 제도의 직접적인 사용(남용)은 이러한 제도가 굳건하게 뿌리를 내린 나무와 같이 안정적으로 성장하는 것을 둔화시키거나 가로막았다. 이러한 딜레마가 가장 분명하고 고통스럽게 나타난 것이 격동기를 거친 한국의 민주주의이다(최장집 2002). 제도주의 근대성의 무효화와 더불어 삽목된 수준의 제도가 미성숙하게 혹은 잘못 작동함에 따라 종종 다른 유형의 제도가 기존 제도의 대리 역할을 하곤 했으며, 이는 제도 기능적 융합이라 할 수 있는 현상으로 만연하게 나타났다. 일부 조직적 타성과 구조적 이해가 대리 제도로 결합되면서, 이는 원래 제도의 정상적인 성장과 작동을 끊임없이 위협하거나 복잡하게 만들었고 무엇보다 제도의 본래 기능을 왜곡시켰다. 예를 들어 한국 군대와 언론의 집중적이고 장기간에 걸친 정치화는 정상적인 정당정치의 확립과 안정화를 심각하게 가로막았고, 동시에 군대와 언론 자체의 제도적 발전을 지연시키고 변형시켰다.[21]

이와 반대로, 제도 간 분리와 고립이 만연하고 고착화되는 경향이 나타나는 것으로 보이기도 한다. 일반적으로 반영적 제도주의 근대화는 선진 문명이나 사회제도를 구성하는 제도가 사회적으로 부여되거나 법적 허가를 받은 분리된 기능별로 모방되거나 개조된다는 점에서 문명 또는 체계의 역공학 과정이라고 볼 수 있다.[22] 구획적 제도 모방이 처음에는 실용적으로 실행되었으나 점차 부문별 제도 강화가 서로 고립적으로 일어나는 경직된 구조로 변했고, 이를 보여주는 최악의 사례가 바로 학계이다.[23] 구획되어 모방되거나 개조된 제도는 범사회적 공동체가 갖는 보편적 질서와 사회적 목적을 습관적으로 경시하고 서로 부조화를 일으킴으로써 또 다른 기능적 문제를 야기한다. 이러한 문제는 앞서 설명한 제도 기능적 혼선의 경향을 강화한다.

〈표 4-1〉 1945~2013년 박사학위를 받은 한국인이 수학한 주요 국가의 학문 분야별 비교
(단위: 1945~2013년 총 학위 수, 외국에서 취득한 학위의 학문 분야별 비중)

순위	사회과학			공학			인문학			자연과학		
	국가	수	%	국가	수	%	국가	수	%	국가	수	%
1	미국	5,881	62.8	미국	5,261	63.8	미국	2,217	33.4	미국	3,400	70.3
2	독일	846	9.0	일본	1,965	23.8	독일	962	14.5	일본	698	14.4
3	일본	817	8.7	영국	297	3.6	일본	786	11.8	독일	251	5.2
4	영국	569	6.1	독일	248	3.0	프랑스	664	10.0	영국	164	3.4
5	중국	325	3.5	프랑스	197	2.4	중국	640	9.6	프랑스	102	2.1
상위 5개국 합계	-	-	90.1	-	-	96.6	-	-	79.3	-	-	95.4

* 출처: 2014년 대학교육연구소(KHEI) 보도자료 <1945~2013년 외국 박사학위 57%가 미국 학위>. 이 보도자료는 교육부 데이터를 근거로 작성되었다. http://khei.re.kr/post/2099

4-4 탈식민기 신전통주의 근대성

조선인들은 일본의 식민 통치에 대해 민족적 수치감을 특히 크게 느꼈다. 동아시아의 역사·문명적 맥락에서 일본은 중국뿐 아니라 조선과 류큐 같은 중국 문명의 수용자보다 열등한 나라로 간주되었기 때문이다. 그런 점에서 일제 강점기 식민 지배의 악명 높은 부역자들 중 많은 수가 귀족층의 일원이긴 했지만, 한국인의 반식민 항거를 이끈 주된 주체 역시 귀족(양반) 가문 출신으로 학식 있는 유교 엘리트가 많았음은 충분히 이해할 만하다(장경섭 2018). 일본은 한국 사회에서 가장 거대한 변화 중 하나를 단행했는데, 대한제국이 조선의 봉건 신분제(양반, 중인, 상민, 천민으로 구성)를 명목상 폐지한 것을 재확인한 것이다. 다만 유교문화에 대해서는 한국인들을 효과적으로 통치하고 착취하기 위한 실용적인 차원에서 수용적이고 유연한 입장을 취했다(이희재 2011; 류미나 2005).

한국이 일본으로부터 독립하자마자 과거에 영향력이 있었던 유교 가문과 전통 질서의 구성원들은 공공 생활과 사회·정치 질서에서 유교적 원칙을 회복하고자 다양한 노력을 기울였다. 그러한 엘리트들의 노력은 대체로 효과가 적었던 것으로 드러났지만, 평범한 한국인들은 사적 영역에서 유교문화를 폭넓고 열정적으로 적용하기 시작했다. 이러한 현상에 보편적인 민주주의 시민권에 기반한 새로운 정치질서, 토지개혁으로 마련된 새로운 경제질서, 새로운 보편 (초등) 공교육체계가 더해졌다. 즉 동등한 주권성을 지닌 평민들의 민족국가인 대한민국에서 사실상 전 구성원이 정치, 농사, 교육 등의 영역에서 새로 부여받은 시민권에 발맞춰 문화적 지위도 높이고자 시도했던 것이다. 문화적으로는 가족관계와 의례 등에서 귀족을 자처하는 양반화가 전국적으로 빠르게 진행되어 현대의 한국이 평균적으로 과거 조선 사회보다 더 유교 질서에 가까운 상황이 되었다(장경섭 2018; 정진상 1995). 이러한 추세는 유교에 대한 독점적 지위를 주장하는 많은 전통적 귀족 가문 구성원들을 분노하게 만들었다.[24]

가족 기반의 유교는 사회적으로 우수한 문화자산으로 간주되어 (한국판) 자유주의 근대성의 사회·문화적 핵심 기반을 이루었다. 이에 따라 모든 시민이 (확대) 가족생활에 참여함으로써 스스로를 동등하게 우월하고 도덕적인 주체로 느끼게 되었다. 이처럼 문화적으로 스스로 품위를 높이는 행위는 (결혼, 장례, 제사 등) 복잡하고 호화로운 가족 의례에서 종종 나타났는데, 이는 국내 소비는 최소화하는 대신 산업 투자와 경제성장을 극대화하기 위해 애쓰는 개발국가로서는 크게 우려할 만한 상황이었다(〈사진 4-1〉 참고). 문화 평등주의에 기반한 유교가 조선의 귀족 계층(양반)이 핵심 자산으로 여기던 유교와는 다르다는 점에서 이러한 현상은 재전통화retraditionalization가 아닌 신전통화neotraditionalization였다(장경섭 2018, 4장). 엘리 자레츠키(Zaretsky, 1973)가 설명했듯이, 신전통주의 근대성으로서 근대 (핵)가족생활의 귀족적 성격은 서구의 맥락에서도 발견된다. 자본주의 생

〈사진 4-1〉 1969년 가정의례준칙의 준수를 위한 공개 선언식에 참여한 주부들

박정희 시대 한국 정부는 제사, 장례, 결혼, 회갑 등 신전통주의 유교 의례를 일반 시민들이 과도하게 치르고 낭비하는 것을 공식적으로 규제하고 관리하기 위해 가정의례준칙을 제정하여 1969년 공포했다. 사진 제공: 《경향신문》.

산체계와 노동체제의 변화에 따라 부르주아지와 프롤레타리아가 빅토리아 시대 가족문화를 순차적으로 전유한 것이다. 서구의 사례가 보다 장기적인 정치경제적 현상이라면 한국은 보다 단기적인 사회·정치적 현상이다.[25]

또한 다양한 신베버주의적 분석에서 유교 근대성은 한국(또는 동아시아)의 민주주의, 자본주의, 사회보장제도, 기업 경영, 교육, 종교 등이 갖는 고유한 특성과 관련하여 활발히 논의된 문제이다(Kim, K. 2017; Lew, S. 2013). 각 주제에 대해 학문적 연구와 대중의 관심이 뜨거웠음에도, 이른바 유교 관행과 질서에서 무엇

을 유교적이라 할 수 있는지에 대해 모두가 납득할 만한 정의를 세우는 데는 공통적으로 한계를 보였다. 어쨌든 유교문화는 성공적이었든 아니든 현재 당면한 과제를 관리하거나 해결하기 위해 실용적이고 유연하게 적용되었다고 할 수 있다. 앞서 언급했듯이, 해방 이후 한국인이 가족관계와 의례에 관한 일상생활을 유교화한 것은 정치, 산업, 복지, 교육, 심지어 종교에서(〈사진 4-2〉 참고) 유교적 방식과 질서의 인식론적·도덕적 기반을 마련하는 데 핵심 기반이 되었을 것이다.[26] 유교식 조직, 제도, 관계에

〈사진 4-2〉 안동시의 유교랜드 개관식

국가의 공적 영역에서 유교가 사회·정치적으로 더 이상 중시되지 않으면서 과거에 유교 지배층의 터전이었던 지역에서 유교를 다시 활성화하려는 노력을 기울여왔다. 예를 들어 2013년 안동시는 조선시대 정치·사회 질서에서 유교 지배층의 중심지라는 전통적 지위를 상징하기 위해 유교랜드를 개관했다. 사진 출처: 유교랜드 홈페이지.

서 사적인 가족관계와 역할에 대한 용어들을 공개적으로 널리 활용하는 이유가 여기에 있다. 가장 흔한 예로 '가족 (같은) 기업'을 들 수 있는데, 기업 총수는 조직의 관리와 문화 측면에서 모두 가부장의 위치에 있다.[27]

무엇보다 사회체제의 측면에서 볼 때, 유교는 광범위한 공공 문제와 시민의 관심사에 다양한 제도적 영향을 미쳤는데, 이는 한국에서 가족이 주요 제도이자 행위자로 직접 기능하기 때문이다(Chang, K. 2010a). 한국의 개발과 근대화와 관련해 과도한 교육열, 장기간 이어진 각자도생식의 복지, 공격적인 기업집단 형성(재벌)과 같은 널리 알려진(혹은 인상적인) 특성은 제도적으로 가족적인 관계 맺기나 이해관계, 책임에 기반한다. 서구 복지국가, 노동시장, 생활양식 등에서 나타나는 '제도적 개인주의'(Beck and Beck-Gernsheim 2002)와 대조적으로, '제도적 가족주의'(Chang, K. 2010; Chang et al. 2015)는 한국인들이 다양한 사회·경제적 사안에 대처하는 데 있어 사적으로 추진되었지만 무엇보다 국가가 그러한 패러다임을 허용하거나 강화했다. 자녀 교육을 장려하고 투자하는 것은 부모의 가장 훌륭한 (문화적) 의무로 간주되었다. 효에 대한 도덕적 강조는 노인에 대한 공적인 사회보장 대책 마련이 오랜 시간 지연되는 데 일조했다.(이로 인해 한국 노인들은 산업사회에서 최악 수준의 상대적 빈곤에 처하게 되었다.) 기업집단에서는 소유권과 경영권을 가족이 세습하는 관행이 대다수 정부의 무관심이나 용인 아래 일반화되면서, 정당한 비용(세금)을 회피하고 관련된 다른 당사자들의 정당한 의견 수용을 건너뛰기 위한 법적·재정적 변칙이 난무할 뿐만 아니라 기업 승계의 적법한 순서와 지분에 대해 상속자들 간 분쟁이 빈번하게 발생했다.

사회·경제적 문제가 제도적 가족주의에 따라 관리되는 경우, 이와 관련된 행위 주체들의 구체적인 주장, 선택, 행동을 형성하는 것은 역사적으로 근거가 있든, 편의에 의한 것이든 유교 규범인 경우가 많다. 이때 직접적으로 연관된 구성원의 관점에서 본다면 교육, 복지, 기업 지배구조, 그 외 다수의 가족 중심 문제는 한국 근대성의 유교적 특징을 보여준다. 그 결과 유교적 가족 규범이 다양한 공적 영역에서 여성에 대한 만성적인 차별과 착취를 촉진하고 정당화하는 데 활용되었는데, 이러한 규범은 가족 구성원이나 관련 주체들뿐만 아니라 때로는 억압받는 당사자인 여성들에게도 공유되는 것이었다(장경섭 2018).

4-5 냉전체제와 자유세계 근대성

미국은 한국의 정치적 독립(및 남북 분단)에 결정적인 기여를 했는데, 일본과의 전쟁에서 승리했을 뿐만 아니라 새로운 국제정치질서(즉 윌슨주의)를 구상하고 정립했기 때문이었다. 사실 태평양전쟁에서 승리를 거둔 뒤에도 미국은 자신들이 해방시키거나 해방을 도운 국가와 지역의 상황을 그저 방관할 수 있는 위치는 아니었다. 미국이 구상한 자유주의적 국제주의의 새로운 세계에서는 독립국가들이 전 세계의 자유주의적 자본주의 질서에 걸맞은 구성원으로 변모해야만 했다. 이러한 역사적 요구는 각국이 과거의 토착 질서와 문명을 회복시키는 방식이 아닌 미국으로 대표되는 '근대적' 정치, 경제, 사회체계에 이들 사회가 동화되는 방식으로 달성되었다.[28] 이처럼 근대화는 시작 단계부터 세계의 특정한 역사·정치적 맥락에서 정의되었다(Apter 1965).

그러나 미국은 그러한 동화 작업으로서의 근대화를 한반도의 절반에서만 추진할 수 있었다. 전후 한국의 상황을 관리하기 위한 합의에서 미국은 (당시에는 그것이 편리한 방안이었을지 모르나) 소련이 한반도 북부에 관여하도록 사실상 초청함으로써 남한과 북한, 궁극적으로는 자본주의와 공산주의 간의 분단에 주된 책임을 지게 되었다(Cumings 1981). 게다가 미국은 남한에 대해 (사회주의의 영향을 근절하기 위한 군사작전을 제외하고는) 관여를 주저하고 최소화함에 따라 일제 강점기의 제도, 인력, 기관 다수가 재활용되면서 대한민국 형성기에 새로운 정치 질서가 실질적이고 제도적으로 견고한 토대를 마련하도록 돕지 못했다. 이로 인한 취약성은 민족국가 통일을 위한 북한의 침략으로 시험대에 올랐다(박명림 1996). 북한이 한국전쟁을 일으키는 데 소련이 얼마나 결정적인 역할을 했는지에 대해서는 이론의 여지가 있으나, 이 총력전은 발발 즉시 자본주의와 사회주의 진영 간의 세계적 냉전 성격을 자동으로 띠게 되었고 이로 말미암아 세계적으로 냉전이 더욱 치열해지는 상황이 전개되었다.[29]

한국전쟁(과 더불어 소련의 동유럽 침공 및 지배)이 당긴 방아쇠가 윌슨의 자유주의적 국제 질서에서 미·소가 각축전을 벌이는 냉전으로 변화하는 데 결정적인 작용을 하면서, 한국의 자유주의적 자본주의는 탈식민지의 국가 과업 수준에서 자유세계 국제 정치 무대의 긴급 현안으로 변모했다. 다시 말해 한국의 개발과 근대화는 미국이 전 세계 자유주의적 자본주의 지역과 국가에 미치는 패권에 의해 정의되는 집단적 성격을 띠게 된 것이다(Cumings 1997; 김동춘 1997). 전체 자유세계는 미국의 정치, 경제, 사회체계에 중심을 둔 자유주의적 자본주의 근대성의 통합적 단위가 되었다. 미국의 패권 영향 아래 있는 국가들(종종 '동맹국'이라 칭함)에서 미국의 사회체제는 실질적으로 근대화 및 개발과 직접적인 연관을 가지게 되었다. 이는 동맹국의 개인, 시민조직, 기업에 미국의 교육, 문화, 기술, 상품 시장, 공적 지원을 우선적으로 제공하는 일종의 자유세계 시민권Free World citizenship에서도 드러난다.[30]

이후 한국의 개발과 근대화는 국가적 목표로서뿐만 아니라 공산주의 대비 자유세계의 체제 우월성을 위해서도 성공을 거둬야만 했다(〈사진 4-3〉 참고). 한국은 자유세계의 전략적 정치·군사 전초기지로서 살아남아야 했기에 미국은 필요할 때마다 다양한 수단을 통해 한국의 정치와 사회를 안정시키려는 노력을 기울였다.[31] 이를 위해 미국은 매번 한국 정부가 친미 입장을 취하도록 만들었고, 설사 군 출신의 정치인들이 민주적 시민권을 침

〈사진 4-3〉 판문점에서 만난 남한과 북한, 미국의 지도자

많은 미국 정치인들은 남한의 성공적인 경제발전을 미국이 이른바 자유세계에서 촉진한 자유주의 경제와 체제적 우월성을 보여주는 중요한 증거라고 본다. 그리고 북한의 만성적인 경제위기에 대해서는 사회주의체제의 필연적인 위험성을 보여주는 명백한 증거라고 주장한다. 사실 북한은 최근 경제위기를 극복하기 위해 남한의 협력을 얻어내는 데 필사적인 노력을 기울여왔다. 비록 성공적이진 못했지만, 남한의 문재인 정부는 북한의 핵무기 포기와 미국의 경제제재 철회, 남한의 경제원조를 맞바꾸는 빅딜에 대해 북한의 김정은과 미국의 도널드 트럼프를 설득하려고 노력했다. 그 과정에서 세 나라의 지도자는 2019년 판문점에서 회동을 가졌다. 사진 출처: 대한민국 정책브리핑.

해하거나 불법적으로 권력을 탈취하더라도 용인하기에 이르렀다.[32] 미국은 심지어 박정희가 국가중상주의 방식으로 산업화하고 (핵 프로그램 가동 의혹을 포함하여) 자주적인 군사 기반을 구축하려는 시도를 20년 가까이 감내해야만 했다(Kim, H. 2004).

한국의 (보수) 정치 및 군사 엘리트들은 특히 역사·정치적 이유로 고질적인 정당성 결핍을 겪고 있었던 만큼 이 같은 국가 운

명의 (재)국제화를 반겼다. 이들은 오늘날까지도 한국이 공산주의와 눈에 보이지 않으나 계속 전쟁 중인 것으로 규정지으려 했다. 이에 따라 한국 보수주의의 정치적 중심은 국가 주도의 반공 투쟁으로 정의되었으며, 북한과의 장기간 휴전 상태가 이어지고 있음을 고려할 때 국내의 좌파를 외부의 적을 돕는 간첩이나 부역자로 낙인찍거나 규정해야 했다.[33] 이러한 맥락에서 보수 우파의 국가원수들은 스스로 그 자리에 올랐든, 정치적으로 선출되었든 상관없이 사실상 미국의 승인을 받아야 했으며(혹은 승인을 원했으며) 일반적으로 대통령이 된 후 미국을 가장 먼저 공식 방문하는 의식을 취했다.[34] 어떤 면에서는 개발에 대한 박정희의 기여를 제외하고 한국의 정치적 보수주의는 빈 수레에 불과했다. 국가안보에만 집중하면서, 다만 감시 영역 밖에서 산업 엘리트(재벌)가 정치적으로 영향을 미칠 가능성은 차단해왔다.[35] 몰자유주의적인 한국의 자유주의에서 자유를 제한하는 부문은 법적·물리적 강제를 맡은 국가기구들의 권위주의적 작동 영역으로 남겨둔 반면, 경제에 집중된 자유의 영역은 대체로 기업 엘리트들에게 위임했다.

전 세계적으로 냉전이 극적으로 종식되면서 자유세계 피보호자로서의 한국의 위치에도 거대한 변화가 갑작스럽게 찾아왔다. 신자유주의 미국은 한국을 다루기 힘들고 반갑지 않은 경제 주체로 인식하기 시작했고, 한국으로 하여금 새로운 세계경제 질서를 준수하도록 점점 압박을 가하자 한국 기업들은 미국의 세계화된 금융 이해관계에 구조적으로 얽혀들게 되었다(Kong, T. 2000). 한국의 재벌과 금융자본은 이러한 압박을 기회로 받아들였고 서구의 핫머니를 통해 더 많은 자본을 확보하고자 했다. 한편 민주주의 투사 출신인 김영삼이 이끄는 정부는 박정희에 필적하는 개발 성과를 내기를 바라면서 한국 제조업과 세계 금융자본 간의 위험도 높은 금융거래를 광범위하게 용인했다. 이에 따른 결과는 또 다른 개발 추진력의 확보가 아닌 전례 없는 국가 금융위기였고, 이 위기에서 구제받기 위해 한국은 경제를 국제 금융자본주의의 이익에 부합하는 완벽하게 (신)자유주의화된 실체로 개혁하는 이른바 'IMF 구제금융 조건'을 수용해야만 했다(Chang, K. 2019, 3장). 어떤 의미에서 한국은 급진적 신자유주의 조건들을 통해 경제적 차원에서 자유세계를 완성하는 데 기여했으나, 이는 일반 시민들을 극심한 고통에 빠뜨렸다.

4-6 국가자본주의 근대성 및 국가개발주의

자본주의는 유럽의 자유주의적 사회혁명이나 개혁에서 발생했지만, 세계의 다른 지역으로 확산되었을 때는 군사적으로 조직된 자본주의 이해관계를 위해 토착 민중과 사회를 인종적으로 차별하는 지배를 했다. 피식민 지배 대상이 이미 자체적으로 정립한 국가 체제를 경험한 경우, 자본주의적 제국주의는 일반적으로 민족주의적인 사회·정치적 저항을 촉발하고 토착 엘리트가 자체적인 자본주의를 고안하거나 대안으로서 사회주의로 전환해야 할 필요성을 깨닫게 하는 등의 의도치 않은 결과를 낳는다. 이러한 맥락에서 자본주의는 사회주의와 마찬가지로 근본적으로 모든 민중과 통치 세력이 관련된 집단적 실험으로 여겨지게 된다. 일종의 민족국가적 자본주의는 많은 경우 국가를 최고 부르주아지로 여기는 방식으로 구상되기 시작한다(Chang, K. 2019; 〈사진 4-4〉와 〈사진 4-5〉 참고). 일본은 서구의 자본주의 식민 침략자들에게 지배당하지 않고 그전에 미리 앞을 내다보고 국가자본주의를 추진했다는 점에서 예외에 해당한다. 비스마르크 시대 독일이 그러한 국가자본주의의 또 다른 예라고 할 수 있다. 물론 유럽에서의 물리적인 위치를 고려했을 때 당시의 독일은 일본과 같은 수준의 선견지명이 필요하지는 않았다.[36]

일본이 한국을 자본주의 식민지화했을 때 이내 한국 엘리트들이 자본주의적 국가 발전에 대한 열망으로 타올랐던 것은 어찌 보면 당연한 일이다. 특히 일본의 막강한 권력이 국가 주도의 자본주의 전환(메이지유신)에서 비롯되었음을 한국인들이 깨닫게 되면서 이러한 열망은 더욱 강화되었다(Cumings 1987). 그러나 일본은 한국인들이 자주적 자본주의 주체로 발전하게끔 하는 데 관심이 없었다(신용하 2001). 게다가 (이승만 시대에) 남한의 탈식민 정치·경제 지배체제는 자유주의 미국의 체제에 더 가까웠고 시민적 자본주의를 유의미하게 증진시키는 데 실패했다.[37] 이승만은 경제적 실패와 정치적 만행 때문에 시민들에게 축출되었지만, 한국인들은 이내 박정희가 군사 쿠데타를 통해 스스로 국가 지도자가 되는 모습을 지켜봐야 했다. 박정희에게 자본주의는 국가 생존과 회생을 위해 역사적으로 필수적인 도구로 인식되었는데, '부국강병, 민족중흥'이라는 슬로건이 이를 보여주는 단적인 예이다.[38] 박정희는 국가 주도의 자본주의 산업화를 위해, 또한 그러한 산업화를 통해(Lim, H. 1986) 국가원수라는 정치적 지위를 '주식회사 한국'으로 종종 표현되는 한국 국가자본주의의 부르주아지 수장이라는 정치·경제적 지위로 변모시켰다.

〈사진 4-4〉 2015년 무역의 날 기념식을 주관하는 박근혜 대통령

박정희 군사정권의 지도력 아래 경제개발은 수출 주도 국가자본주의 산업화로 추진되었다. 이후 취임하는 대통령마다 관리적 측면과 상징적 측면 모두에서 국가주의적 산업자본주의의 CEO 역할을 맡았다. 한국이 사상 최초로 미화 100만 달러의 수출을 기록한 1964년 11월 30일을 기념하여 제정된 수출의 날(이후 1990년 무역의 날로 명칭 변경)은 박정희의 딸인 박근혜를 비롯해 모든 대통령이 이러한 정치경제적 맥락의 가장 중요한 공공 의례로서 주재하는 행사가 되었다. 사진 출처: 대한민국 정책브리핑.

이후 국가개발주의 또는 민족주의적 국가자본주의는 사실상 정치·사회적으로 지배적인 이념이 되어 그동안 정치권이나 시민사회에서 채택하고 고취한 다른 모든 이념을 압도했다(전재호 1999). 박정희가 이끌던 민주공화당을 포함한 모든 정당의 공식 명칭은 대부분 미국의 관련 정당에서 빌려왔지만, 집단적 국가개발주의와 여기서 파생된 개인 물질주의 정신에 기반한 정치적 가치와 이해를 유의미하게 반영하거나 변화시키지 못했다. 한편 한국의 명목상 부르주아지인 재벌은 국가자본주의를 위한 부수적 수단이라는 위치(와 지원)를 얻었을 뿐, 마찬가지로 공공 영역에서 자유주의적 자본주의 근대성의 핵심 지도층으로서 유의미한 정치·사회적 또는 이념적 위치를 차지하지 못했다(Chang, K. 2010a, 7장). 그렇지만 재벌들은 오히려 이러한 상황에 만족하면서 국가에 대한 공식적인 의존을 통해, 혹은 독재국가 엘리트와의 은밀한 결탁을 전략적으로 숨김으로써 이익을 추구하는 편을 선호했다.[39]

마지막으로, 평범한 한국인들은 국가자본주의의 공식적인 정치 유권자로서, 혹은 보다 단순하게는 개발주의 국가의 일원으로서 이념적으로 일종의 공속 상상에 의한 부르주아지 bourgeoisie-by-affiliative imagination라는 집단적 (허위?) 의식을 갖도록 요구되었다.[40] 이들은 정치 선전, 준정부 언론 보도, 공식 교육 등을 통해 공공의 의무이자 권리로서 국가 개발을 상상하도록 지속적으로 유도되었다. 필자는 기존 연구에서 이러한 관행

〈사진 4-5〉 2017년 4차산업혁명위원회 출범식에서 연설 중인 문재인 대통령

문재인은 두 보수적 개발주의 대통령(이명박과 박근혜)의 정치적 실패와 개인적 부패 스캔들 이후 대통령으로 선출되었지만 여전히 개발주의 국가 지도자로서 정치적으로 호소해야 했다. 이러한 목적으로 한국은 2017년 세계 최초로 '4차산업혁명'을 공식적 국가 경제개발 패러다임으로 채택했다. 사진 출처: 대한민국 정책브리핑.

을 개발시민권developmental citizenship이라고 분석한 바 있다(Chang, K. 2012b). 그러나 이러한 정치·문화적 지위는 국가를 등에 업은 자본주의 고용주들에게 착취당하는 프롤레타리아로서 대다수 시민들이 매일 마주치는 일과 삶에서의 현실과 정면으로 배치되었다(Chang, K. 2019, 2장).[41] 정부는 그러한 착취를 인내하는 것을 국제 산업경쟁력을 높여 국가의 외화 획득을 늘리고 자본주의 개발을 앞당기는 애국 행위로 장려했다. 불행인지 다행인지 대다수 한국인이 가진 프롤레타리아로서의 사회 정체성은 불안정 고용의 직업 지위가 만성화된 것과 발맞추어 느슨하고 일시적인

성격을 유지하기 일쑤였다(Choi and Chang 2016). 반면 박정희 시대에 열정적으로 형성되었던 추상적인 개발주의 시민으로서의 정치·역사 의식은 현 노년층과 중장년들에게 확고하게 남아 있다.[42]

4-7 신자유주의 경제 세계화와 세계주의 근대성

빠른 경제성장이 장기간 지속되면서 한국은 '선진' 혹은 '산업화된' 경제 반열에 오를 수 있었다. 1996년 경제협력개발기구OECD에 회원국으로 가입한 것이 이를 단적으로 보여준다. 이러한 위상을 확립한 가운데 자유무역주의 보편화를 위한 세계적인 다자간 협의의 강화로, 한국은 국제 경제 규범 준수에 대한 압력 증가와 더불어 추가적인 산업 확장을 위한 국가 차원의 기회라는 두 측면에 노출되었다(지주형 2011). 또한 이러한 상황은 먼저 선진국 반열에 올라 재정·자본적으로 여유 있는 국가들이 한국에 금융자유화를 점점 거세게 요구하는 상황으로 이어졌다. 정부의 통제를 벗어나 더 규모가 크고 저렴한 융자를 갈망하던 한국의 은행과 기업들은 선부르고 계획 없이 금융자유화를 반겼다(Kong, T. 2000). 부주의한 금융자유화로 말미암아 한국은 1997년 순식간에 전면적인 금융위기를 맞았다. 채무 상환 연장을 위한 'IMF 구제금융 조건'은 역설적이게도 한국에 노동, 복지, 금융 등과 관련한 채무자의 일반적인 긴축 조치 외에, 더 높은 수준의 금융자유화와 무역자유화를 요구했다. 이처럼 전면적인 신자유주의 처방에도 굴하지 않고(혹은 그로 인해?) (소유구조와 생산기지 측면에서 한국과 세계를 넘나드는) 한국 기업들은 일종의 '두 번째 도약'을 시작했다.

대체로 수출 중심의 대기업으로 구성된 한국 자본주의 근대성의 주역들은 현재 내부적 세계화와 외부적 세계화를 모두 보이고 있다. 내부적 세계화를 이뤘다는 것은 이들 기업의 소유구조와 기술 구성에 기여하는 스펙트럼이 세계적으로 광범위하다는 것을 의미한다. 외부적 세계화는 생산지와 상품 시장이 아시아 전역을 비롯해 세계를 아우르기 때문이다(Chang, K. 2019, 8장). 한국은 경제활동과 사회관계의 광범위한 세계성을 기반으로 하는 자본주의 후기 근대성에서 분명 중요한 주체가 되었다. 앞서 설명했듯이, 냉전으로 인해 한국에는 자신들이 중요한 부분을 차지하고 있는 서방 중심의 자유주의적 자본주의 근대성이 중요했다. 이제 신자유주의 세계화는 자본주의 근대성이 범세계적으로 집단적이거나 연대적인 성격을 띠도록 만들었다. 한국은 그러한 세계화된 자본주의 근대성에서 결정적 희생자이자 활발한 참여자로서 중요한 위상을 차지했다.

개발 순위에서 유사한 수준에 있는 여타의 사회들과 마찬가지로, 세계 자본주의 근대성에서 한국의 굳건한 위상은 모순적이게도 경제와 사회 영역에서 일반 시민의 급격한 희생을 낳았다. 이러한 변혁 희생자에는 IMF 경제위기 동안 대대적으로 구조조정 된 산업노동자, 공장과 사무실의 해외 이전에 따라 실업에 직면한 청년들, 제조업을 위한 수출 시장 확대를 위해 희생을 강제당한 농민들이 포함된다(이 책의 5장 참고. Chang, K. 2019, 4장). 이처럼 경제적으로 희생된 집단들은 궁극적으로 사회재생산 위기의 다양한 증상들을 계속 겪었는데, 농촌과 도시 변두리에서 많은 중년 남성들이 원치 않게 독신 생활을 했던 것이 대표적인 사례이다(이 책의 7장 참고). 2000년대 초반부터 이들 중 다수가 다른 아시아 국가 출신의 여성들과 결혼하기 시작했는데, 대체로 조선족에 이어 한족 여성들이 도시의 빈곤한 한국 남성들과 결혼했으며, 동남아시아 여성들(특히 베트남 여성들)은 농촌의 중년 남성들과 주로 결혼했다(장경섭 2018, 6장). 흥미롭게도 초국가적 결혼은 시민사회단체와 중앙·지방정부 기관 모두에서 다문화주의를 위한 사회·문화 캠페인을 펼치도록 만들었다. 아시아 전역에서 외국인 신부들이 대거 유입되자, 이들이 한국의 가족 및 공동체와 잘 어울리도록 유도하는 한편, 한국 사회를 다문화 또는 세계주의 주체로 변모시키려는 사회와 정부의 노력이 이어지면서 일종의 세계주의 근대성이 적극적으로 구상되었다(이 책의 6장 참고). 주요 대기업의 다수가 이러한 다문화주의 활동을 적극적으로 후원하거나 참여했다. 한국 사회가 세계주의 문화로 변화한 것이 이미 세계화된 기업들에 기본적으로 유용한 환경인 것은 분명하다. 그러나 최근 한국 사회에서 진행된 다문화화가 갖는 실질적 효용이, 다름 아닌 세계적 수출 대기업들이 전략적 우선성을 누리는 과정에서 경제·사회적으로 희생되어 한국 여성들에게는 남편감으로서의 매력을 상실했던 바로 그 당사자들에게서 비롯되었다는 것은 지극히 모순적이다.

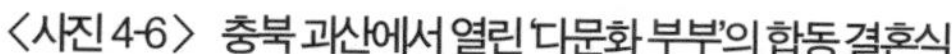

〈사진 4-6〉 충북 괴산에서 열린 '다문화 부부'의 합동 결혼식

한국은 신자유주의로 말미암아 발생한 경제위기에 신자유주의 세계화를 더욱 확대하는 여러 조치로 대응했는데, 수출산업을 전략적으로 지원하기 위해(이는 많은 경우 농산물 국내 시장의 포기와 맞바꾼 결과이다) 세계에서 가장 공격적으로 자유무역협정(FTA)을 추진한 것이 핵심적 예이다. 이 정책이 농민 인구의 급격한 노령화와 맞물리면서, 농촌 공동체는 사회·경제적으로 날로 쇠퇴하고 생활 여건이 악화되었다. 이와 관련해, 농촌 남성들이 결혼 상대로서 매력을 잃고 비자발적 독신이 확산되자 지역 공동체와 가족(부모)들이 베트남을 비롯한 여러 아시아 사회에서 신부를 데려오는 일종의 혼인 세계화가 급속히 전개되었다. 많은 국제결혼이 제대로 예식을 치르지 못한 상태에서 이루어지자 지방정부, 기업, 기타 후원자들이 이미 결혼한 다문화 부부들을 위한 성대한 합동결혼식을 마련해주기도 했다. 사진 출처: 괴산군청.

4-8 자유주의적 민중 근대성의 형성: (연대적) 기층 공동체로서의 시민사회

앞서 설명한 근대성 가운데 네 가지 근대성(반영적 제도주의 근대성, 냉전체제 근대성, 국가자본주의 근대성, 신자유주의 세계주의 근대성)은 한국 사회와 시민들에게 개별적으로나 상호작용을 통해 오랫동안 패권적 영향력을 미쳐온 것으로 보인다. 이러한 근대성들의 특성에는 국가의 선제적 개입과 지원이라는 중요한 공통점이 있다. 공통적으로 이러한 근대성들의 경우 국가에 의존함으로써 사회 전반에 광범위한 영향을 미칠 수 있었던 것으로 보인다. 역으로, 이러한 근대성들은 한국이 고도로 국가 중심적인 사회·정치체로 남아 있게 했다. 이러한 질서하에서 소외되고 지배당했던 한국의 민중은 국가 중심적 사회·정치 질서와 경제구조에 대해 변증법적으로 저항적인 성격을 띠는 시민사회의 주된 구성원이 된다.(이러한 변증법적 저항은 한국인들이 일제 강점기에 프롤레타리아와 시민사회로서 보였던 변증법적 식민지 근대성과 비교할 만하다.) 국가는 정치, 행정, 문화, 철학, 종교, 교육, 의료, 경제생산 분야에서 서구 중심의 제도 근대화로 인해 소외당하거나 차별받았던 사람들, 민족주의나 사회주의 미래로의 통합을 갈망하지만 매카시즘적인 압제를 경험했던 사람들, 자신의 일과 생애 자원이 철저히 동원되었으나 국가자본주의 산업화로 말미암아 정당한 보상을 받지 못한 사람들, 폭력적인 신자유주의 구조조정과 세계화로 경제적 시민권이 부당하게 박탈된 사람들이 한목소리로 제기하는 사회적 비난에 처하게 되었다.

한국 시민사회의 주된 구성원은 부르주아지 계층이 아니라 반영적 제도화, 냉전 질서, 국가자본주의 개발, 신자유주의 세계화의 부정적 영향을 잇달아 겪었던 하층 시민들로, 이들은 국가 지도부와 권력 기구, 사회·경제적 수혜자들이 사회를 위협하는 독재를 통해 득세할 때마다 강하게 저항했다. 4·19혁명(1960), 5·18민주화운동(1980), 6월항쟁(1987), 촛불집회(2008), 촛불혁명(2016)이 한국의 정치·사회 근대화 과정과 구조를 근본적으로 변화시킨 시민 저항이다(〈사진 4-7〉 참고). 각각의 저항에서 특정 사회계급과의 구체적인 관련성은 확인되지 않았는데, 다만 일련의 저항에 참여했던 민중 세력은 일반적으로 국가와의 변증법적 대립을 통해 확인 가능했다. "국가는 강하고 사회는 투쟁적"(Koo, H. 1993)이라는 한국에 대한 묘사는 그러한 방식으로 이해될 수 있다. 그러나 국가와의 대립에 따른 정치적 결속 효과는 정치개혁이나 근대화 과정에서 종종 저항적 사회 주체 내부에서조차 국가중심주의를 유발하기도 했으며, 이는 시민사회의 유기적 발전이 지속되기 어렵게 했다. 이러한 시민사회의 저항 주체들 가운데서, 이후 합법적·합리적인 사회적 대표성이 만성적으로 결여되어 있는 주요 정당에 포섭·영입되는 인사들 또한 지나치게 많은 실정이다.[43]

21세기 한국에서는 반영적 제도주의 근대성, 매카시즘적 통치, 국가자본주의 개발, 신자유주의 경제 지배구조 등이 갖는 비

〈사진 4-7〉 2016년 겨울 '촛불혁명'

박근혜 대통령이 비선 실세의 국정 개입과 기업 갈취에 책임이 있는 것으로 드러나면서 2016년 겨울부터 2017년 봄까지 전국적인 시위가 일어났고, 결국 국회의 탄핵 발의를 헌법재판소에서 인용하기에 이르렀다. 그러나 이 사건만으로는 수백만 명의 시민이 수개월간 주말마다 '촛불시위'를 통해 표출한 광범위한 정치·사회적 비판과 불만을 설명할 수 없다. 이른바 '촛불혁명'은 해방 직후부터 21세기에 이르기까지 겹겹이 누적된 지배층의 부패와 사회적 불평등에 대한 거의 모든 분야 기층 시민들의 사회연대적 저항 투쟁이었다. 2017년 5월 출범한 문재인 정부는 이와 관련한 시민사회 활동 세력의 광범위한 노력으로서 사회·정치적 복잡성과 모호성을 피해 가지 못했다. 사진 제공: 《연합뉴스》.

효율성이나 탈선이 잇달아 드러나면서 국가의 힘이 크게 약해졌다. 강력한 국가의 쇠퇴가 곧 시민사회의 부상을 의미하는 것은 아니지만, 최근 선출된 문재인 정부는 핵심 정책 의제나 주요 공직자 임명의 측면에서 사회운동 및 시민 권익 투쟁과 폭넓은 공동전선을 구축하고 있었던 것으로 보이며, 이는 민중 자유주의적 근대성의 새로운 시대가 열렸음을 알리는 신호일 수 있다.[44] 상향식 자유주의에서 기층 사회 주체들이 광범위한 차원에서 매우 다양하고 복잡한 양상을 보이는 것은 느슨하게 연결된 무수한 지난 세기 변혁 희생자들(이 책의 5장 참고; Chang, K. 2022)의 사회·정치적 강점이자 약점이다. 이 가운데 어떤 쪽이 두드러진 효과를 낼지는 민주 세력 정부가 이들을 새로운 연대적 문명·정치·경제 주체로 구성해내는 과정에서 사회·정치적 기획자 역량을 발휘하는 정도에 따라 결정될 것이다.

4-9 (내부다중)근대성의 충돌?

한국은 내부다중근대성을 고려할 때 근대화(혹은 2장에서 제시한 근대성 관계화)의 다양한 체제들이 공존하는 일종의 멀티플렉스 사회로 보인다. 각 근대성은 현대 사회변동을 규정하는 세계적 구조와 과정에 배태된 것이므로 특별하게 혹은 배타적으로 한국적인 것은 아니다. 특히 여타의 동아시아 국가들 또한 앞서 설명한 다중근대성 다수를 공유한다. 그럼에도 한국은 근대성의 다중성 정도, 각 근대성의 극적이며 강력한 실현, 각 근대성의 장기적 작동, 다중근대성들 사이의 극도로 복잡한 상호작용에 있어 상당히 독특한 사례이다. 이 가운데서도 근대성들 간의 상호작용에 대해서는 추가적인 설명이 필요하다. 이 섹션에서는 변증법적 식민지 근대성, 탈식민기 반영적 제도주의 근대성, 신자유주의적 경제 세계화에 초점을 맞춰 한국의 내부다중근대성들 간의 다양한 모순과 혼합에 대해 고찰한다.

변증법적 식민지 근대성의 충돌 한국의 변증법적 식민지 근대성으로서의 민족주의 시민사회와 계급 정체성은 탈식민기 정치와 사회에 다양한 방식으로 계속 지대한 영향을 끼쳤다. 한국인들이 지금까지도 근대성의 거의 모든 영역에서 미국의 막대한 영향을 장기간 받고 있는 상황에서, 한국을 '진정으로 해방된' 것으로 볼 수 있는지 여부는 진보적 지식인들 사이에서 지속적으로 논쟁이 벌어지는 주제이다. 미군정은 통치 기간에 다수의 식민 부역자들로 하여금 공공제도와 기반시설을 운영하게 했는데, 많은 경우 이는 일제 강점기의 제도와 시설을 재활용한 것이었다(Cumings 1984). 그러나 이로 인해 민족주의적 반감이 잔존하게 되면서, 이러한 민족주의 경향은 미국을 반영적으로 모방한 새로운 자유주의 공화국의 공식적인 정치제도와 절차에 통합되기가 (완전히 불가능한 수준은 아니더라도) 상당히 어려워졌다.

박정희 시대의 국가자본주의 통치하에서는 정치적 권위주의로 무장한 군부 권력이 정상적인 정치적 절차를 무효화하는 대신 부국강병이라는 중상주의 이념을 토대로 민족주의 정치의 정당성을 보완적으로 내세우려 했다. 박정희는 사회주의 또는 자유주의 성향의 변증법적 식민지 민족주의를 계승한 것은 아니지만, 대신에 (앞서 설명한) 부르주아 국가주의 의제와 선전을 통해 대다수 한국인들에게 광범위한 지지를 얻을 수 있었다. 변증법적 식민지 민족주의의 또 다른 복잡한 영향은 한국 자본주의 정치·경제 내에서 진보 계급 정치가 갖는 구조적 이해와 관련된다. 역사의식이 강한 여러 민족주의자들은 북한을 종종 민족해방 투쟁의 잠재적 동반자로 간주했는데, 한국 노동자들을 위한 직접적인 계급 정의를 추구하지만 북한의 독재에 대해서는 회의적인 자세를 보이는 다수의 노동운동가와 노조 지도자는 이러한 입장을 단호하게 부정했다(박찬수 2016).[45] 그럼에도 이들 노동운동가들이 초반에 상당한 인지도와 영향력을 갖춘 노동자계급의 정당을 공식적으로 설립했던 노력은 민족주의 진영의 집요한 요구로 말미암아 좌절되었고 결국 그 누구에게도 이득이 되지 못했다(Chang, K. 2002, 3장).[46]

탈식민기 반영적 제도주의 근대성의 충돌 앞서 언급했듯이, 선진 서구 국가를 반영적으로 모방하거나 개선한 자유주의 사회제도의 대다수는 초반에 다양한 차원에서 사회적으로 부적합하다는 문제를 드러냈다. 특히 새로이 건설되는 사회에서 시장경제, 저널리즘, 고등교육, 법률, 의학 등 자유주의 사회체제를 구성하는 다양한 기본 요소를 세우는 데 있어 국가가 결정적인 역할을 했다는 점에서 중요한 딜레마가 발생했다(Chang, K. 2019, 2장). 이러한 자유주의 사회제도의 핵심 지도자와 일반적인 구성원 모두 국가의 제도적·물적 지원을 으레 요구하는 한편 자신들의 사회적 기반과 정당성을 세우는 과업은 매우 미진했다(송호근 2016). 반대로, 관련 제도의 사회적 적합성이 떨어지는 상황이 국가 개입과 지원을 임시방편으로 요구하도록 만드는 측면도 있었다.[47] 국가 개입과 지원이 장기화되는 가운데 냉전 질서와 국가자본주의체제와 맞물려 반영적 제도가 갖는 자유주의적 통합성은 큰 타격을 입었다.

첫째, 국가 질서와 세계질서를 아우르는 냉전은 자유주의 제도근대성을 문명 (재)구성 국가 과업에서 정치·군사적 보호라는 국제적 목표로 변모시켰다. 역설적이게도 냉전 상태의 자유 정치는 정치, 사회, 경제 영역의 이상적인 자유주의체제에 대해 국가의 법적·이념적 지침을 넘어 국가 개발과 근대화의 목표, 조치, 본질을 주체적으로 논쟁할 시민사회의 자유를 박탈했다.[48] 시민사회에서 국가의 지침에 비판을 제기할 경우 (북한과 연루되어 있을 가능성이 있는) 공산주의·사회주의 부류로 취급되거나 의혹의 대상이 되기에 십상이었다. 이에 따라 한국에 형성된 자유를 억압하는 자유주의는 검찰, 경찰, 심지어 이념 경찰을 자처한 매카시즘적 언론 등 공안통치의 엘리트 구성원들을 중심으로 강압적 권력을 부여받은 정치·사회 세력들이 국가 정치구조의 일부로 점점 더 확고하게 자리 잡으면서 그 영향력이 시간이 갈수록 약화되기는커녕 강화되었다.[49] 국가의 민주화와 탈개발 전환 과정에서 군의 개발독재가 정치적 효력을 한순간에 상실하자, 이들은 주류 보수정당의 대다수 요직을 차지하고 국내에서 냉전

이 21세기까지 이어지는 데 일조했다.[50]

둘째, 자유주의 경제제도는 국가 주도 산업화와 경제개발을 위한 국가자본주의체제와 장기적으로 양립 불가한 것으로 나타났다. 그런데 사실 국가자본주의 경제체제가 나타난 것은 바로 자유주의 제도 근대화를 통해서 근대화에 절실하게 필요하던 국가경제 변혁을 촉진하는 데 실패했기 때문이었다. 이러한 딜레마는 법제상의 규정 및 형식과 실질적 형태 사이에서 경제질서가 만성적으로 이중화되는 결과를 낳았다. 한국이 국가자본주의 개발에서 장기간 성공을 거두면서 비공식적 이해관계 중심의 기업 소유와 지배구조, 정책 기반 시장 왜곡, 국가가 통제하는 노사관계 등을 기반으로 한 재벌체제가 더욱 공고해지는 경향을 보였다.[51] 냉전 질서와 국가자본주의체제가 자유주의 제도근대성에 미친 불안정한 영향은 반영적 자유주의 제도화가 국가 개입과 통제가 만연한 상태에서 진행될 때 발생하는 심각한 구조적 위험을 분명하게 보여준다.

신자유주의 경제 세계주의의 충돌 한국 사회에서 신자유주의 경제 세계화는 매우 빠른 속도로 진행되었다. 국내적으로나 국제적으로 널리 알려져 있는 직접적인 배경에는 1980년대 말 이후 기업과 금융 부문에서 해외 진출을 공격적으로 추진했던 것이나 1997~1998년 국가적 금융위기에 따라 제시된 IMF 구제금융 조건이 포함된다(Chang, K. 2019, 3장). 그러나 상대적으로 덜 알려져 있지만 한국 국가자본주의 개발의 특정한 정치·경제적 맥락에서만 이해될 수 있는 신자유주의 경제 세계화의 이유들도 있다.

첫째, 한국의 국가자본주의 산업화는 기형적인 기업체제와 금융질서를 탄생시켰는데, 재벌은 다른 경제 참여자와 일반 시민이 누려야 할 기회, 권리, 혜택을 희생시켜 자신들의 이해를 부당하고 때로는 불법적으로 실현했다(Chang, K. 2010a, 7장). 이와 관련하여 국내 경제개혁을 추진하는 활동가들은 국제 경제매체, 자문사, 투자은행, (세계은행과 IMF 같은) 다자기구를 통해 설파되었던 세계적(신자유주의적) 자본의 재벌에 대한 비판과 개혁 요구가 자신들이 주장하는 경제개혁 의제와 전략적으로 잘 부합한다는 것을 발견했다(장하성 2014). 반대로, 세계적 자본 역시 한국의 경제개혁 활동가들이 재벌을 자신들의 이해관계에 맞게 개혁하는 데 유용한 존재들임을 알게 되었다. 그러나 양측의 의견 일치는 재벌 계열사의 주주 책임성과 기타 자유주의적 규제 사안과 관련된 문제로 국한되었다.[52]

둘째, 한국의 노동자와 시민들이 국가자본주의 개발이 자신들의 이익을 희생시켜가며 진행되어온 것에 대해 개혁을 요구하는 거센 압박에 나선 가운데, 재벌 기업들은 이에 대응하는 데 있어 신자유주의 경제 세계화가 전략적으로 유용하다고 판단했다. 재벌은 (신)자유주의 세계경제 맥락에서 자신들의 입지를 재고하고 변화시킴으로써 국내 정치·사회 분야에서 재벌 개혁에 대한 압력을 피하고자 했고, 세계 무대에서 기업 경쟁력 확보, 해외 노동 공급 현황, 해외의 기업 투자 및 경영 환경 등을 들어 자신들의 논리와 전략을 세우려 했다. 이 가운데 어떤 요인이 가장 결정적인 영향을 미쳤는지는 논외로 하더라도, 한국의 신자유주의 경제 세계화는 멀티플렉스 근대성의 구조에서 중요한 부분을 차지하고 있음이 분명하다.

상호 영향을 미치거나 모순되지 않더라도, 또는 상호 병존 자체만으로, 내부다중근대성은 사람들의 일상, 사회관계, 제도적 활동의 모든 측면에 복잡한 영향을 미친다. 다중근대성의 공존은 종종 세대 간 차이로 나타나지만 각 개인, 가족, 조직, 지역 공동체 또는 지역 내부에도 같은 현상이 일어날 수 있다. 다시 말해 다중근대성은 국민사회 전체뿐만 아니라 사회를 구성하는 각 하위집단 내부에서도 발생할 수 있는 것이다. 국가 수준에서는 다중근대성 간 또는 이를 다양하게 체현하는 주체들(개인, 가족, 조직, 공동체, 지역 등) 간 상호 분리, 구분, 무관심이 본질적으로 구조적인 문제를 일으킨다. 국민사회와 국가체계가 실존적으로 이념, 도덕 또는 법을 통해 정의되어 구성원들이 상호적으로 받아들이는 관계, 의무, 권리의 측면에서 규정되기 때문이다. 이와 유사한 구조적 문제가 다른 집단 수준에서도 나타난다. 개인 수준에서는 동일한 조건이 근본적으로 일관된 삶의 영위를 구조상 불가능하게 만들거나 문명적 조현병으로 이어진다. (2장에서 설명했듯이) '유연한 복합적 개인(성)'은 각 개인이 내부다중근대성에서 지속 가능한 삶을 사는 데 필요한 최소한의 요건이다. 유연한 복합성은 또한 국민사회를 포함한 다른 집단에 대해서도 매우 요긴할 수 있지만 이를 어떻게 달성하느냐(그리고 달성한 이후 어떻게 설명하느냐)는 인간의 일반적인 인지 능력 밖의 일일 것이다.

4-10 결론: 멀티플렉스 극장사회로서의 한국

근대성·근대화의 내부다중성에 대해서는 근대성 관계화(이 책의 2장 참고)의 다양한 역사적 표현으로 접근해볼 수 있을 것이다. 19세기 이후 한국(당시 조선) 사회와 민중들은 해외의 거대한 영향과 이와 관련된 내부의 격변, 대립에 잇달아 노출되었다. 이러한 사건들은 주로 한국인들이 이전에 겪었던, 동아시아의 정치·군사적 관계의 구조와 변화를 반영하는 전쟁이나 갈등과 근본적으로 달랐다. 한국에서 근대성·근대화의 내부다중성이 특정 정치 세력이 사회 일반의 이상과 이해에 반하여 국가권력을 손에 넣는 데 기여한 냉전의 정치·이념적 영향으로 더욱 두드러졌다는 점은 역사적으로 상당한 역설이다. 냉전시대의 독재 아래 강제적·획일적으로 제시된 자유주의적 자본주의는 역설적으로 해방과 행복에 대한 다채로운 열망으로 이어졌고, 다양한 근대성·근대화의 축이 경쟁적으로 나타나게 했다. 이는 스탈린의 독재 시절 많은 국가사회주의 국가에서 '이차 사회' 현상이 벌어진 것과 마찬가지이다(Hankiss 1988; 서재진 1995). 냉전 상황에서 다양한 근대성들의 상호작용은 테르보른(Therborn 2003:

295)이 '지리·역사적 착종geo-historical entanglement'이라고 표현한 개념의 사례를 통해 이해할 수 있다. 즉 냉전시대는 내부다중근대성이 착종된 세계로 볼 수 있다는 것이다. 최근 개별 국가의 고유성과 지역·대륙적 장벽에 도전하는 다면적 세계화가 진행됨에 따라 21세기는 내부다중근대성이 보편화되는 시대로 빠르게 변화하고 있는데, 이 가운데서도 한국의 사례가 두드러진다.

특히 다중근대성이 서로 다른 세대, 젠더, 계급, 부문, 지역의 정체성과 이해관계에 다양하게 체화되어 그 작용력과 형태의 수명을 무한정 연장해나가고 있는 가운데, 한국은 일종의 '멀티플렉스 극장사회'로서의 성격을 띤다. 이러한 사회에서는 온갖 가능한 모든 근대성 주장들이 공격적인 방식을 통해 때로는 동시다발적으로, 때로는 순차적으로 사회라는 무대에 올려진다. 무대에 오른 다중근대성들은 일반 대중에게 익숙한 방식으로 물리적으로 표현되는데 대규모 집회 시위, 결연한 파업과 연좌 농성, 다채로운 가두 행진, 적극적인 일인 시위, 거대한 규모의 공식 회의장, 홍보를 위한 과시성 문화행사, 대규모 전시, 구호가 적힌 거대한 현수막, 빈번하게 개최되는 집단 세뇌 행사, 강조 표시한 사회·경제 통계, 요란한 언론 보도, 확신에 차 있거나 충동적인 개인 행동, 호사스러운 가족 의례와 상징, 선정적인 교복, 길게 늘어선 줄, 권위주의적(혹은 권위적) 명령의 표시, 결의에 찬 회식, 한껏 강조된 온라인 콘텐츠 등이 그러한 예이다. 한국 사회에서는 다중근대성의 경쟁적 주장들 다수가 동시에 무대에 올려지는 일이 흔하게 일어난다. 내부다중근대성 사회인 한국에서는 각종 탈식민기 근대성의 상호 공존·경쟁하는 세력의 의견과 비전이 종종 물리적으로 화려한 모양새로 사회라는 무대에 올려지면서 지속되고 재생산된다.[53] 해외 실시간 매체들은 이처럼 극적인 한국 사회의 특성에 관심을 보이면서 한국 관련 사안들을 빈번히 헤드라인 뉴스로 보도하곤 한다.

일반적으로 근대성이 사회라는 무대에 올려지려면 특히 세 가지 조건을 충족해야 한다. 첫째, 각 근대성은 사회적으로 자리 잡은 진화나 발전이 아니라 대체로 상황적 질서나 이해에 따른 반응이나 적응이기에, 폭넓게 정당성을 인정받고 효과적으로 구현되기 위해서는 사회 전체는 물론이고 필수 지지층으로부터 동의를 얻기 위해 사회에 표현하고 설득하는 작업을 지속적으로 반복해야 한다. 예를 들어 한국의 국가자본주의 근대성은 일본의 자본주의 착취에서 해방된 이후 산업자본주의를 국가 차원에서 합리적으로 구성한 것이지만, 국가 주도의 자본주의 산업화를 본격화하기 위해서는 모든 시민에게 기술·과학적 차원에서 체계적으로 설명하는 대신에 사실상 광범위한 정치적 압력과 설득을 통해 자본주의 산업화를 애국적인 의무로 널리 선전해야 했다(Chang, K. 2012b). 자유세계 근대성에 대한 한국의 종속은 전후 경제·정치·군사적 생존을 위해 마땅히 감내해야 할 과정으로 보였으나 온갖 공공 선전, 언론 조작, 교육의 군대화 등을 통해 한국인들에게 매카시즘적 정치·사회 지침을 강제해야 했다. 평범한 한국인의 신전통주의 유교 관행 또한 위계질서에 따른 (설교와도 같은) 대화나 가족과 관련된 강력한 예절(배우자에 대한 의무, 효, 제사 등)을 통해 그러한 문화의 도덕적 타당성에 대해 자기 확신을 반복해야 했으며, 이 과정에서 (신전통주의) 유교는 사회적으로 '전통적' 가치로 이상화되었다.

둘째, 그럼에도 각 근대성은 국가 전체와 일반 시민의 사회제도, 문명, 정치·경제 질서에 대한 사회적 주장을 수반하는 만큼, 그 시작과 실현은 전략적으로 구성된 사회적 의사소통 플랫폼에 토대를 두어야 한다. 예를 들어 미군정의 통치와 한국전쟁 동안 민중적 사회주의 정서와 민족주의적 사회 자유주의 측면에서 한국의 변증법적 식민지 근대성이 강제적으로 좌절당한 이후, 진보적 민족주의 지식인들과 운동가들은 시민사회의 주요한 이념적 바탕을 이뤘던 문화운동, 사회저항, 정치투쟁을 통해 '한국의 진정한 민족 자유'를 추구했다(Koo, H. 1993; Kim, S. 2000). 탈식민기 반영적 제도주의 근대성은 국가가 서구(특히 미국)의 정치제도, 경제·사회체계를 본받아 수행한 근대화는 국가의 역사적 과업이므로 당국의 권위적 리더십이 무조건적으로 수용되어야 함을 수많은 공공 선전과 교육 양식, 콘텐츠, 공식 행사를 통해 선언하고 이를 빈번히 반복했다.[54]

셋째, 근대성의 내부다중성은 강력하고 경쟁력 있는 소통과 선전의 사회생태적 필요성을 낳았다. 예를 들어 한국 사회는 외국인 신부들의 대규모 유입과 맞물려 자체적인 세계주의적 재탄생을 위해 후기 근대적 다문화주의 사업을 추진했는데, 이는 이주자 시민들이 억압적으로 경직된 민족·문화적 차이를 지닌 '외국인'의 몸을 반복적으로 무대에 올리는 일을 감내함으로써 전체 사회에 (과거의 배타적 지역주의나 맹목적 애국주의에 대항하는) 자유주의 세계화를 전파하는 데 협력할 것을 요구했다. 기층의 자유주의 공동체로서 시민사회의 다양한 사회집단은 한국의 모든 거리를 새로운 사회정의를 알리기 위한 실질적 혹은 잠재적 무대로 만들면서 정치·경제·사회적으로 견고한 기존의 지배 연합을 상대로 상징적인 투쟁을 벌여왔다.

클리퍼드 기어츠는 정치인류학적 설명에서 19세기 발리의 정치를 다음과 같은 '극장국가theater state'로 표현했다.

> 그것이 가장 분명하게 나타난 것은 결국 정치생명의 주된 이미지인 왕위였다. 왕궁의 생활, 왕궁 생활을 조직하는 전통, 왕궁 생활을 지지하는 혈통, 이에 따라오는 특권에 이르기까지 느가라Negara의 모든 것은 기본적으로 권력이 무엇인가를 정의하는 방향으로 향했으며, 권력에 대한 정의는 곧 왕이 어떤 존재인지를 정의했다. (…) 외교적 정치를 움직이게 하는 목표는 왕을 구성하여 국가를 구성하는 것이었다. 왕이 완벽할수록 모범이 되는 중심 역할을 한다. 중심이 모범이 될수록 그 영역은 더욱 실제적인 것이 된다. (Geertz 1980: 124)

기어츠가 보기에 발리의 국가는 왕의 자리에 앉은 특정 문화세력의 정치적 주체를 상기시키는 일련의 의례적 스펙타클을 통해 존재했다. 강압적인 국가권력의 통제를 받은 탈식민 한국에서, 근대성의 내부다중성은 국가와 사회가 복합적으로 상호작용하게 하고, 나아가 사회라는 무대에 올려져 매우 다양한 양식들로 경쟁적으로 표현되는 다양한 정치·사회적 존재성(집단)들을 발현시켰다. 이러한 방식으로 한국은 온갖 근대성 주장들이 동시다발적으로 사회라는 무대에 올려지지만 이들 사이의 문명적 혹은 사회·정치적 화합 가능성은 분명치 않은 멀티플렉스 극장 사회가 되었다.

5장

변혁공헌권리
—압축적 근대성에서의 시민(권)

5-1 도입

조선은 세계 역사상 가장 오래 지속된 왕조 가운데 하나였지만 1905년 일본의 식민지 지배를 받게 되었다. 한국인들은 20세기 전반 대부분의 기간 동안 일본의 식민 통치를 받았고 이어 38선 이남에서는 미군의 점령으로 반식민지 상태가 몇 년 더 이어졌다. 1948년 (자본주의) 한국은 공식적으로 독립을 이뤘지만 1950~1953년 북한과의 전면 전쟁을 겪으면서 그 의미가 빛을 잃었다. 그러나 한국인들에게 20세기 후반의 나머지 기간은 궁극적으로 국가와 사회가 무르익은 근대성, 즉 압축적 근대성으로 부상하게 되는 제도·경제·사회·정치·민족적 변화로 점철되었다. 이후 한국은 빠른 경제발전과 굳건한 정치 민주화 덕분에 1980년대 말 이후 근대성의 전성기에 접어드는 듯했다. 그러나 외부에서 강요하고 내부에서 수용한 신자유주의 세계화로 이내 끔찍한 경제·사회적 위기와 변화를 맞았고 국가와 사회는 구조적으로 양분되었다.

극단적이면서도 근본적인 전환을 맞을 때마다 한국인들은 급격한 변화에 내재된 어려움뿐만 아니라 그 어려움을 관리해야 하는 제도 환경이 미비하여 고통을 겪어야 했다. 국가와 시민사회 모두 미성숙하고 불안정했으며 자체적 생존 가능성이 불투명했음에도, 내부 조건과 국제 환경의 영향으로 인해 신속하게 제도 및 기술·과학 근대화와 공격적인 경제개발에 나서야만 했다. 사실 그러한 변화는 걸음마 단계의 의존적이며 불법적이기까지 한 국가기구와 지배적인 사회질서에서 비롯된 사회·정치적 딜레마를 전략적으로 타파하기 위해 추진되는 경우가 많았다. 이 과정에서 변혁 지향적인 국가, 사회, 시민이 출현했는데 이때 각 변화는 그 자체로 궁극적인 목표가 되며, 변화의 과정과 수단이 기본적인 사회·정치 질서를 구성하고 변화가 배태된 이해관계가 핵심적인 사회 정체성을 형성했다. 일반적으로 이러한 변혁은 상황에 따라 필요해지거나 강제되기는 하지만, 변혁의 질서가 갖는 이러한 지배성은 막스 베버(Weber, 1946)가 근대성하의 수단과 목적의 전도라고 설명한 바와 일치한다.

이러한 환경에서 변혁공헌권리transformative contributory right라는 고유한 유형의 시민권이 탄생했다. '공헌권리'는 브라이언 터너가 근대 민주주의의 시민권을 정의하면서 사용한 표현으로, 특히 개인권 또는 인권과 비교되는 개념이다(Turner 2001; Isin and Turner 2007). 권리가 공헌적인 이유는 '시민이 일반적으로 노동, 전쟁, 양육을 통해 사회에 기여함으로써 사회에 대한 효과적인 요구가 가능'하다는 점에서다(Isin and Turner 2007: 12). 마찬가지로, 변혁공헌권리로서의 시민권은 국가·사회적 자원이나 기회에 대한 실질적이고 정당한 요구로, 혹은 국가나 사회의 변혁적 목표에 대한 시민의 공헌에 뒤따르는 권리로 정의할 수 있다. 한국이 제도 및 기술·과학 근대화, 경제개발, 정치 민주화, 경제 및 사회·문화 세계화, 최근에는 민족 통합 개혁에 적극적이고 신속하게 돌입하면서, 한국 시민들은 이러한 변혁에 열성적으로 관여하도록 요구받거나 직접 동참했으며, 정체성, 의무, 권리를 내용으로 성립되는 시민권은 갖가지 변혁의 조건, 과정, 결과에 따라 구성되거나 입증되었다(그러한 변혁적 시민권을 국가가 명시적으로 공포한 사례로 다음의 〈국민교육헌장〉 참고). 이어서 변혁공헌권리에 초점을 맞춰 한국의 압축적 근대성에 대한 폭넓은 시민권 관점의 해석을 제시한다.

국민교육헌장

우리는 민족 중흥의 역사적 사명을 띠고 이 땅에 태어났다. 조상의 빛난 얼을 오늘에 되살려, 안으로 자주 독립의 자세를 확립하고, 밖으로 인류 공영에 이바지할 때다. 이에, 우리의 나아갈 바를 밝혀 교육의 지표로 삼는다.

성실한 마음과 튼튼한 몸으로, 학문과 기술을 배우고 익히며, 타고난 저마다의 소질을 계발하고, 우리의 처지를 약진의 발판으로 삼아, 창조의 힘과 개척의 정신을 기른다. 공익과 질서를 앞세우며 능률과 실질을 숭상하고, 경애와 신의에 뿌리박은 상부 상조의 전통을 이어받아, 명랑하고 따뜻한 협동 정신을 북돋운다. 우리의 창의와 협력을 바탕으로 나라가 발전하며, 나라의 융성이 나의 발전의 근본임을 깨달아, 자유와 권리에 따르는 책임과 의무를 다하며, 스스로 국가 건설에 참여하고 봉사하는 국민 정신을 드높인다.

반공 민주 정신에 투철한 애국 애족이 우리의 삶의 길이며, 자유 세계의 이상을 실현하는 기반이다. 길이 후손에 물려줄 영광된 통일 조국의 앞날을 내다보며, 신념과 긍지를 지닌 근면한 국민으로서, 민족의 슬기를 모아 줄기찬 노력으로, 새 역사를 창조하자.

1968년 12월 5일

대통령 박정희

* 출처: 국가기록원(https://theme.archives.go.kr/next/koreaOfRecord/charterNaEdu.do)

5-2 제도 및 기술·과학 근대성과 교육시민권

한국을 식민지화한 일본은 서울을 중심으로 웅장한 공공건물을 서구의 고전양식으로 지어 제국의 지배를 상징적으로 정당화하려 했다. 일본이 서울에 세운 서구식 건축물에는 지금은 철거된 총독부, 조선은행(현 한국은행), 서울역사, 경성제국대학 등이 있다. 특히 총독부 건물은 조선왕조의 정궁이었던 경복궁 바로 앞에 위치하여 조선인들의 시야에서 궁궐을 완전히 차단했다. 서구 권력을 재가공한 일본은 이러한 건축물들에서 또는 건축물들을 통해 식민지 한국에서 행정, 재정, 지역, 기타 통치를 전면적으로 실시했다.[1] 일본이 패전한 후 해방된 한국(남한)은 또 다른 식민 통치 단계에 접어들었는데 이번에는 미군정의 지배하에 서구 권력의 직접 통치를 받게 된 것이다. 그러나 앞서 일본이 세운 서구식 건물들은 물리적으로나 기능적으로 계속 유지되었다. 한국은 공식적으로 독립을 했지만 20세기 후반에도 이러한 상황은 변하지 않았다. 오히려 한국인들 스스로 새로운 건물과 시설 대부분을 명백한 서구 양식으로 지었고 미국이 처방한 서구 근대성을 따라 한국을 재건하고 개발하고자 했다. 분명 그러한 문명적 의존성은 냉전 맥락에서 더욱 공고해진 미국의 패권적 영향하에서 정치적으로 피할 수 없는 것이었다. 그러나 한국인들이 이에 대해 인식론적으로 혼란을 겪지도, 도덕적으로 거리낌을 느끼지도 않은 것이 사실이다. 일본의 식민 통치에 대한 분노는 (서구식) 근대화 측면에서 일본을 능가하려는 (국가적)

열망으로 변했고 미국의 개입과 영향력은 공동체의 이러한 방향의 열망을 강화시켰다(전재호 1999; Lim, H. 1986). 이에 따라 한국인들은 서구 근대성을 열정적으로 배우는 나라로 다시 태어나, 오늘날까지도 그러한 입장을 유지하고 있다.(한국-중국 관계의 장구한 역사에서도 한국의 왕조들은 중국 제국 문명을 열성적이고 전략적으로 수용하려는 특징을 보였는데, 이는 많은 경우 중국의 지배와 공격을 이겨내기 위한 노력이기도 했다.)

독립 후 미국을 모델 삼아 미국의 지원하에 진행된 근대화는 크게 두 가지 방향, 즉 사회 및 공공제도의 근대화와 기술·과학의 근대화로 추진되었다. 독립 전에도 미군정 당국은 최대한 빨리 효과적인 보편 공교육제도를 세우기 위해 한국의 지식인들과 긴밀하게 협력했다(Seth 2002). 근대화의 거의 모든 영역을 아우르면서 이후 지방의 주요 거점에 설립할 국립대학들의 표준 모델이 되는 공립 종합대학교(서울대학교)를 1946년에 출범시킬 때도 미국이 앞장섰다.[2] 미국에 의존적인 교육제도 근대화 과정이 교육에 좌우되는 압축적 근대성의 체제와 연결된 것은 우연이 아니다. 이러한 체제에서 공공, 사회, 산업 영역에서 매우 짧은 기간에 형성된 다양한 근대화(서구화) 제도와 전문 영역은 단기 과정의 학위를 통해 교육과정에 반영되었고 주로 대학교 각 학과의 학부 수준에 조직되었다.[3] 대학 교육 증명서는 기업, 국가 또는 전문 시험을 통해 효력이 강화되었고 이에 따라 국가 주도의 서구식 근대화로 향하는 여권과 같은 역할을 했다.

학습한 지식을 여러 단계에 걸쳐 증명하는 능력주의적인 국가 시책이 오랜 전통(과거제도)으로 이어져온 것을 고려하면 한국인들은 공식 교육의 중요성을 받아들이는 데 있어 문화적으로 큰 어려움을 겪지 않았다. 한국인들은 이로 인해 형성된 학벌사회(교육 배경이 지배하는 사회)에 도전하는 대신 모든 계층이 교육에 대한 공격적 투자와 자녀들(때로는 형제자매)에 대한 훈육을 통해 교육 경쟁에 참여하려 했다. 그 결과 교육에 대한 투자가 세계 최고 수준으로 강화되었고 사실상 대학 교육이 보편화되었다(Chang, K. 2010a, 3장; Chang, K. 2022, 6장; 〈표 5-1〉 참고). 학교의 교육 커리큘럼과 이에 반영된 문명 체제의 역사·철학·도덕적 기반에 대해 시민들이 논쟁을 거의 벌이지 않는 사회에서, 자녀 교육에 대한 부모의 헌신과 희생은 집단의 도덕률에서 핵심적 위치를 차지했으며 많은 해외 관찰자와 한국인들 모두에게 '국민적 미덕'으로 칭송받았다.[4] 말할 것도 없이 모든 정부는 한국인들의 교육열을 충족시키기 위한 충분한 교육 기회를 제공하기 위해 많은 노력을 기울였다.[5]

특히 각 정부는 더 좋은(혹은 높은 단계의) 학교에 진학하기 위한 학력 수준을 평가함에 있어 공정하고 투명한 경쟁이 이뤄지도록 공교육을 조직하고 감시하는 데 많은 신경을 썼다.[6] 고등교육 제도 측면에서 이들은 서구 근대성의 역사적 조건과 문명적 기반을 자주적·비판적으로 평가하는 것도, 자체적인 문명적 대안을 제시하는 것도 대체로 미진(혹은 태만)했고, 대신에 서구의

〈표 5-1〉 OECD 평균 대비 3차 교육을 받은 25~34세 인구 비율이 높은 OECD 국가

국가	3차 교육을 받은 25~34세 인구 비율
오스트레일리아	51.39
벨기에	47.40
캐나다	61.75
덴마크	44.82
프랑스	46.94
아이슬란드	47.01
아일랜드	56.17
이스라엘	48.03
일본	60.73
한국	**69.57**
리투아니아	55.58
룩셈부르크	54.78
네덜란드	47.60
뉴질랜드	45.81
노르웨이	48.21
OECD 평균	**44.48**
러시아	62.66
스웨덴	47.51
스위스	51.21
영국	50.75
미국	49.37

* 출처: <OECD 데이터: 3차 교육을 받은 인구>를 토대로 구성함.
https://data.oecd.org/eduatt/population-with-tertiary-education.htm

사상과 이론, 기술을 복제하고 모방하는 교육을 강도 높게 진행해나갔다. 한국의 주요 대학 교수들 가운데 압도적으로 많은 수가 미국을 비롯한 서양에서 박사학위를 받은 것은 놀라운 일이 아니다.[7] 한국 학생들은 여전히 국내의 고등교육에서 제공하는 서구나 세계 학문에 만족하지 못하고 있으며 많은 수가 외국의 지식을 직접 접하기 위해 해외의 학교에 진학한다.[8]

오늘날 대다수의 국가에서 기초 공교육은 사회시민권의 가장 보편적인 부분을 차지하며, 헌법에 모든 시민의 의무이자 권리로 명시되어 있는 경우가 많다. 한국이 특별한 점은 (압축적) 제도와 기술·과학 근대성의 과정이 교육을 통해 집중적으로 구성되고 이에 따라 학벌사회라는 사회구조가 형성된 것이다.[9] 개인이 한국에서 근대적 영역의 거의 모든 직업 기회에 유의미하게 접근하기 위해서는 학위가 매우 중요하므로 경제적·사회적, 때로는 정치적 시민권은 각 시민의 공식 교육 배경과 자원에 따라 차등 실현되었다(Chang, K. 2022, 6장). 이에 따라 더 나은 학교로 가기 위한 입시 경쟁을 국가 차원에서 공정하고 합당한 제도로 만드는 것이 핵심적인 시민권 정책이 되었다. 그러나 공공 차원에서 민주적으로 정당한 교육 경쟁에 대해 면밀한 감시를 행해왔음에도 불구하고, 한국은 교육으로 말미암은 사회·경제적 격차가 극심한 사회가 되었다.[10] 이에 최근 들어서는 정부마다 교육이 사회, 경제 및 기타 영역에서 시민권을 훼손한 것을 바로잡기 위한 개선책을 앞다퉈 도입했다.[11] 그러나 그러한 정책은 실질적이라기보다는 상징적 의미가 더 컸다. 국가 교육체계의 대대적인 개선은 말할 것도 없고, 정부의 정책적 호소와 도덕적 설득을 통해 시민사회 영역에서 교육으로 야기된 불평등을 체계적으로 바로잡도록 할 만한 구체적인 장려책과 처벌이 제시된 적이 거의 없었던 것이다.

경이로운 근대화와 개발이 수십 년 동안 이어졌음에도 학벌사회의 기본적인 질서는 바뀌지 않았다. 21세기 들어 정규교육이 제도 근대화와 연결되며 제공하는 이익은 기술·과학 (초)근대화와 연동된 이익과 비교해 상대적으로 줄었다. 이러한 추세는 정보화, 기술 입국, 지식경제, 지식 강국, 두뇌 강국, 최근에는 4차산업혁명이라는 요란한 슬로건에 반영되는 것으로 보인다.[12] 그러나 최근 수년간 한국이 공격적으로 경제 세계화를 진행하면서 나타난 노동시장의 신자유주의적 불안정성은 역설적으로 청년들이 의료, 법률, 교육 등의 분야에서 학위를 통해 자격증이 주어지는 직업을 얻기 위한 경쟁을 더욱 치열하게 만들었다(Chang, K. 2019, 4장). 게다가 의료, 법률 및 기타 전문 영역에서 제도적 합리화(와 더불어 기술·과학적 개선)의 필요성에 대한 인식이 점점 더 강해지면서 일반적으로 전문대학원의 교육을 확대하는 방식으로 전문 직업을 위한 정규교육 기반을 강화했다.[13] 이러한 추세에 따라 전문대학원 입학이 극도로 어려워지면서 많은 학생의 대학 생활은 고등학교 수험생 생활과 거의 비슷해졌다.

5-3 경제체제 전환과 개발시민권

제도와 기술·교육 근대화는 탈식민 국가 모두에게 간단치 않은 일이다. 그러나 성공하더라도 각국이 특히 물질적 측면에서 안정적이고 위상이 높은 나라로 살아남으리라는 보장이 없다. 식민지 착취를 당하고 전쟁으로 폐허가 되었으며 경제적으로 시대에 뒤떨어지고 인구구조의 부담이 과중하며 생태적으로도 피폐해진 한국은 특히 더욱 그러했다. 사실 여러 사회과학자들이 연구를 통해 강하게 주장해왔듯이, 서구를 모델로 한 자유주의 경제제도와 관행은 제3세계 국가에 절실한 개발을 이루는 데 효과적이지 않은 것으로 드러난 경우가 많았다(Evans, Rueschemeyer, Skocpol 1985; Wade 1990; Weiss 1998). 반면 한국의 자유 제한적이고 국가통제주의적인 경제개발 접근 방식은 여러 산업이 경이적인 성공을 거두는 데 중요한 역할을 한 것으로 분석되는 경우가 많다(Amsden 1989; Evans 1995; Chang, H. 1994).

한국의 개발주의 정치경제체제는 국가가 적극적으로 산업계획을 세우고 기업 경영에 간섭하고, 재벌은 국가 의존적으로 형성되며 성장하고, 노동자들이 종속적이나 열성적으로 협력하고, 가족도 공격적으로 저축과 교육 투자에 힘썼다는 점에서 다른 사례들과 차별화된다(Amsden 1989). 이처럼 독특한 경제 주체와 요소의 조합은 경제개발이 집단적 국가 의제로서 절실할 때마다 국가가 민간경제 행위자들(기업가, 노동자, 가구 등)을 개발시민권의 주체로서 동원, 조직, 계도하기 위해 적극적으로 정치적·기업가적 역할을 수행해야 한다는 것을 전제로 한다(Chang, K. 2012a). 해방 이후 민족적 열망과 남북 대치, 사회 전반에 보편화된 빈곤이 어우러진 환경에서 이른바 국가개발주의가 스스로 개발주의적인 시민들이 정치적으로 지지하는 지배적인 이념이 되었다.

그런데 개발주의 집권 세력이 개발주의를 공식적인 정당 이념으로 내세우는 데에는 실패(?)하면서 정치제도적 딜레마가 생겼다. 개발주의 집권당은 공식 이름에 '자유', '민주', '공화', '정의'와 같은 서구에서 유래된 정치·이념적 용어를 사용했고 최근에는 '한나라', '새누리', '국민회의', '한국'과 같이 모호하게 포괄적이거나 포퓰리즘적인 어휘들을 사용했다. 즉 독재 개발주의 지배가 행해지던 시기에도 공식적인 정치는 (서구를 모델로 한) 정치제도 근대화 규범으로 정당화 또는 위장해야 했다. 반면 민주화 이후 탈개발의 시대에는 모호하지만 수사적으로 대중적인(또는 포퓰리즘적인) 정치 선전을 강화했다. 다른 한편으로는 자체적으로 시작된 개발주의 현실 정치 노선이 주로 경제개발에서의 직접적인 정책·실행적 성과로 입증되었는데, 이에 대해서는 제도주의 사회과학자들이 국가의 '배태된 자율성embedded autonomy'(Evans 1995), 국가와 기업 간 '관리된 상호의존governed interdependence'(Weiss 1995) 등으로 설명한 바 있다.

이른바 개발국가에서 나타난 그러한 도구주의적 정치는 기본적으로 개발시민권의 정치적 특성에 대한 규정력을 갖는다.

즉 개발시민권에서는 국가의 장기 경제개발을 위한 일반 시민의 집단적 의무가 직접적인 물질적 이해에 대한 개인의 권리보다 우선시되었다(Chang, K. 2012b). 일반 시민의 희생적인 경제 참여와 독재 정부 및 착취적 기업에 대한 종속이 국가경제 개발을 위한 시민의 의무로 정당화되었음에도, 경제개발의 결과로 얻은 물질적 성과의 배분에서 이에 상응하는 공동주의 원칙이 구현된 경우가 거의 없었다(Chang, K. 2019).[14] 국가 공공자원을 차별적으로 배분하거나 재벌 계열사의 수출산업을 규제 측면에서 전략적으로 지원한 것 역시 기업 차원의 개발시민권에 부합한다면(혹은 겉보기에 그렇다면) 국가 산업경쟁력 차원에서 정당화되었다. 사실 박정희의 고도 개발기에 재벌은 국가경제 개발을 위한 반半공공기구로 간주되었고 기업 대표들은 개인적인 소비 행동에 있어서도 대통령이 용인할 수 있는 수준을 넘지 않도록 주의를 기울여야 했다(Chang, K. 2012b).[15] 군사독재 국가는 갈등을 빚는 노사관계를 시민 대 시민의 관계가 아닌 마치 국가와 노동자의 관계처럼 간주하면서 상습적이며 종종 폭력적인 개입에 나섰다(Chang, K. 2019, 2장). 그러나 차별적 대우로 불만을 느꼈던 프롤레타리아가 곧 개발주의 통치기에 사회적으로 가장 소외된 집단이었던 것은 아니다. 생산 작업에 신체적으로나 정신적으로 적합하지 않거나, 연령이 미달하거나 초과되거나, 기타 자본주의 시장경제에서 좌절되거나 차별받는 사람들은 개발 중심의 정치질서와 국가·자본가 동맹 경제체제에서 주류 시민의 지위를 얻지 못했다(Chang, K. 2012b). 사회복지를 억제하는 국가에서 장애인, 청소년, 노년층, 주부들은 개발시민권마저 개별적으로 박탈당한 상태에서 지금까지 이등 시민으로 존재해야 했다.[16]

1997~1998년 IMF 경제위기와 노동시장의 급진적인 재편, 생산 기반의 공격적인 세계화, 많은 산업의 구조조정으로 요약되는 신자유주의 구제책은 개발 통치의 사회적 기초와 정치적 정당성을 근본적으로 불안정하게 만들었다. '구조조정'에 따른 대규모 해고는 파산 위기의 많은 기업을 구했지만 궁극적으로 경제 회복은 자동화, 작업 외주, 생산시설의 해외 재배치를 통한 '고용 없는 성장'을 향했다(Chang, K. 2019, 4장). 일반 시민들 가운데 개발시민권을 침해당한 사람들이 급증한 상황에서, 국가와 기업 간 개발 동맹의 정치적 정당성은 근본적으로 문제에 직면했다. 그럼에도 재벌과 이들을 후원하는 기술관료들은 친기업 정책의 변혁적 효용을 계속 고집하면서 한국이 빠르게 추격하는 중국과 여전히 앞서 있는 산업 선도국 사이에서 '샌드위치' 신세라거나, 경제위기가 현재 진행되거나 임박한 상태라거나, 경제성장이 아직 더 필요하다는 점을 내세웠다(Chang, K. 2012c).

전환기 정치의 거대한 역설로, 박정희 시대에 기업가로 활동했던 이명박은 2007년 대선 기간에 개발시민권의 즉각 회복을 대대적으로 약속하면서 사회·경제적 권리를 박탈당한 시민들의 절망에 호소했다(Chang, K. 2012b). 그러나 약속했던 개발 통치가 이내 명백한 실패로 돌아가자 2012년의 다음 대선에서는 주요 후보들이 '복지국가', '경제민주화' 같은 탈개발 공약을 내걸었다. 흥미롭게도 이념적으로 재구성된 정치적 경쟁에서 박정희의 딸인 박근혜는 온갖 난관을 뚫고 이전까지 극도의 개발주의 성향을 보였던 보수 여당의 대선 후보로 선출되는 성공을 거뒀다. 당선자로서 재벌 대표들을 만난 자리에서 박근혜는 결연하게 "[여기 기업들은] 오늘날 이렇게 큰 기업으로 성장하기까지 수많은 국민의 지지와 희생과 더불어 국가의 많은 지원이 있었기 때문에 국민기업의 성격이 강하다고 생각한다"라면서 "따라서 대기업의 경영 목표는 단순히 기업 이익의 극대화에 머물러서는 안 되며 전체 공동체의 번영을 추구해야 한다"라고 덧붙였다(《파이낸셜뉴스》 2012년 12월 26일). '경제민주화' 공약에서 비롯된 박근혜의 제안은 기업 차원에서는 개발시민권에서 사회책임성으로의 전환으로 요약된다. 기업시민권(또는 기업의 사회적 책임)은 세계 전역에 걸친 초국가적 거대 기업들의 지배적인 경제적 위치로 말미암아 오늘날 세계적 유행어가 되었으나, 한국의 집단적 국가주의 개발의 역사는 기업시민권이 과거에 희생된 사회집단과 전체 국가공동체를 구하는 데 있어 독특한 정치·도덕적 의무를 제시한다.

5-4 민주화와 변혁적 정치시민권

역사의 거대한 모순으로, 한국은 진보적 민족주의의 강력한 영향을 받던 시민사회가 폭력적으로 억압되면서 자유민주주의의 도입이 선포되었다(Cumings 1981). 헌법에 명시된 자유민주주의는 한국이 자주적인 시민사회의 혁명적 정치 성과가 아닌 미국이 주도하는 세계적 자유주의 질서에 비자발적으로 편입된 결과였다.[17] 이러한 맥락에서 한국인들은 진정한 시민사회의 활발한 구성원이 아닌, 탈식민 시대의 의존적 국민국가의 수동적 객체로서 민주적 정치권을 얻었다. 이에 따라 외부 영향(이승만)이나 군사력(박정희)을 통해 지위를 구축한 국가 엘리트가 지속적으로 정치시민권을 침해하는 일이 벌어졌다. 한국인들은 한국전쟁 이후 대부분의 기간 동안 민주적 정치권을 비자발적으로 상실했다가 1987년 그 권리를 회복했다.[18] 이번에는 한국의 민주주의가 한국인들 자신의 치열한 사회·정치적 투쟁을 통해 (재)정립되었다. 독재국가 권력에 연이어 대항한 오랜 경험은 민주화에 대한 적극적인 정치적 기여를 대가로 얻은 민주적 정치 권리인 '변혁적 정치시민권'을 이루었다.

대중적 기반 측면에서 한국의 민주화는 인구의 특정 세대가 집단적으로 참여하는 폭넓은 사회적 과정이었다. 역설적이게도 독재국가가 국가경제의 신속한 개발에 성공하면서 도시 중산층이 빠르게 형성되고 고등교육기관(대학교)에서 수학하는 학생들이 폭발적으로 증가했다(Kim, S. 2000; Han, S. 2009). 이들은 민주적 정치 권리를 향한 강한 지적·도덕적 열망을 토대로(최장집 2002) 변혁적 정치시민권의 활발한 주체가 되었다. 게다가 노동계급이 친자본가 국가독재의 결과로 자신들의 개발시민권이 비대칭적 위치 또는 차별받는 상황에 있음을 깨달은 이후, 이들 역시 산업 민주화뿐 아니라 정치 민주화에 대한 강한 열망을 키웠다. 많은 학생운동가들이 전략적으로 대학생 출신을 뜻하는 '학출'이라고도 하는 산업노동자로 변신하여 노동계급을 사회적으로 조직하고 정치적으로 동원하는 데 기여했다(Koo, H. 2001). 이러한 방식으로 한국의 민주화는 강한 계급 동맹의 체계를 통해 추진되었다.[19] 1987년 6월 한국의 학생운동가와 지식인들은 야당 정치인들과 함께 정치권력을 무한 연장하려는 군사독재자에 맞서 강력한 저항 투쟁을 벌였다. 여기에 조직된 노동자와 도시 시민들이 즉각 합류하여 민주적 정치 절차의 즉각적인 복원을 요구하고 이를 실현시켰다.

(이승만, 박정희, 전두환부터 이론의 여지가 있지만 박근혜에 이르기까지) 일련의 독재정치에 맞서 민주화를 위한 역사적 투쟁이 벌어질 때마다 시민사회의 정치적 (재)활성화와 민주적 정치개혁이 추구되었을 뿐만 아니라, 시민사회가 핵심적 정치 세력을 형성하여 대의민주주의의 책임을 맡았다. 이면적으로 중산층, 도시 청년 등의 반독재 정서를 전략적으로 (다시) 불러일으켜 이러한 추세를 실질적으로 이용하려는 주요 정치노선이 생겨나기도 했다. 중국 마오쩌둥의 문화혁명 정치를 연상시키는 이들 '운동권' 정치인 집단은 뿌리 깊고 최근 재건되기까지 한 독재 세력에 맞선 영구적 투쟁에 초점을 뒀다.[20] 그들은 일반 대중 사이에서 변혁적 정치시민권을 다시 작동시키려 했으나, 실망스러운 선거

결과에서 반복적으로 확인되듯 그러한 대의는 대다수 한국인을 효과적으로 설득하지 못한 것으로 보인다. 오히려 이들은 옛 운동가들의 자기중심적 정치 대의를 민중의 영원한 정치적 의무로서 오만하고 독단적으로 요구하는 지적 엘리트주의에 빠졌다는 비판을 받는다.[21] 그러나 그들이 보기에 국가가 주도하는 제도 및 기술·과학 근대화와 경제개발 과정과 비교해 민주화는 시민사회 중심의 프로젝트이며, 민주주의는 국가에 대한 시민사회의 영구적 통제를 의미하는 것이다. 안타깝게도, 혹은 불가피하게도 이러한 입장은 민주화운동가들이 적극적으로 공직에 스스로 오르는 행위를 정당화했는데, 이는 특히 노무현 정부 기간과 10년 뒤인 문재인 정부 기간에 두드러졌다.[22]

오늘날 한국 민주주의가 보이는 상대적인 견고함은 민주화운동의 폭넓은 경험에 체화되어 있다.[23] 그러나 한국 사회의 이러한 역사적 자산이 실질적으로 효과적인 민주 통치로의 정치적 전환을 보장하는 것은 아닌데, 유럽의 사회민주주의체제와의 비교에서 이를 알 수 있다. 현실에서는 군사독재 이후 민주의식이 있는 시민들이 뽑은 지도자들이 시대착오적으로 낡은 개발 통치를 흉내 내거나 답습하면서 신자유주의 이념과 정치에 의존하는 데 그치고 말았다(윤상우 2008). 매우 역설적이게도 1997~1998년 경제위기를 포함해 경제·사회적으로 벌어진 재앙은 점점 더 많은 한국인에게 경제적으로 효과적인 정치적 통치와 관련하여 이른바 '박정희 향수'를 불러일으켰다. 진보 성향의 정당과 정부가 널리 이해된 복지국가로의 효과적인 정치적 전환을 이루는 데 실패하는 동안, 이미 고인이 된 박정희는 자신의 명백한 모방자(이명박)와 딸(박근혜)이 '민주적'으로 대통령에 당선되도록 만들었다.

『민주화 이후의 민주주의』라는 영향력 있는 책을 집필한 최장집(2002)의 정치제도주의 해석과는 반대로, 견고하게 확립된 국가통제주의 세력과 이해관계에 맞선 기나긴 사회투쟁이 이어졌다. 물론 이 투쟁은 고되고 힘든 싸움이었는데, 부분적으로는 과거의 민주화운동 참여자와 운동가 중 다수가 자유민주주의 시민이자 국가주의 개발 시민으로서 이중 정체성을 가지고 우선적인 경제적 기회를 차지하고 있기 때문이다(이철승 2019). '운동권' 정치인들이 박정희의 명백한 정치적 상속자들(이명박, 박근혜)이 대통령에 당선되면 자동으로 정치적 위기가 벌어질 것이라고 경고했을 때 일반적인 한국인들 대다수가 동의하지 않는 것으로 보였다. 현시점에서 이명박과 박근혜의 부패 스캔들이 자기중심적인 자유주의 정치인과 일반 시민들 간의 의견 불일치를 근본적으로 변화시켰는지는 한국 정치의 중요한 의문점으로 남아 있다. 요약하자면 한국인들의 변혁적 정치시민권은 의미 있는 실질적 발전에 실패함으로써 크게 변색되었다.

5-5 세계화와 신자유주의·세계주의 시민권

제도 및 기술·과학 근대화, 경제개발, 민주화를 세계가 놀랄 만한 속도와 수준으로 이뤘음에도 여전히 변화에 목마른 한국인들은 1990년대 초부터 또 다른 변혁적 프로젝트를 시작했다. 바로 '세계화segyehwa'인데, 김영삼 대통령 시절 세계화globalization를 지칭하는 한국적인 단어가 탄생한 것이다. 어떤 면에서 한국이 앞서 이룬 근대화, 개발, 민주화의 변화 역시 그러한 변화를 위한 압력, 추동력, 방향, 자원, 지식, 모델 모두 초국가적 영향 및 관계와 관련되어 있다는 점에서 세계화라고 할 수 있다. 1990년대 초부터 시작된 보다 선제적인 세계화는 제도·기술·과학·경제·사회·문화·정치적 변화를 보다 강도 높고 폭넓게 실시한 단계로 볼 수 있다. 그러나 이 세계화도 자체적으로 시작된 것이 아니라 많은 측면에서 서구가 주도하는 신자유주의 세계화의 정치·경제적 필요에 따라 시작된 것이었기 때문에, 관련된 한국의 변화에 여러 신자유주의 경향이 내포되었다(Chang, K. 2019, 3장).[24]

신자유주의화가 서구와 그 주변부에서 자유주의 원칙 및 구조의 강화와 회복을 의미한다면, 이는 이전에 제도·기술·과학·경제·사회·문화·정치적 변화가 기본적으로 자유주의(및 때로는 국가 자유주의?) 맥락에서 일어난 한국에도 해당된다. 이러한 환경에서 소위 '글로벌 스탠더드'가 국가의 법·경제·사회·문화제도를 규제가 사라진 세계 자본주의체제에 부합하도록 만드는 표어가 되었다. 세계적 수준의 벤처 및 조인트벤처 산업 발전을 위해 기업과 학계에서 기술 개발과 과학 연구가 장려되고 때로는 강요되기도 했다. 초국가적 생산과 마케팅 차원에서 기업을 세계화하고 세계적인 투자 관계자들을 유치하는 것이 국가경쟁력을 유지하고 강화하기 위한 핵심 전략이 되었다. 한국의 민주주의에서 국가와 시민사회 모두 세계 무대에서 개발 및 사회적 지원, 인권 옹호, 환경보호 노력 등을 통해 자유주의적 공동체 질서를 옹호하고 지원하는 서구 민주주의를 모방해야 한다는 압박을 점점 더 크게 느끼기 시작했다(김태균 2019). 아울러 21세기의 한국은 외국 인력에게 국내 산업 생산(주로 노동 집약적 산업에서 단기 노동 계약을 체결한 외국인 노동자)과 사회재생산(주로 농촌과 도시의 빈곤한 가정으로 시집온 외국인 신부)을 상당 부분 위탁했다. 표면적으로는 이러한 추세가 한국을 특히 아시아 맥락에서 세계화의 선도적인 사회로 만들었다.[25]

이처럼 한국이 최근 추진한 세계화가 변혁적 근대성의 폭과 깊이를 더하면서 '변혁공헌권리'로서 시민권이 지니는 관련성과 중요성이 유지되고 있다. 자유무역협정, 외국 자본의 기업 인수 등에서 그 조건과 과정에 대한 불만이 이따금 제기되지만 세계화 자체의 기본 원리에 근거하여 논쟁이나 반대가 일어나는 것은 놀라울 정도로 드물다.[26] 대신에 대다수 사회·경제 주체들은 모든 수준에서 세계화를 준비하고 투자하면서 서로 맹렬히 경쟁했으며 국가의 지원을 앞다퉈 요구하는 경우가 일반적이다.[27] 흥미롭지만 논리적이게도 이러한 경쟁은 서로 배척하기보다는 공생하는 관계에서 이루어졌다. 경쟁 상대의 세계화 노력이 국가 차원의 세계화 노력을 안정시킴으로써 자신들 또한 세계화 투자에서 만족스러운 이익을 얻을 것으로 예상하기 때문이다.[28] 이러한 도구주의적 접근에서 세계화는 거의 반박의 여지가 없는 국가와 사회의 의제가 되었고 한국인들의 시민적 의무와 권리도 이에 맞춰 조정되어왔다.

한국의 도구주의적 세계화, 또는 세계주의와 같은 철학이 부재한 세계화는 한 세기 전의 동도서기(東道西器. 동양의 정신을 유지한 채 서양의 기술을 받아들인다는 사상이나 실제로는 서구 이념이나 철학 없이 서구화를 추진하는 결과를 낳았다)를 떠올리게 하는 구석이 있다. 그러나 한국인들의 자기중심적 민족주의, 기업 자본주의, 심지어 가족주의의 표현으로 볼 수 있는 이러한 도구주의는 빠르게 확대되는 세계적 이해관계, 영향력, 관계와 직접적으로 배치되는 경향이 있다. 과거에 제국주의 역사가 전혀 없음에도 오늘날과 같은 수준의 세계적 지분, 영향력, 명망을 자랑스럽게 구축한 특별한 나라에서 살고 있는 한국인들은 물질적으로 세계에서 차지하는 중요한 위상과 편협하고 배타적인 문화·이념적 환경 사이에 나타나는 명백한 불일치에 점점 불편함을 느꼈다.[29]

아시아에서 외국인 노동자와 신부들이 새로운 현실적 시민으로 초청받아 대거 유입되면서 이러한 불일치는 점차 문화·철학적 수치에서 윤리·정치적 책임으로 변했다(Seol, D. 2014; Kim, N. 2012; Kim, H. 2012, 2014). 산업현장(대체로 열악한 작업장의 외국인 노동자와 한국인 고용주)과 결혼 생활(주로 농촌 및 도시 주변부에 거주하는 외국인 신부와 한국인 배우자)에서 초국가적 관계를 맺고 있는 각 당사자 모두가 그러한 관계를 맺게 된 타당하고 실질적인 이유가 있긴 하지만, 이들과 관계된 한국인들의 도구주의는 초청된 시민들을 일터와 가정에서 극도로 학대하고 소외시키는 관행으로 변했다(Seol, D. 2014; Kim, H. 2012, 2014). 그러나 이처럼 유감스러운 관행을 인종차별주의적 편견의 표현으로 단정해서는 안 되는데, 과거에 한국인들도 그러한 편견의 대상이었기 때문이다. 중요한 사실은 노동시장과 결혼시장의 세계화(주로 아시아화)가 외국인들을 통해 한국의 과거적 혹은 구시대적 일자리와 결혼 조건을 부활시키려는 전략적 시도라는 것이다(Chang, K. 2022). 더욱이 빈곤한 영세업자, 소매상인, 소외된 농민 등 많은 한국인들은 한국에서 진행된 가차 없는 사회·경제적 양극화에 희생당한 오랜 경험이 있는 이들이지만, 이제는 자신들의 약점을 해외에서 온 인력을 통해 보완하고자 한다. 그런데 외국인 노동자들과 신부들이 처한 심각한 고난이 세계주의 가치체계의 필요성을 한국인들에게 분명하게 일깨우는 놀라운 반전으로 이어졌다. 한국 시민사회는 일종의 반영적 성찰 과정을 통해 유사한 상황에 대한 서구의 경험과 대처 방안을 참고하여 사회와 정부가 적극 '다문화주의multiculturalism'를 추구할 것을 제안했다. 정부는 즉시 이러한 제안에 응했지만 그간의 친기업 개발주의 입장을 포기하지 않았다. 그 결과 외국인 노동자들을 제외하고 외국인 신부와 자녀들에게만 적용되는 '다문화가족 지원정책'이

탄생했다(윤인진 2008; 이 책의 6장 참고).

이 정책은 외국인 노동자가 '비시민'으로서 일하고(또는 착취당하고) 한국 국적이나 이에 따른 사회 서비스 및 혜택이 허용되지 않을 것임을 간접적으로 알리는 것이다(Seol, D. 2014).[30] 반면 외국인 신부들은 영구적으로 머물면서 한국인들이 가정을 꾸리고 유지하도록 도우며 한국인들의 미래 세대를 생산하기 위해 왔다는 점을 고려하여, 그들의 민족적 배경과 문화자원을 존중하고 보호하며 언어, 가정규범, 인간관계 및 여러 다른 문제와 관련된 어려움을 관찰하고 완화해준다(《다누리》 2013). 외국인 신부들과 그 자녀들의 존재감이 커지면서, 이들의 존재는 국가와 사회를 세계화에 바람직한 방향으로 재편하는 데 중요한 자원으로 간주되며 일종의 변혁적 문화시민권을 구성하고 있다. 여전히 혜택을 실제로 누리는 외국인 신부의 비중이 기대에 크게 못 미치는 수준이지만(김승권 외 2010) 거의 모든 국가 및 지방 공공기관, 다양한 시민사회 행위자, 여러 부문의 기업, 모든 수준의 학교, 사실상 모든 유형의 언론이 '다문화가족'을 위한 캠페인, 서비스, 지원에 발 벗고 나선 것은 매우 다양한 국적, 인종·문화적 배경을 가진 외국인 신부들이 늘어난 상황에서 손쉬운 방편을 통해 한국 사회 전반이 표면상 세계화된 주체로 변모하려는 것을 시사한다(이 책의 6장 참고).

외국인 노동자와 신부들이 대대적으로 유입되는 한편 한국인들이 세계 방방곡곡으로 퍼져나가 이동하는 흐름 또한 지속되었다. 단순히 업무로 나간 사람들도 있지만 훨씬 많은 수가 (자신을 위한, 또는 태어났거나 태어날 예정인 자녀들을 위한) 일자리, 교육, 시민권을 위해 전 세계에서 기회를 탐색하고 있다.[31] 적극적으로 세계화를 추진하고 있는 모국이 한편으로는 개발을 유지하고, 다른 한편으로는 구조적 불안정성과 취약성이 유지될 전망인 가운데, 해외에 진출한 많은 사람들은 한국과의 관계를 완전히 끊기보다는 전략적으로 정체성, 자원, 기회를 다국적화하고 있다 (이경숙 2008; 김현선 2006). 이처럼 유연하게 상황에 적응하는 행동은 빠른 속도로 초국가화하는 한국 기업의 모습과 매우 닮았으며, 이는 (상당 부분 신자유주의화된) 한국 시민권의 일반적인 특징이기도 하다. 공석기(2012)는 한국 시민사회가 다른 한편으로 그 목적과 행동을 초국가화 또는 세계주의화하기 위해 많은 노력을 기울이고 있다고 지적한다. 일종의 세계애국주의 시민사회 cosmopatriotic civil society(Jurriens and de Kloet 2007 참고)가 매우 완만한 속도로 형성되고 있는 것으로 보이며, 한국 시민과 NGO, 공공기관의 참여가 증가하고 있다.

5-6 민족 재구성 및 동포시민권

2010년대 초 한국이 외국인 신부(와 외국인 계약 노동자)를 계속 받아들이고 적극적으로 다문화가족 캠페인을 지원한 것은 단순한 실용적 조치이자 체면을 지키려는 시도로 보이지는 않는다. 이러한 캠페인에서 단기 이주노동자를 융통성 없이 차별한 것에 대한 지식인들과 시민사회의 비판도 점차 진지하게 수용되고 있다.[32] 한국인들이 자신의 나라를 인식하고 정의하는 방법에도 근본적인 변화가 감지된다(이승원 2008; 김현선 2006). 다양한 한민족 동포집단과 관련된 오늘날의 여러 사회적 추세에서도 마찬가지의 변화가 드러난다.

한국의 격동적인 정치사와 복잡한 국제관계 때문에 한국인은 세계에서 손꼽을 정도로 널리 퍼져 있으며 유라시아(중국, 일본, 러시아, 중앙아시아) 전역에서, 최근에는 서구의 북아메리카와 오세아니아(미국, 캐나다, 호주, 뉴질랜드)에서 상당한 규모의 민족집단을 구성했다.[33] 한반도에 거주하고 있는 7,000만 명의 토착인구는 정치적으로 남과 북에 나뉘어 있으며 남북의 인구 비율은 약 2대 1이다. 1990년대 초까지 한국 정부가 북한 정권에 대립된 배타적인 정치적 지지를 이끌어내기 위해 선전 활동과 기타 은밀한 노력을 기울였음에도 한국인들의 다양한 동포들과의 접촉과 관계는 (미국, 캐나다, 호주, 뉴질랜드를 제외하고) 대체로 한국과 동포들의 거주국 간 경직된 양자 정치 관계에 의해 제한되었다. 역설적이지만 당연하게도 한국이 (과거) 공산주의 국가 대다수와 외교관계를 정상화한 이후, 해외동포들을 포섭하기 위한 정치적 노력이 눈에 띄게 약화되었다.

그러나 국가적 금융위기 이후 한국이 급작스럽게 세계화를 추진하면서 다양한 정부, 기업, 시민 주체들이 동아시아, 중앙아시아, 북미에 주로 거주하고 있는 해외 한민족 동포들과의 실질적인 관계 맺기를 모색하고 나섰다. 이에 따라 전 세계에 700만 여 명으로 추산되는 한민족 디아스포라는 한국의 사회·경제적 세계화를 위한 전략적인 인적 기반이 되었다. 이러한 목적에서 중국이 전 세계 화상華商 네트워크를 적극적으로 활용한 것을 본떠 '세계한상대회'를 열었다. 마치 마오쩌둥 이후의 중국이 해외 중국계 자본에 손을 내밀었던 것을 연상시키는 일련의 선제적 캠페인과 정책을 통해 동포들을 한국 안팎에서 다양한 주체들과 경제·사회적으로 전략적인 관계를 맺어주려는 시도가 이어졌다.[34] 다른 한편으로는 중국과 중앙아시아에서 온 많은 한민족 동포들이 장기적 계획을 갖고 한국의 노동시장에 진입하여 일종의 프롤레타리아 경제활동권denizenship을 얻었다.

요약하자면 1990년대 중반부터 한국 정부와 업계는 해외동포들을 인력, 관리, 재정 측면에서 새로운 경제 자원으로 재발견하기 시작했다. 이러한 노력은 한국과 해외동포의 각 거주국 간의 기본적인 경제적 성향에 따라 세밀하게(또는 위계적으로) 조정되었다(Lee, C. 2014; Seol, D. 2014). 즉 선진 자본주의 경제권 출신의 상대적으로 재정과 기술 자원이 풍부한 동포들은 한국에서 일하거나 거주하는 데 유리한 조건을 제안받았다. 그러나 중국, 중앙아시아, 러시아 출신의 동포들도 세계 무대에서 한국이 부상하면서 특히 초국가적 한국 기업과 현지 노동자, 소비자, 공무원 간 중개인 역할을 하거나 한국에 와서 유용하고 저렴한 서비스 노동을 제공할 귀중한 자원으로 적극적인 구애를 받았다.[35] 이러한 방식으로 세계 여러 지역의 해외동포들이 한국 경제와 사회를 적극적으로 세계화하는 데 있어 중요한 자원으로 떠올랐다.

흥미로운 대조를 이루는 사례로, 한국에 유입되는 북한 탈북민·난민 숫자가 (특히 북한이 경제위기를 겪은 1990년대 이후) 빠르게 증가했지만 이들에 대한 정치적 관심과 시민들의 열의는 급격하게 시들해졌다.[36] 이러한 변화는 2000년 남북 정상회담 이후의 사회·정치적 환경에서 통일에 따른 재정적 비용, 인도적 대북 지원이 군사적 목적으로 전용될 위험, 북한의 만성적인 인권침해 등 실제적인 문제가 중요해지면서 나타난 측면이 있다. 북한 주민들 가운데 유일하게 관심을 계속 받은 대상은 2004~2006년 개성공단의 남한 기업에 고용된 약 4만 8,000명의 북한 노동자들뿐이었다. 오늘날 많은 북한 탈북민·난민이 한국 정부가 제공하는 특혜가 점점 줄어들고 일반 한국 시민들의 무관심이 커지는 데 대해 큰 실망과 불만을 표현하고 있다(Yoon, I. 2012). 심지어 일부는 북한으로 돌아가려고 시도하며 많은 수는 새로 얻은 한국 여권을 사용하여 제3국으로의 이주를 선택하기도 한다. 다른 한편으로는 다문화 사안이 정책적으로 우선시되고 정책적 자원이 풍부하기 때문에 북한 탈북민·난민에게 다문화 시민으로서의 보호와 혜택이 제공되는 경우도 있다. 그러나 남북한을 연결하는 민족정체성이 강한 상태로 한국에 새로 입국한 일부 북한 탈북민·난민은 이러한 관행에 분노하곤 한다.

외국인 노동자와 신부, 해외동포, 북한 탈북민·난민을 둘러싼 이 모든 경향은 한국 민족주의의 인식론적 기반에 근본적인 변화가 일어나고 있음을 시사한다. 즉 역사적으로 강화된 생명·문화적 정체성이 실용적으로 재구성된 수행적 공동 정체성으로 변화하고 있다. 새로운 세기에는 심지어 (민족)국가도 근본적으로 변화의 주제 혹은 프로젝트가 되었다. 국가 차원의 시민권은 한편으로는 민족사회의 경계이자 정체성으로서, 다른 한편으로는 국가에 대한 의무와 권리로서 끊임없이 재구성되고 있다. 이 과정에서 국가 시민권에 대한 동포 또는 이주 집단의 개인적·상대적 위치는 각자의 기능, 때로는 문화가 한국의 세계적 비상에 적합한지에 따라 큰 변화를 겪고 있다.

5-7 전망: 탈변혁적 사회로의 전환?

> (자본주의의) 종말이 가까워지고 있는 지금 '경제성장을 하지 않고도 유지되는 사회'를 만들지 않으면 안 된다. 지금은 성장이나 변화를 하지 않으면 견딜 수 없는 시대가 됐지만 발전하지 않아도 괜찮은 사회를 만드는 것이 필요하다.
> —가라타니 고진, 《경향신문》 신년 인터뷰, 2013년 1월 7일

세계적으로 저명한 일본의 진보적 자유주의 지식인 가라타니 고진의 위와 같은 조언이 꼭 한국에 국한되는 것이라고 볼 수는 없다. 그렇지만 한국이 매우 성급하고, 집착적이고, 때때로 비

철학적으로 국가와 사회의 변화를 추구하고 그러한 변화로 말미암아 심각한 비용과 결과들이 수반되었음을 비판하는 한국인들은 이 말에 크게 공감할 것이다. 그러나 위에서 제안한 탈변혁적 사회로의 전환 역시 또 다른 '변화'를 의미하며, 오늘날 한국 사회에 공격적 변혁주의 질서가 체화되어 있기 때문에 이는 앞서 겪었던 그 어떤 변화보다도 더 어려울 것이다.

20세기 중반 이후 해방을 맞이하고 전쟁 후 폐허가 된 한국은 제도와 기술·과학 근대화, 경제개발, 정치 민주화, 경제·사회·문화 세계화, 최근에는 민족 관계의 개혁을 공격적으로 급속 추진하면서 세계뿐 아니라 자신들마저도 놀라게 했다. 그러한 변화는 탈식민 사회에서 일반적으로 일어나는 경험이지만 한국은 이를 강박적으로 급하게 추진하면서 고착적으로 변혁적인 사회가 되었다. 이러한 변혁적 근대성으로부터 각 변화를 그 자체로 궁극적 목표로 삼고, 변화의 과정과 수단이 주된 사회·정치 질서를 이루며, 변화가 내포된 이해관계가 핵심적인 사회 정체성을 구성하는 변화 중심의 국가, 사회, 인구가 형성되었다. 이와 관련하여 변혁공헌권리 측면에서 독특한 유형의 시민권이 부상했는데, 국가 또는 사회의 변화 목표에 대한 각 시민의 기여에서 비롯되는 국가·사회적 자원, 기회, 존중에 대한 효과적이면서도 타당한 요구가 그것이다.

변혁공헌권리의 시민권 체제가 일련의 사회·국가적 변화를 창출하고 앞당기는 데 효과적이라는 것은 분명하지만, 이러한 체제가 구조적으로 '변혁의 희생자들'을 빠르게 만들어냈다는 사실이 갈수록 뼈아프게 드러났다. 그 희생자의 숫자와 희생 정도는 변혁의 수혜자 못지않게 뚜렷했다. 변혁 희생자들은 각 변혁의 실제적인 특성(서구 의존적 근대화에서 전통주의자와 원주민 시민, 자본주의 산업화에서 농민, 신자유주의 세계화에서 토착 이해당사자와 공동체 등)에 내재해 있을 뿐만 아니라 변화를 즉흥적이고 과도하며 폭력적으로 추구하는 방식(주입식 교육기관의 학생들, 독재 개발주의 국가에서 통제와 착취를 당하는 노동자들, 가부장적 자본주의에서 가정과 일터에서 학대당하는 여성들, 기회주의적 고용주와 가족들에게 혹사당하는 외국인 노동자와 신부들 등)에도 배태되어 있다. 이러한 변혁의 희생자들이 당한 고통은 미래에 혜택을 받기 위해 우천교환권(공연이나 경기가 비가 와서 취소될 경우 나중에 쓸 수 있도록 제공되는 티켓:옮긴이)과 함께 주어지는 변혁적 시민권의 일부로 완곡하게 간주되기 일쑤였는데 '선성장 후분배', '먼저 경제를 살리자' 등의 구호에서 잘 드러난다.

그러한 우천교환권의 효력이 부당하게, 때로는 무기한 거부되자 많은 희생자가 시민적 역할과 의무를 회피하거나 줄이고자 하고(징집 회피, 조세 저항, 출산 회피 또는 최소화, 저임금 고용 거부 등) 실질적 또는 법적 소속을 초국적화하고(해외 교육과 근무 추구, 은밀한 이중국적 추구 등) 때로는 신체적 존재를 없애는(세계 최고 수준의 자살률 기록) 방식으로 자체적인 시민권 재구성을 시도했다(장경섭 2018; Chang, K. 2019). 변혁의 희생자들이 보여주는 이러한 절박한 대응은 이들이 탈변혁적 변화를 사회·정치적으로 지지하고 실질적으로 추동함을 분명하고 일관되게 보여주는 것인가? 아니면 그들이 보다 준비되거나 이익을 누릴 수 있는 위치에서 참여할 수 있을 때, 혹은 앞서 변화에 기여한 대가로 얻은 우천교환권을 마침내 사용할 수 있을 때까지 그동안과 같은 변혁적 사회와 국가가 지속되기를 바라는 것인가?

6장

복합문화체제와 다문화주의

6-1 도입

21세기 직전까지 한국(과 북한)은 동질적인 민족국가를 유지하고 있다고 의식하며 자긍심을 느꼈다. 그러한 민족적 동질성은 남북한 통일이라는 가장 중요한 정치적 목표의 강력한 도덕적 근거로 작용했다. 그러나 그로부터 한국이 느닷없이 '다문화' 사회라고(혹은 사회가 되겠다고) 선언하기까지 몇 년이 채 걸리지 않았다. 마치 배경에 상관없이 모든 한국 기관과 시민들이 근대(와 후기 근대) 시대에 오래 미뤄둔 숙제를 하기로 결심을 한 모양새였다. 한국에서 자발적인 문화 재창조가 갑작스럽게 진행된 것은 주로 하층의 한국인 남성과 빈곤한 아시아 국가의 외국인 신부들이 결혼하는 초국가적 결혼이 급작스럽게 증가한 것과 관련이 있다(Kim, H. 2012, 2014).

1990년대 말까지만 해도 국제결혼이 꽤 드물었지만 21세기 초부터 이러한 추세가 급격히 반전되었다. 한국 정부는 IMF 경제위기 이후 개발 교착상태를 극복하려는 절박한 시도에서 외화와 인적자원을 얻기 위해 해외동포들에게 적극적으로 손을 내밀었다. 이에 따라 조선족(한국계 중국인)이 순환 또는 장기 방문을 통해 한국 노동시장에 대거 유입되었다. 궁극적으로 많은 조선족 여성들이 도시 주변부의 결혼시장에도 유입되었고, 이들은 한족 여성과 한국인의 결혼을 위한 중개인 역할을 하기도 했다. 이와 같이 도시 결혼에서 우발적인 초국가화가 진행된 데 이어 농촌에서는 '강제로' 총각 신세가 된 남성들과 베트남을 비롯한 동남아시아 여성들이 보다 계획적으로 결혼하는 적극적인 추세가 이어졌다. 농촌 총각들의 집단적으로 조직된(그리고 상업적으로 지원받은) 국제결혼은 2000년대 중반부터 전국적인 추세가 되었다(장경섭 2018, 6장).

이 같은 전례 없는 추세에 시민 전문가와 활동가들은 한국 정부에 다양한 공적 지원을 촉구했고, 이는 공식적으로 '다문화가족 지원정책'으로 귀결되기에 이르렀다. 시민 활동가와 언론은 국제결혼 가정에 대한 공적 지원을 공식화한 것이 국가가 다문화 사회를 (지향함을) 공표한 것에 버금가는 조치라고 해석했다(윤인진 2008, 2016). 한국인들이 고유의 문화와 역사를 지닌 동질적인 민족이라는 정체성을 자랑스럽게 내세워왔음을 생각한

다면, 이는 무척 흥미로운 이념적 전환이다. 일견 모순적으로 보이는 배경 속에서 오늘날 다문화주의에 대한 국가·사회적 열성을 어떻게 설명할 수 있을까? 다문화주의의 추진은 과거 단일문화의 근본적인 변화를 의미하는 것인가? 다문화주의 체제 이전의 한국인들을 문화 또는 문명 측면에서 어떻게 특징지을 수 있을까?

6장에서는 다문화주의 체제 이전 한국의 구조적 특징과 오늘날 과시성 다문화로의 확장 또는 전환에 초점을 맞춰 이러한 질문에 답할 것이다.(한국 결혼의 초국가화에 나타나는 사회인구(학)적 측면은 9장에서 보다 체계적으로 다룰 것이다.) 여기서 핵심 논제는 한국의 탈식민(및 전후) 근대화와 개발에서 완전한 세계주의는 아니더라도 외부적으로 자유주의적이고 내부적으로는 신전통주의적인 고도로 복합적인 문화체제가 필요했다는 것이다. 19세기 후반 동아시아 국가들이 국가 생존 또는 부흥을 위한 마지막 보루로 정치, 경제, 기술 분야에서 서구의 체제로 전환할 필요성이 분명해지자 각국은 '동도서기'의 전략적 지침을 선포했다(Yoon, S. 2017). 각국은 이 지침을 엄격하게 따르기보다는, 물질적이고 사회·정치적인 유용성을 위해 서구의 사상과 문화를 수용하는 한편 토착 전통을 실제 사용에 유연하게 재가공하는 실용적 접근을 했다. 이러한 경향은 특히 한국 사회에 적절히 적용되었는데, 한국에서 제도·문화적 근대성이 미국의 강력한 외부 영향과 더불어 사회적으로 보편화된 유교 규범을 토대로 한 탈식민 신전통주의의 영향 아래 정립되었기 때문이다.[1] 복합문화체제라고 부를 수 있는 질서에 따라 각 영역의 주체들은 탈식민 사회·정치 질서를 신속히 확립하고 사회·경제적 개발을 극대화하기 위해 도구적·선택적으로 유연하게 다양한 역사와 문명에서 문화적 자원들을 받아들였다.[2]

이러한 복합문화체제는 동질적인 민족 집단으로 규정되어온 한국인들에게 급속히 체현되었다. 한국 내에서 빠르게 증가하는 외국인 신부들을 법적으로 수용하고 물리적으로 통합한 것이나 이와 관련하여 정부와 시민이 다문화주의를 추진한 것은 한국이 그동안 문화적으로 고립되어 있었거나 다문화주의 또는 세계화 주체로 전환되기를 가만히 앉아 기다리고만 있었음을 의미하지 않는다. 다만 대규모 '다문화 신부'의 예기치 않은 유입으로 말미암아, 여러 시민과 기관이 결혼이주자들에게 개방적 수용과 적극적 지원을 한 덕분에 문화적 복합성이 한층 더 완성된 문명적 속성을 띠게 되었다는 해석이 가능해졌다. 다시 말해, 복합문화체제가 더욱 보완·강화된 것으로 보인다. 최근의 다문화주의 노력은 한국인의 자기중심적 세계화 정서(또는 주관성)를 희석시키고 완화시키기보다는 오히려 강화했음을 보여준다.

6-2 복합문화체제: 압축적 근대성의 문화적 토대

중국에서 시작하여 지금은 세계적으로 다양한 장르에서 인기를 얻고 있는 한국 대중문화, 즉 '한류'는 전 세계 분석가, 언론, 때로는 일반 대중에게까지 큰 반향을 일으켰다(Chua, B. 2012; Joo, J. 2011; Shim, D. 2006; Kim, Y. 2013; Lie, J. 2012). 많은 분석가가 한국의 대중적 문화상품의 콘텐츠와 스타일을 압축적 근대성의 문화적 표현으로 해석하려고 시도했다.[3] 대중이 즐기는 한국 영화, 텔레비전 드라마, 'K팝' 노래, 기타 대중문화 장르에 담긴 '한국성'에는 한국에서 아시아, 서구, 세계 또는 전통에서 근대, 후기 근대, 탈근대에 이르기까지 매우 다양한 문명 요소들이 한

〈사진 6-1〉 KCON 2016 프랑스(2016년 6월 2일)

세계적으로 각광받는 한국 대중문화의 한국성은 소위 '한류'를 추진한 기업, 문화계 및 행정기관에 의해 적극적으로 구체화된 것이 아니었다. 한국인들이 제작하고 선보이는 수많은 드라마, 영화, K팝은 전 세계의 매우 다양한 관중이 다채로운 방식과 감정으로 즐겨왔다. 한국 대중문화에 담긴 놀라울 정도의 실질적이고 심미적이며 기술적인 복합성은 어느 사회의 관중이라도 자신의 상상력, 희망, 경험과의 연결고리를 찾아 흥미롭게 감상할 수 있도록 만들었다. 2016년 6월 <KCON 2016 프랑스>를 비롯해 전 세계에서 열린 많은 연례행사들은 전 세계에서 모인 열정적인 관중들로 가득 찼다. 사진 출처: 대한민국 문화체육관광부.

국인의 삶의 경험이나 감정과 어우러진 역동적인 복잡성이 있다(Ryoo, W. 2008; 〈사진 6-1〉 참고). 한류는 한국의 문화체계 일반을 분석하는 데 중요한 시사점을 제공하며, 한국인의 사회·문화 생활에 나타나는 역동적 복잡성은 필자가 복합문화체제라고 제안하는 현상의 이론적 핵심이다.(이와 관련하여 한국 대중문화 장르는 세계적 인기에서 입증되었듯이 한국이 처한 독특한 현실을 바탕으로 한 지적 생산에 있어 서구 의존적 사회과학보다 훨씬 성공적이었다.)

해방 이후 한국의 근대화는 미국이라는 또 다른 패권적 외세의 강력한 통제와 영향을 받았기 때문에 문화 재건 역시 그 내용의 다원성이나 자유주의적 경향의 측면에서 미국의 문화체계를 밀접하게 받아들였다(Kim, H. 2013; 이봉범 2015). 미군정 통치 기간에 탈식민 한국은 정치적으로 자유가 제한된 자유주의화를 겪었으며 한국전쟁으로 말미암은 냉전의 맥락에서 이러한 경향이 더욱 고착되었다. 좌파 세력과 사상에 대한 정치적 공격이 있었지만 한국전쟁 이후 시민들의 삶에는 다양한 형태와 내용의 서구문화가 범람했다(김창남 2014). 한국이 미국에 정치·이념적으로 의존했다는 것은 곧 자주적인 이념과 철학의 부재 또는 결핍을 의미했으나, 역으로 시민들은 잇따른 비민주적 국가 지도자들의 독재정치 지배에 대응하기 위한 사회·정치적 공간을 문화 영역에서 발견했다. 국가가 매카시즘에 준하는 방식으로 시민들을 공격했지만, 이는 시민사회를 이념적 토론과 문화적 상상이 이루어지는 독점적 정당성을 지닌 대응 주체로 확립하는 결과를 낳았다(Koo, H. 1993; Kim, S. 2000). 국가가 외세에 의존적이고 이념적으로 편향된 상태였던 반면, 시민사회는 한편으로는 토착 한국, 아시아, 서구, 세계 요소를, 다른 한편으로는 전통, 근대, 후기·탈근대 요소를 주도적으로 유연하게 수용하는 압축적 근대성의 문화 주체 역할을 하기 시작했다.

근대화 동력이 본격화되자 한국의 사회단체와 시민들은 서구문화를 정면으로 밀도 높게 체화하기 시작했다. 근대화가 서구를 문명·물질적 측면에서 따라잡는 것으로 여겨졌던 상황에서 서구문화(와 더불어 서구의 지식과 기술)는 근대화의 목표이자 방법이 되었다. 일반적으로 서구 의존적인 공식 커리큘럼에 기반한 공교육은 근대화로서의 서구화를 위한 중요한 도구로 간주되었다(Seth 2002; Chang, K. 2010a, 3장; Chang, K. 2022, 6장). 다른 영역들에서도 자체적 제도 근대화 및 국가 발전에 대한 기여를 위해 비슷한 움직임이 이어졌다. 그러나 서구문화의 체화는 대체적으로 제도적 필요성과 이해관계에 따라 자의적이고 즉흥적으로 이뤄졌다. 서구를 분해하여 모방하는 역공학적 근대화 체제에서 사회제도와 문화자원은 서로 구획된 방식으로 도입되고 구현되었으며, 이에 따라 전체 사회체계를 위한 포괄적이고 통합적인 체제·문화 원리는 모호하거나 미약한 상태였다(김명수 2010; 이 책의 4장 참고).

국가와 시민사회 간의, 그리고 사회 계급·계층 간의 치열한 대립 관계가 대한민국 건국 초기부터 형성되어 근대화와 개발 과정에서 고착화되면서 대다수 한국인은 고도로 가족 중심적인 가치와 노력을 통해 삶을 영위하게 되었다(Chang, K. 2010a, 2018). 이들은 (교육, 사업 등) 경쟁적인 사회 활동에 가족관계와 자원을 전략적으로 동원했다. 이러한 실용적 가족주의는 그 자체로 사회의 핵심적인 도덕적 가치가 되는데, 가족 구성원의 상호 희생을 시사하기 때문이다. 사회적 이익을 극대화하기 위해 사적으로 가족 중심의 노력을 기울이면서 가족생활은 모든 사회적 가치와 이해관계를 수용하고 반영하게 되었는데, 이는 필자가 기존 연구에서 '우발적 다원주의accidental pluralism'의 일반적 특징으로 분석한 바 있다(Chang, K. 2010a, 2장). 게다가 매체 기반의 문화 소비와 일반적인 탈식민 열망을 통해 서구의 가족 가치와 생활양식에 날마다 노출되고, 이제는 신분 차이가 사라진 상태로 (양반화된) 신전통주의 가족생활을 누리면서 한국의 가족들은 과거와 현재, 동양과 서양을 아우르는 다양한 가족 가치와 규범을 동시에 담아내게 되었다.

각 한국인은 극히 복잡하지만 고도로 유연한 문화적 특성을 개발해야만 했다. 개인 생활은 엄청난 문화적 다양성과 이동으로 가득한 국가, 제도, 가족 맥락에서 영위되었다. 한국인들은 한편으로는 토착 한국, 아시아, 서구, 세계의 특징을 체화하고 다른 한편으로는 전통, 근대, 후기·탈근대 특징을 받아들이면서 각 상황별로 적절하고 효과적인 특정한 문화적 속성과 행태를 능숙하게 선택하고 실천해야 한다(Chang, K. 2016a). 이러한 '유연한 복합적 개인(성)'은 한국인 개인에게는 과도한 부담이지만, 한편으로는 각 문화적 속성이 제공하는 기회와 만족으로 삶을 풍요롭게 살 수 있다.

한국의 문화에 나타나는 역동적 복합성, 혹은 복합문화체제는 앞서 설명한 세계, 국가, 제도, 가족, 개인의 문화생활에서의 조건과 과정을 반영하는 다양한 체계적 특성을 아우른다. 먼저 가장 중요하게는, 내외부를 가리지 않고 다양한 문화자원을 허용하는 도구주의적 개방성이 나타나지만, 그러한 도구주의는 문화적 차용 또는 융화에 대한 유동적이고 융합적이며 우발적인 접근으로 이어진다(Kang, M. 1999). 둘째, 사회·정치·제도적 배경을 반영하는 문화적 다원성은 다양한 문화자원 간 상호 구분과 위계구조 관계로 말미암아 상시적으로 제약을 받는다(김종영 2019). 셋째, 이와 유사하게 서구 의존적인 국가 개발 및 근대화 체제에서는 정치·경제·문화적 위계구조의 국제 질서가 많은 경우 자발적 오리엔탈리즘을 수반하며 위계적 양식의 국제 문화 이해로 내면화된다(김명수 2018). 이와 관련하여 넷째, 외적 문화에 대한 개방성과 의존성은 일종의 반발적 문화 토착화를 촉발하며 (민주주의적인 사회·문화적 동기와 독재정치적 동기 모두에서) 탈식민 신전통주의의 원리를 강화하는 효과를 낸다(장경섭 2018). 다섯째, 국가적 또는 범사회적 문화체계 패러다임이 부재하거나 불확실한 상황에서 해외(주로 서구) 문화를 최대한 다양하게 모방 소비(Baudrillard 1994 참고)함으로써 문화 이해와 활용이 극히 피상적이고 모호하고 물화된 대리적 문화자아가 형성된다(Kang, M. 1999). 여섯째, 개인과 가족 수준에서 문화다원주의는 종종 개인생애경로와 가족생활주기의 다양한 단계에 따라 순차적으로 구성된다. 즉 개인과 가족이 문화 가치와 규범의 중심을 시기별로 체계적으로 바꾸어 서구·근대 문화 지향의 삶이 시간 경과에 따라 점차 (토착) 한국·전통 문화 지향의 삶으로 변화한다(Chang, K. 2010a, 2장).

한국 사회의 문화생활을 지배해온 역사·사회적 맥락에서 최근 다문화주의 노력을 정확하게 이해하기 위해서는 복합문화체제의 이 같은 체계적 특징들을 세밀하게 고려해야 한다. 한국뿐 아니라 여타 사회에서도, 다문화주의를 촉발하고 관리하고 이용하는 데 있어 기성 문화체제의 문법적 특성이 실제 내용보다 훨씬 중요하다. 이어지는 내용에서는 '다문화 신부'가 예기치 않게 대거 유입되는 과정에서, 한국 시민과 사회의 결혼이주자들에 대한 개방적 수용과 적극적 지원이 문화적 복합성이 보다 완성된 문명 속성으로 발전하는 데 촉매가 되었다는 해석을 함으로써 복합문화체제가 한층 강화되었음을 보여줄 것이다. 즉 최근의 다문화주의 시도가 표면상 즉흥적으로 보일지라도 한국인들의 (자기중심적) 세계주의는 약화되거나 희석되지 않고 오히려 강화되어왔다.

6-3 재생산 세계화에 따른 편의적 다문화주의

유례없이 빠른 속도로 진행된 한국의 산업화와 도시화 과정에서 농촌은 전통적 농민들의 삶이 펼쳐지는 사회·경제적 박물관과 같은 공간으로서 본래의 모습을 유지했다. 농민들의 초라한 삶과 낡은 생활양식은 사회적 연민과 문화적 낭만주의의 대상이 되었다.[4] 산업화와 도시화는 농촌 청소년과 청년들의 대다수가 도시의 다양한 공간에서 일하고 공부하고 생활하게 되는, 연령별로 크게 편중된 방식으로 진행되었다. 농촌에 남은 중년·노년 농민들은 농민 가족의 경제조직과 문화양식이 영구적으로 지속되는 '시골'에서 '노령화'되었다. 가부장적 농민의 삶을 기꺼이 함께할 현지 배우자를 찾지 못한 많은 중장년기의 미혼 남성들은 유례없는 기형적 가족구조에서 연로한 부모와 살아가야 했다(장경섭 2018, 6장). 그러다 최근 많은 노총각이 농가의 사회·경제적 유지를 위한 새로운 인적자원으로서 아시아의 여러 빈곤국에서 외국인 신부를 맞아들였다.

토착 한국인들에게 국제결혼은 20세기 후반까지 매우 드문 일이었으나 1997~1998년 국가적 금융위기 이후 적극적인 세계화 정책을 펼치면서 상황이 급반전되었다. 무엇보다 이러한 세계화 정책에는 중국과의 적극적인 사회·경제적 통합이 반영되었는데, 조선족들이 한국을 오가거나 장기 방문하여 초국가적 지위를 누리는 사례가 증가하기 시작한 것이다. 이러한 추세의 예기치 않은 결과로서 많은 조선족 여성들이 2000년대 초 도시

교외의 빈곤한 한국 남성들과 결혼하여 매우 위계적인 한국 결혼시장에 진입했다. 이와 동시에 많은 한족 여성들이 비슷한 한국 남성들에게 결혼 상대로 소개되기 시작했다.

오래 지나지 않아 도시 결혼시장에서 일어난 이러한 초국가적 변화는 농촌 공동체로 확산되어 국내에서 배우자를 찾을 희망이 없는 절박한 '노총각' 농민에게 외국인 신부를 구해주기 위한 노력이 시작되었다(〈표 6-1〉 참고). 대만에서의 추세와 유사하게(Wang and Tien 2009; Kung, I. 2009; Kojima 2009) 베트남 농촌 가정을 비롯한 동남아시아 빈곤 가정 출신의 젊은 여성들이 접근 대상이었다. 이 과정에서 상업적 중매가 활용되는 경우도 많았다. 지역 공동체의 조직적인 노력으로 (상업적 수단을 업고) 농촌 총각들을 동남아시아 여성들과 맺어준다는 발상은 2000년대 중반에 생겨났으며 이내 전국적으로 퍼져나갔다(윤인진 2008, 2016). 많은 농촌에서 최근 결혼한 부부의 3분의 1 내지 2분의 1이 외국인 신부와 결혼하게 되었다(김승권 외 2010).

최근 한국에서 진행된 근대화에서 큰 역설은 사실상 전통적인 사회·경제적 특성이 박제되어 있는 농촌이 가족의 새로운 식구로 아시아 전역의 외국인 신부들을 받아들이면서 이른바 세계(주의)화의 선봉에 섰다는 것이다. 이후 결혼과 가족생활에서 어려움과 혼란이 크게 증가하면서 외국인 신부들이 현지 사회와 가족관계에 적응할 수 있도록 돕자는 정부와 시민들의 노력이 이어졌다. 농촌 남성들의 독신 기간이 길어지는 것에 대한 지역 주민들의 걱정이 농촌 인구 소멸에 대한 중앙 및 지방정부의 우려와 만나면서, 농민 결혼이 세계화 혹은 아시아화(Chang, K. 2014)된 것이다. 이는 배우자 사이의 이질적 문화에 따른 결혼 생활 장벽의 완화를 돕는 다양한 공적 지원과 프로그램을 통해 사실상 국가정책 대상으로 설정되었다. 민간 전문가와 활동가들의 의견을 듣고 정부는 그러한 지원과 프로그램을 '다문화가족 지원정책'으로 공표했다. 민간의 관계자들과 언론은 이러한 공식(화된) 정책이 한국을 다문화 (예정) 사회로 선포한 것과 마찬가지라고 해석했다. 한국 사회의 거의 모든 부문, 기관, 지역에서 '다문화 신부'를 지원하고 다문화 의식을 고취하기 위한 다양한 활동, 행사, 프로그램에 참여하기 시작했다(윤인진 2008).

1948년 논란이 많았던 탈식민 정치 독립을 이룬 이후 만성적인 이념 갈등으로 점철되었던 나라에서 이제는 다문화라는 대의를 위해 정부와 시민이 서로 열의를 합치는 상황이 연출되었다(임동진·박진경 2012; 윤인진 2008). 1960년대 중반 이후 국가 주도의 자본주의 산업화가 유례없는 성공을 거두면서 국가 개발주의를 통해 국가와 사회 간 이념적 결합이 공고해졌지만(전재호 1999; 김동노 2010) 1990년대 후반부터 국가경제의 신자유주의적 재편이 빠르게 진행되면서 그러한 중상주의 이념의 사회적 효력이 크게 저하되었다. 이러한 맥락에서 다문화주의는 국가정책을 둘러싸고 극심한 정치·이념적 차이를 보이는 주류 양당의 경쟁의식조차 누그러뜨리는 놀랍고 드문 국가 의제로 부상했다.

〈표 6-1〉 2018년 기준, 출신 국가 및 한국인 배우자와 연결된 방식별 결혼 이주와기타 귀화자 누적 총계 (n=280,020)

배우자가 있는 이주자 중 한국인 배우자와 연결된 방식								
출신 국가	%	수	가족, 친척 소개	친구, 동료 소개	결혼중매 회사	종교 단체	직접 만남	기타
중국	19.3	54,070	17.2	39.2	10.3	0.9	32.0	0.4
한국계 중국인	31.1	87,003	30.1	36.6	3.3	0.6	29.2	0.1
일본	4.2	11,734	3.5	27.1	0.5	36.6	36.8	1.0
대만/홍콩	1.7	4,700	8.5	35.8	0.8	2.0	51.1	1.9
베트남	23.4	65,490	18.2	23.7	50.9	0.3	6.9	0.1
필리핀	6.2	17,451	15.5	31.2	23.7	12.3	17.1	0.1
태국	1.3	3,516	11.6	30.0	5.7	7.3	44.9	0.5
캄보디아	2.6	7,199	22.8	19.2	52.3	0.9	4.7	0.0
기타 동남아시아	0.5	1,500	12.6	26.8	13.9	3.7	41.6	1.4
남아시아	1.2	3,448	12.9	22.1	22.5	3.2	39.1	0.3
몽골	1.1	3,077	12.8	33.4	14.6	3.1	35.6	0.6
러시아/중앙아시아	2.1	5,904	14.0	31.9	18.5	3.3	31.5	0.7
미국/유럽/오세아니아	4.7	13,252	7.5	36.6	1.2	4.3	49.4	1.0
기타	0.6	1,676	5.1	25.3	0.1	3.6	64.0	1.9
총계			19.0	31.5	21.1	3.5	24.6	0.3

* 참고: 28만 20명 중 결혼이주자는 23만 8,567명(85.2%)이고 다른 귀화자는 4만 1,453명(14.8%)이며, 여성은 23만 1,474명(82.7%)인 반면 남성은 4만 8,546명(17.3%)으로 집계되었다.
출처: 『2018년 전국다문화가족 실태조사 연구』(여성가족부)의 자료를 재구성함. 63~64, 70~71쪽.

노무현, 이명박, 박근혜, 문재인 정부는 서로 이념적 차이가 컸음에도 한목소리로 다문화주의의 중요성을 공공연하게 강조하고 실질적인 장려를 위해 많은 자원을 할당했다. 시민사회 내부에서는 정치화되고 서로 갈등을 벌이는 대중매체조차 한국 사회의 다문화 전환이 바람직하고 시급하다는 데 동의하면서 다문화 질서를 촉진하기 위한 다양한 프로그램과 보고서를 제시하기까지 한다.[5] 주요 기업, 대다수의 노조, 모든 유형의 NGO, 모든 영역의 학교, 다양한 자원봉사단체 역시 다양하게 정의된 다문화 사업들을 경쟁적으로 전개했다(윤인진 2008; 임동진·박진경 2012).

공공과 민간의 다문화주의 프로그램에서 농촌의 외국인 신부들에게 제공한 실제 혜택이 제한적이었다는 것은 공공연한 비밀이다(Kim, H. 2012). 그러나 그러한 프로그램들이 많은 경우 한국 시민들과 기관들이 세계주의적 미덕으로서 다문화 속성을 개발하거나 수용하는 데 고강도의 촉진제가 되었다는 것은 숨겨진 (보다 중요한) 효과이다. 이들은 매우 공격적으로 세계화를 추진하는 개발 자본주의 국가의 통치 아래 물질적으로 세계(주의)화된 주체로서, 아시아 각지에서의 대규모 외국인 신부 유입을 스스로에게 매우 유리하거나 유익한 추세로 느끼게 되었다. 즉 한국인들은 아시아 신부들 덕분에 마침내 (오늘날 바람직하게 간주되는) 다문화주의 사회에 살고 있다고 내세울 수 있게 된 것이다.[6] 한국인들은 탈식민 근대화와 개발 과정에서 강력한 복합문화체제를 이뤘음에도 사회·지리적 고립감이 널리 퍼져 있었으나, 아시아 신부들의 갑작스러운 대규모 유입과 이들을 '세계주의적 타인cosmopolitan others'으로 받아들이기 위한 민관 캠페인의 전개 속에 그러한 고립감이 희석되는 효과가 있었다.

이와 같은 인식론적 유용성 때문에, 외국인 신부들에게 모국의 문화적 특성을 계속 고수하고 표현해줄 것을 기대하는 경우가 많다. 지방정부와 공동체, 다양한 시민사회조직과 기업은 여러 유형의 '다문화주의' 행사와 활동을 경쟁적으로 추진해왔다. 외국인 신부들의 존재가 한국인들이 어떻게든 세계화되었다는 느낌을 갖는 데 도움이 되도록 이들을 무대에 세우고 행진을 시키고 사진으로 남기는 행태가 널리 퍼져 있다(추병완 2011; 《완도신문》 2013년 1월 9일). 일반적으로 모국의 전통의상을 입고 모국의 문화(요리, 노래 등)를 보여주기를 기대하지만, 이들은 토착 한국인들과 어울릴 때보다 구분당한다는 느낌을 받을 수밖에 없다(윤인진 2016). 이처럼 인종 구분이 내포된 문화적 외래성을 차별적으로 드러내는 것은 토착 한국인의 존재 양식을 선전적으로 다문화화하기 위한 일종의 문화적 봉사이다. 역설적이게도 대다수의 외국인 신부들은 가정으로 돌아가면 많은 한국 여성들이 단호하게 거부한 (신)전통주의 가족의 주부 역할을 해내야 한다.

6-4 빌려온 유순함: 외국인의 신체를 통한 재(신)전통화, 배제적 다문화주의, 복합문화체제

아시아 신부들에게 결혼 관련 이주 지위를 통해 일종의 초국가적 재생산 시민권이 부여되며 가사, 임신과 양육, 노인 돌봄과 같은 사회재생산의 다양한 가족 의무를 수행할 역할이 주어지는 한편으로 농사 및 다른 경제활동이 추가로 기대되는 경우도 많다(Chang, K. 2022, 8장; Turner 2014). 개인 수준에서 살펴보면 다문화주의는 종종 외국인 신부가 배우자, 가족, 이웃과 언어·문화적으로 효과적이고 조화로운 일상 소통을 할 수 없는 고통을 수반한다(Kim, H. 2012, 2014). 역설적인 것은 이러한 소통의 어려움이 가부장적 한국 가족들이 아직 유순한(혹은 아직 근대화되지 않은) 외국인의 몸을 통해 사회재생산의 전통 규범과 관행을 회복하려는 일방적이고 권위적인 요구에 의해 덮이게 된다는 것이다(Chang, K. 2022, 8장).

한국의 농촌에서 전통문화는 가장 최근의 현대적 사회 조건, 즉 초노령화를 통해 그 수명이 연장되었다(장경섭 2018, 6장). 대다수 청년이 이촌하면서 농촌의 인구 기반은 노년층의 수명 연장 지속 덕분에 유지되고 있으며, 이에 따라 농촌은 전통문화적 실체로서 유지되고 있다. 농가 생산과 가계 유지에서 세대와 젠더 간 가부장적 가족관계가 그러한 전통성을 유지해왔었다.(김주숙 1994; 장경섭 2018, 3장). 그러나 청년들, 특히 젊은 여성들의 이탈은 가족 중심의 농가 생산과 가계 유지를 위태롭게 만들기 시작했다. 진퇴양난의 상황에서 농촌의 전통성은 바로 그러한 전통성을 가능케 하는 인구구조 때문에 위협을 받았다. 즉 고도로 노령화된 농촌 주민들의 남은 짧은 생애에만 전통 농촌 문화가 유지될 수 있는 것이다. 이러한 맥락에서 농촌 결혼의 초국가화는 농촌 가구의 유지와 농가 생산을 위한 전통적 체제를 지속하기 위해 외국인의 (여성) 신체를 동원하는 모순적인 시도이다(장경섭 2018, 6장). 또 다른 모순은 앞서 설명했듯이, 중앙정부와 지방정부뿐만 아니라 다양한 민간기관과 지지자들이 (한국의 전통 농촌 생활과 일을 위한 초국가적 인적자원 역할을 할) 결혼이주자들에게 과시성 다문화주의의 틀에서 접근했다는 것이다.

외국인 신부 대다수가 아시아의 농촌 공동체 출신인 것은 우연이 아니다(김승권 외 2010). 한편으로 이들의 출신 배경은 결혼이주를 통해 극복해야 할 가난을 반영하는 것일 수 있고, 다른 한편으로는 한국 농촌에서 흔히 나타나는 확대가족 관계에 사회·문화적으로 친숙함을 의미할 수 있다(Kim, H. 2014). 이는 한국 농촌의 미혼 남성들과 아시아의 여러 농촌 지역에서 온 외국인 신부들이 결혼하여 발생한 초국가적 문화 소통의 숨겨진 측면이다. 민간과 정부에서 이러한 소통을 다문화화로 특징짓는 것은 외국인 신부의 친정과 시가 사이의 사회·문화적 공통점을 인식하지 못하는 것이다. 사실 외국인 신부들을 한국의 새롭고 소중한 다문화 주체로 알리는 수많은 행사와 캠페인 가운데 정작 이들의 사회·문화적 자질을 반기는 것은 한국 가족의 사회재생산에 활용할 수 있기 때문이며, 유순한 한국 여성들이 농촌에서 사라진 것에 대처하기 위한 '빌려온 유순함'에 해당되는 것이다(김수정·김은이 2008).[7] 많은 농촌 가족들이 원래 혹은 최근 도시에 살았을 가능성이 높은 조선족과 한족 여성을 그리 선호하지 않는다는 것은 시사하는 바가 크다(Kim, H. 2012).

모순적이게도 한국의 다문화주의 시도는 다문화 정책에 따른 공공서비스의 공식 대상에서 외국인 신부와 외국인 이주노동자를 엄격하게 구분하는 매우 특수하고 모순된 기본 성격을 갖고 있다(Chang, K. 2013). 1990년대 초 한국에 처음 유입되어 2000년대 이후 단순 제조업, 건설업, 농업, 어업 부문에서 임노동의 상당 부분을 담당하기 시작한 아시아 출신 외국인 이주노동자들은 생산 노동의 착취적 조건뿐 아니라 다문화 정책에서의 공식적 배제에도 좌절한다(Seol, D. 2014). 이 정책의 공식 용어인 '다문화가족 지원정책'은 한국에서 가족을 이루는 이주민만 정책 적용 대상이 된다는 것을 암시하는데, 한국 국적자와의 결혼은 사실상 합법적 가족을 구성하는 유일한 방법이다. 외국인 이주노동자들을 다문화 정책에서 공식적으로 배제하는 것의 중요한 영향은 이들이 한국에 정착할 권리 또는 한국에 가족을 초청해서 함께 살 권리를 법적으로 영구히 거부하는 것이다(Seol, D. 2014). 이 같은 정책 노선은 서유럽과 북미의 다문화주의 기준을 열렬히 따르려는 한국의 노력에 모순된다. 서유럽과 북미의 다문화주의적 전환은 많은 외국인 이주노동자의 영구 정착에 따른 필연적인 결과였기 때문이다.

다문화 정책의 대상을 결혼이주자로 엄격히 제한하는 것은 외국인 신부와 외국인 노동자 간의 본질적인 문화 차이 때문이 아니라, 외국인 신부의 사회재생산 노동의 기본 성격에 대한 실용적이고 물질적인 고려에 따른 것이다. 배우자와의 결혼, 출산, 양육, 노인 돌봄은 참여하는 주체가 영구적은 아니더라도 장기간 물리적으로 같은 공간에 머물러야만 하는 활동이다. 바로 이러한 이유에서 법률혼이 전 세계적으로 보편적인 제도가 된 것이다.(유럽에서 법률혼을 점점 회피하는 것은 가족 연합의 참여자 간 장기적 연대와 헌신이 일반적으로 청산되거나 희석되고 있음을 의미하지는 않는다.) 이러한 관점에서 한국의 다문화 정책은 한국에 영구적으로 거주해야 하는 이주자들에 국한된 장기적 과정의 귀화 체제를 구성하고 있다.

과시성 다문화주의의 배제적 특징은 단순히 한국의 세계(주의)적 지위에 노정된 구조적 한계로 간주해서는 안 되며, 일종의 '관리된' 세계주의 또는 세계(주의)화를 위한 전략적 토대로 봐야 한다. 앞서 언급했듯이, 많은 수의 다문화 신부 유입은 일반 시민과 기관들이 결혼 이주자에 대한 한국 사회의 개방적 수용과 적극적 지원 덕분에 그 문화적 복합성이 보다 완결된 문명적 속성이 되었다는 식의 (기회주의적까지는 아니더라도) 편의적인 해석을 하게끔 함으로써 한국의 복합문화체제를 한층 보강했다. 한국 사회에 빠른 속도로 유입되는 외국인 신부들에 대한 법적 수용과 물리적 통합도, 혹은 이와 관련된 정부와 민간의 다문화주의 노력도 그동안 한국이 문화적으로 고립되어 있었으며 이제서야 다문화 또는 세계주의 주체로 전환하려는 것임을 의미하지는 않는다. 요약하자면, 최근의 다문화주의 노력은 한국인의 자기중심적 세계주의 철학(혹은 주관성?)을 완화하거나 희석시키기보다는 오히려 강화하는 것으로 보인다.

6-5 토론: 휴대품 보관소 세계주의화

'휴대품 보관소'는 이 공동체가 지닌 특징을 잘 담아낸 이름이다. (…) 그들은 저녁 공연을 보기 위해 이 자리에 모였는데 낮에는 관심사나 일상이 저마다 다른 모습이었다. 공연장에 입장하기 전에 그들은 길거리에서 입고 다니던 외투나 방한용 재킷을 휴대품 보관소에 모두 맡긴다. (…) 공연 중 그들의 시선은 일제히 무대를 향하며 그곳에만 신경을 쏟는다. 기쁨과 슬픔, 웃음과 침묵, 몇 번의 박수, 공감을 표현하는 환호성과 탄성이 마치 잘 짜인 각본을 감독의 지시에 따라 수행하듯 일제히 터져 나온다. 그러나 막이 내리면 관객들은 휴대품 보관소에서 소지품을 찾아 아까 길에서 입었던 그 옷을 다시 걸치고는 평소의 역할로 돌아간다. 이내 그들은 몇 시간 전 누볐던 도시의 거리로 돌아가 인파 속으로 스며든다.

휴대품 보관소 공동체에는 평소에는 서로 다른 모습으로 개인의 내면에 잠들어 있는 유사한 관심사에 호소하는 구경거리가 필요하다. 그 구경거리 덕분에 모두는, 서로를 결속시키기보다는 분리하는 다른 관심사를 제쳐두거나 아예 잊은 채 잠시 동안

이나마 한데 모여 서서히 감정선의 변화를 느끼거나 침묵하는 행위를 함께 하는 것이다. 이러한 구경거리는 짧은 시간 존재할 뿐인 휴대품 보관소 공동체의 행사이며 개인적 관심사가 '집단의 이해'와 뒤섞이지 않는다. 이것들이 더해진다고 해서 문제가 되는 개인적 관심사에 새로운 특성이 부여되는 것은 아니며, 구경거리를 공유한다는 환상은 공연이 주는 흥분 이상으로 오래 지속되지도 않는다. (Bauman 2000: 200)

오늘날의 세계화가 궁극적으로 세계를 의미 있는 세계주의 공동체로 변화시킬 수 있을 것인지는 앞으로 수십 년 동안 사회적 존재로서의 인류에게 가장 중요한 질문이 될 것이다. 현재로서는 많은 경우 세계주의 사회 연대와 형성은 지그문트 바우만이 재치 있게 '휴대품 보관소cloakroom 공동체'라고 표현한 특성을 띤다. 즉 우리는 휴대품 보관소 세계주의 공동체의 시대에 살고 있는 것이다. (특히 신자유주의적 형태의) 세계화는 세계에서(뿐만 아니라 국가 내에서도) 사회·경제적 불평등과 격차를 심화시키는 동시에 서로 이화된 사람들과 공동체 간의 초국가적인 사회·문화적 조우와 교류를 가속화했다. 최근 다문화주의가 세계의 여러 나라와 지역에서 비상한 사회적 관심을 얻고 정치적으로 강조되고 있는 것은 놀라운 일이 아니다. 한국의 사례에서 생생하게 드러나듯이, 최근 점점 더 많은 사회가 다문화 구성체로 재편되거나 그러한 특성을 강화하려 하고 있으며, 이러한 시도는 다양한 휴대품 보관소 세계주의 공동체의 확산을 함의하는 경우가 많다.

한국 남성과 주로 아시아 여성 간의 초국가적 결혼이 말 그대로 폭발적으로 증가하는 것은 한국이 분명하게 새로운 세계주의적 존재와 변화의 시대에 들어섰음을 알리는 신호이다. 기본적으로 이러한 새로운 세기의 현상은 한국의 구석구석을 명백한 다인종 사회로 급격히 재편했다. 중앙정부와 지방정부는 포괄적인 다문화가족 지원정책을 서둘러 시행했다. 다양한 시민단체, 언론, 심지어 기업까지 자체적인 다문화주의 사업을 통해 정부의 정책에 호응했다. 흥미롭게도 이러한 세계주의 시도는 비판적 지식인과 옹호자들, 차별을 당하는 외국인 이주노동자들, 외국인 신부들에게서 신랄한 비판을 받았다. 특히 많은 외국인 신부와 자녀들은 한국인 지지자들과 함께 "[자신들을] 다문화로 부르지 말아달라"고 요청하기까지 했다. 다문화주의에 대한 정부와 사회의 접근 방식에 소외감을 느끼고 당황하는 경우가 많기 때문이다.[8] 다문화 개념이 결혼이주자와 혼혈 자녀들을 의미하는 차별적인 용어로 종종 남용되면서, 이러한 다문화 주체들과 그 지지자들 사이에서 차별적인 다문화주의에서 비롯된 자의적인 언어 사용에 대한 반감이 커지고 있다. 차별적인 다문화주의에서 토착 한국인은 계속 한국인으로 남지만 사회적 다문화화는 그저 다문화 신부와 자녀들의 물리적 존재만을 반영하기 때문이다. 이들은 앞서 바우만이 말했던, 토착 한국인들의 다문화 또는 세계주의 욕구와 감정을 위한 '구경거리'로 주기적으로 무대에 올려지고 있다.

복합문화체제의 행위자로서 한국의 각 단체 및 시민들은 효과적으로 탈식민 사회·정치 질서를 확립하고 사회·경제적 개발 효과를 극대화하기 위해 매우 실용적이고 유연하게 다양한 역사·문명적 출처의 문화를 수용하고 활용했다. 그러한 복합문화체제는 동질적으로 간주되는 인종 집단으로서의 민족이나 국민사회에 체현되어왔다는 역설이 있다. 한국 사회에 빠른 속도로 유입되는 외국인 신부들에 대한 법적 허용과 사회적 통합이나 이와 관련된 정부와 민간의 다문화주의 노력은 그동안 한국이 문화적으로 고립되어 있었으며 다문화 또는 세계주의 주체로 전환되기를 희망한 것은 매우 의외의 것임을 말해주는 것이 아니다. 예기치 않게 다문화 신부가 폭넓게 존재하게 됨으로써, 한국인들의 결혼이주자에 대한 개방적 수용과 적극적 지원에 기초해 문화적 복합성이 보다 완결된 문명적 속성이 되었다는 유연한 해석이 가능해졌다. 즉 한국의 복합문화체제가 한층 보강된 것으로 보인다.

그러나 자기중심적 세계화의 일부로서의 다문화주의가 휴대품 보관소 공동체의 경험으로 구조화될수록, 아시아 결혼이주자들은 차별까지는 아니더라도 계속 구분된 상태로 남아 있을 것이다. 그럼에도 지켜봐야 할 것은 외국인 신부들이 궁극적으로 한국 문화를 수용하고(나아가 한국의 자기중심적 세계화를 받아들이고) 현재의 문화 현실 유지에 포획될 것인지, 아니면 아직 걸음마 단계에 있는 토착 한국인들의 다문화 경험과 감정을 위한 필수적 조건으로서 각자 모국의 문화적 특징을 지키고 표현하도록 앞으로도 계속 요청(혹은 강요)받을 것인지이다. 어떤 경우라도, 사회재생산 노동을 수행하는 유순한 존재라는 한국 여성들과의 숨은 공통점이 한국 농촌의 가족에 실질적으로 통합되기 위한 필수적 조건으로 활용되거나 요구될 것이다.

7장
생산 극대화, 재생산 와해

7-1 도입

한국과 다른 동아시아 사회의 압축적 자본주의 경제개발에는 광범위한 사회적 이탈과 고립이 수반되었는데 이를테면 자살 유행, 극도로 낮은 출산율, 만혼·비혼·이혼의 만연, 과도한 농촌 탈출, 산업현장에 횡행하는 해고와 철수, 급격한 문화·규범적 자기 고립(특히 청소년)을 들 수 있다. 이러한 추세에 대해 학술적·사회적 토론에서는 공통적으로 개발주의 정치·경제에서 과두적 지도자들의 보수적 이념·정책·행위로 야기, 방치되는 결함 많은 복지 프로그램, 친기업 성향의 사회·경제 정책, 노동력과 여성에 대한 체계화된 착취 등과 관련하여 잦은 비판이 제기되었다. 필자는 그러한 비판에 대체로 동의하면서도 한 걸음 더 나아가, 사회체계 관점에서 경제생산과 사회재생산을 한국의 압축적 근대성의 중요한 측면에서 조망함으로써 작금의 우려스러운 사회 추세를 살필 것을 제안한다.[1]

사회재생산에는 일상생활의 준비와 유지, 사회와 직업 참여 준비, 교제와 결혼, 출산과 아동 양육, 배우자와 부모 돌봄, 그 밖에 인간적·사회적 조건의 유지와 개선을 위해 필수 불가결하다고 여겨지는 가족 기반의 다양한 활동이 포함된다(Laslett and Brenner 1989).[2] 간단히 말하자면 사회재생산은 인간 생명(인구)과 노동력(계급)을 창출하고 관리하기 위한 개인, 가족, 공동체, 기업, 행정 활동의 전체를 아우르는 행위이다. 사회재생산은 이러한 행위를 통해 장단기적인 생존과 발전에 필수적인 구성원들의 보호, 유지, 개발을 가능케 한다. 무엇보다, 인구의 성장·감소, 노동력의 양적·질적 변화, 구성원의 보호와 선발은 사회재생산 활동의 필수적인 공동 결과물이다. 자본주의가 생산체계의 조직적 원칙 측면에서 정의된다면, 사회재생산은 자본주의 기업과 지역 공동체 및 국가경제의 원활하고 지속 가능한 발전을 달성하기 위해 효과적이고 안정적으로 관리되어야 한다. 사회학적으로, 다양한 근대성에는 이에 상응하는 다양한 사회재생산 체계가 관찰된다. 7장에서 설명하겠지만, 사회재생산(및 경제생산과의 관계)에 대한 이론적·분석적 관심은 압축적 근대성 환경에서 특히 중요하다.

동아시아, 특히 한국에서 압축적 근대성은 위(국가)로부터 강압적으로 시작되고 아래(일반 시민)로부터 적극적으로 추진된 개발(주의) 정치경제의 과정과 결과이다. 동아시아인들은 근대성을 근본적으로 개발주의적 또는 생산주의적 방식으로 구조화했고, 따라서 근대화는 근본적으로 시간 단축적 경제개발과 세계적 '선진국' 대열에 합류하는 정치·사회적 프로젝트가 되었다.[3] 이처럼 단축적 국가 개발 측면에서 뚜렷하게 근대성을 향하는 접근은 경제생산을 극대화하고 사회재생산의 조건과 과정을 체계적으로 희생시키도록(이는 결코 우연적이지 않다) 고안된 다양한 정책, 행위, 태도를 통해 구체화되었다.[4] 간단한 예를 들자면 한국 노동자들은 다른 사회의 대다수 노동자와 비교해 연간 훨씬 많은 시간을 일해야 하기 때문에 만성 수면 부족에 시달린다.[5] 사실 수면 부족은 한국의 미래 일꾼들에게도 심각한 문제인데, 학생들은 학업 부담으로 자정을 훨씬 넘기기 전까지 잠을 잘 수 없다. 또 다른 예를 들어보면, (종종 개발주의 연합으로 불리는) 각종 산업, 개발업자, 지방정부의 담합적 생태계 약탈이 전국에 만연하여 수많은 농촌과 도시 공동체에서 주민의 생계나 사회재생산이 심각한 위험에 처해졌다. 이에 못지않게 심각한 사례가 무궁무진할 정도로 많다.

그러한 생산주의 정치경제의 개발주의적 결과물(새롭거나 근대적인 유형의 산업, (도시) 공간, 가족 형태와 관계, 생활양식 등)은 희생된 사회재생산(생업 경제 부문, 사회적으로 보람 있는 노동과정, 문화적으로 자주적인 가족과 공동체, 생태학적으로 체화된 생활양식 등의 종말)

의 다양한 사회적 결과를 정당화했다.[6] 성공적인 경제개발이 수십 년 이어진 후 이러한 경제생산과 사회재생산에 대한 불균형적 접근은 어떤 합리성이나 도구성도 상실한 것으로 보인다. 최첨단산업, 물질적 기반시설, 서비스, 생활양식으로 뒤덮여 근사한 겉모습을 하고 있지만, 동아시아 사회의 문명과 경제 발전은 근시안적인 개발주의 정치경제에서 일회용 취급을 받던(사회재생산 가치가 없다고 간주된) 계급, 시민, 공동체, 문화, 지혜의 권리 박탈, 위축, 종말로 그 의미가 근본적으로 퇴색 중이다.

7장에서는 압축적 근대성하에서의 경제생산과 사회재생산 간 관계에 대한 사회체계 관점에서 한국의 사회재생산 위기의 요인, 과정, 성격을 살핀다. 특히 7장에서는 한국의 사회재생산 위기에서 계급(노동) 측면을 다루며, 인구(학)적 측면의 대부분은 9장에서 다룰 것이다. 필자는 국가의 압축적 자본주의 개발과 이로 인해 직접적으로 농촌과 도시 산업계급 구성원들에게 닥친 사회재생산 위기의 구조적 핵심 요인으로서 경제생산과 사회재생산 간의 비대칭적 관계를 체계적으로 고찰할 것이다.

7-2 생산주의체제의 다양성과 재생산 위기

사회재생산의 체제적 위기는 단순히 생산주의 및 자본주의 정치경제에 국한되지 않는다는 것을 인식해야 한다. 사실 경제생산과 사회재생산 간 불균형 관계의 훨씬 더 형식주의적인 제도가 스탈린주의 사회주의하에서 많은 현대 국가를 지배했다.

생산주의는 생산자(노동자)가 갖는 계급에서의 중요성·우선성이 동원적 경제개발을 위한 국가의 지배로 변화된 마르크스 유물론의 국가·정치적 표현이다. 국가 경제계획은 경제생산을 위해 공식화되거나 관료화된 체계로, (주로 사회재생산 활동을 위한) 인민의 소비를 자동적으로 최소화하는 중공업화를 강조했다 (Kornai 1992). 마르크스 유물론은 경제생산주의(또는 사회재생산에 대한 경제적 편견) 외에 사회재생산 전반에 대해 정치·문화적으로 적대적인 태도를 낳았다. 혁명적인 사회 변화나 사회주의체제 전환을 위해서는 (생산의 사회적 관계 측면에서 고려한) 사회재생산이 국가가 직접 개입할 수 있는 영역이 되도록 경제와 사회에서 봉건적 요소나 자본주의적 요소를 완전히 타파해야 한다. 이러한 사회변혁을 위한 스탈린주의 해결책은 사회재생산을 산업생산체계에 완전히 종속시키는 것이었다. 국가가 관리하는 생산단위에서의 지위와 기능의 측면에서 사회주의 시민(인민)의 사회적 지위와 상호 관계를 형식주의적으로 재구성한 것은 이를 잘 보여주는 사례이다.[7] 대다수 국가사회주의 국가들이 이러한 경제와 사회의 정리를 통해 초반에는 매우 빠른 경제성장과 사회 변화를 이뤘다. 그러나 이러한 생산주의적 개발은 사회재생산 기반의 구조적 한계 때문에 지속 불가능했다. 스탈린주의 경제체제가 갑자기 멈춰서자 국가 경제생산이 붕괴되었을 뿐만 아니라 수십 년 동안 자율적 사회재생산에 국가가 개입하면서 인민들의 자립 역량이 완전히 상실되었다. 20세기 최대의 역설 중

하나는 발전된 국가사회주의 국가일수록 그러한 위기를 더 심각하게 겪었다는 것이다.

역설적이게도, 경제와 사회 측면에서 탈사회주의 전환에 가장 성공한 것은 사회주의 산업화 및 체제 전환이 가장 지연되었던 나라들이다. 저개발 상태로 말미암아 경제생산과 생계 해결에 대한 다양한 전통이나 토착 사회체계를 유지할 수 있었기 때문이다. 그 단적인 예가 중국과 베트남이다. 특히 인민공사人民公社의 경우 더러는 같은 성씨의 친족이 다수인 농촌 공동체가 전통적인 사회규범과 관계를 토대로 대체로 생계를 위한 농업 생산을 함께 수행했기 때문에 국가사회주의 못지않게 지역 공동체 경제의 성격이 강했다.[8] 덩샤오핑은 탈사회주의 개혁을 실시하면서 한발 더 나아가 가족 기반의 농촌 생산과 생계 해결을 부활시켰고 이를 통해 사회재생산에서 가족의 자율성이 강화되었다(Chang, K. 1992). (국가의 곡물 수매가 상향 조정 덕분에) 국가의 농업 생산 사유화가 즉각적으로 놀라운 경제적 성과를 거두었는데, 농촌 주민들이 가족 또는 공동체 차원의 벤처적 사업으로서 자율적으로 시작한 농촌 산업과 3차 산업도 예상치 못한 폭발적 성장을 이뤘다. 이처럼 중국 농촌이 획기적인 경제적 성공을 거두면서 농가의 사회재생산에 대한 욕구가 급속하게 강화되었는데, 특히 국가가 엄격히 산아제한 정책을 유지했음에도 구성원들은 더 많은 아들을 출산하려 했다.[9]

동아시아에서 중국과 이웃한 자본주의국가들은 요즘 사회재생산에서 정반대의 모습을 보이고 있다. 일본, 대만, 한국은 압축적 자본주의 산업화를 차례로 달성했지만 역설적으로 개인, 국가, 공동체, 기업이 가족, 공동체, 산업, 궁극적으로는 국가(인구) 구성원을 충분히 재생산하고 유지하는 데 실패하거나 이를 회피한다. 다른 여러 측면과 마찬가지로 한국은 이러한 추세에서도 극단적인 모양새를 보인다. 한국에서는 생산주의 국가의 사회재생산에 대한 편향된 접근이 앞으로 설명할 사회정책의 개발자유주의, 즉 개발국가의 사회정책적 자유주의를 통해 구성되었다(장경섭 2018; Chang, K. 2019). 개발자유주의체제에서 시민과 기업이 사회재생산을 의도적으로 희생하여 경제생산을 극대화함으로써 앞서 설명한 관행을 강화시켰다.

국가사회주의 국가의 후발 또는 '따라잡기' 산업화와 비교할 때 자본주의 개발국가의 산업화는 계획 정도가 훨씬 약하고 '일관성이 없는' 경험이었다.[10] 후발 또는 압축적 자본주의 개발을 성공적으로 이끈 동아시아 개발 통치체제의 형성, 운영, 변화는 정치경제학, 정치학, 비교사회학에서 일련의 방대한 연구들을 이끌어냈다. 이러한 연구들은 개발 통치에 대한 어떤 연역적인 체계에 따라 유지되거나 구성되지 않았음에도 후발 자본주의 개발에서 성공적이었던 국가 사례의 다수가 이른바 '개발국가'의 사례에 해당함을 공통적으로 보여준다. 안타깝게도, 앞서 언급했듯이 압도적으로 생산주의를 지향하는 여러 개발국가를 분석하면서도, 논의의 초점이 생산주의에 머물고 사회재생산 실태, 그리고 개발(주의) 정치경제의 중요한 구성 요소인 사회재생산과 경제생산 사이의 구조적 관계에는 충분한 관심을 기울이지 않았다. 다시 말해 사회재생산에 대한 개발국가의 입장과 영향을 새로운 연구 주제로 분석할 필요성이 여전히 남아 있는 것이다. 이 주제는 개발국가의 일반적인 사회정책의 기원 및 특성과 관련된 폭넓은 문제의식을 통해 접근해야 한다.

한국, 또는 동아시아의 일반적인 자본주의국가에서 국가가 따라잡기식 산업화와 압축적 경제성장을 추구했던 것은 사회정책 전면의 개발자유주의를 통해 뒷받침되었다(Chang, K. 2019). 특히 노동, 복지, 교육과 관련된 사회정책은 일반적으로 정책에 대한 지출 수준과 제도 구성에 따라 보수 혹은 진보로 나뉘긴 했지만, 국가의 개발주도주의는 경제성장 극대화를 위해 사회정책과 민생을 체계적으로 활용하거나 희생시키는 효과로 이어지는 경우가 많았다. 이러한 점에서 한국은 사회정책 차원에서 개발자유주의 국가라고 할 수 있다.

개발국가의 주요 관심사는 말할 것도 없이 신속한 산업화와 경제성장이며, 반면에 사회정책은 다른 독립된 정치·행정 기구에 위임되지 않았다. 또한 개발국가 자체가 일부분 문화적 이념(특히 유교 가족주의)으로 포장된 사회정책의 기본적인 자유주의 원칙에 책임이 있었으며, 최근에는 (유럽 대륙 방식의) 보수적 사회보험 프로그램을 기존 사회정책에 덧입혔다(Chang, K. 2019, 4장). 이러한 지점들은 개발국가의 속성인 경제개발 목표와 자유주의적 사회정책 간의 체계적 관계를 실증할 필요를 나타낸다. 다시 말해 경제개발주의와 사회정책 및 관행 간의 구조적 관계를 그저 제로섬 관계로 추정해 이해하는 대신, 보다 체계적으로 분석해야 할 실천적·학문적 필요성이 있는 것이다. 특히 사회정책 사안의 억제나 희생과 관련하여, 이처럼 사회정책이 '제한'되는 동기, 조건, 방식, 그러한 조치의 결과에 대해 이것이 미국의 경우 같은(혹은 그보다 덜한 사례로 다른 이주민 지배 사회들 같은) '자유주의적 자유주의'와는 다른 '개발주의적 자유주의'일 가능성을 체계적으로 실증할 필요가 있다.[11]

사회재생산과 관련하여 개발자유주의 국가는 다음과 같은 특징을 보였다.[12] 1)가족농과 노동 집약적 제조업의 급속한 쇠퇴에서 드러났듯이, 공공과 민간의 자원을 순차적으로 선정된 전략적 산업('선도적 분야')에 최대한 동원해야 한다는 이유로 국가의 개발 우선순위에서 배제된 부문에서 노동력의 사회재생산에 대한 공적 지원은 단호하게 거부되었다. 2)사회재생산의 책임과 비용은 최대한 노동자와 그 가족에게 전가되었으며, 드물게 제공되는 사회재생산을 위한 공적 지원마저 사회적 임금이 아닌 비용 융자나 보조의 형태로 제공되었다. 3)주택, 보건, 교육과 관련하여 드러났듯이, 기본적인 사회재생산재의 시장 상품화가 보편적으로 용인되거나 은밀하게 장려되기까지 했으며, 이와 관련하여 다양한 유형의 사회재생산 관련 대출이 고안되어 제공되었다. 4)특히 공교육 부문에서 드러났듯이, 경제생산주의나 개발주의 정치경제 일반을 정당화하고 촉진하기 위해 사회재생산의 특성과 내용이 임의로 조작되었다. 이러한 특성을 종합하면, 개발자유주의는 경제생산과 사회재생산 간의 비대칭적 관계를 체계적으로 구조화하여 압축적 근대성의 생산주의적 성격을 강화시키는 사회정책 체제로 볼 수 있다.

개발자유주의 국가의 사회재생산에 대한 소극적 혹은 보수적 입장은 시민들의 일상생활과 가족관계에 심각한 경제·사회적 부담을 줄 수밖에 없었고, 이는 사회불만과 정치적 저항을 일으키는 심각한 원인이 되었다. 특히 사회·경제적 자원의 가족 간 격차는 사회재생산에서의 격차로 이어져 사회·경제적 경쟁에서 불평등한 조건을 체계적으로 증폭시킬 수 있다. 그러나 대다수 한국인은 가족의 의무로서 사회재생산에 최선을 다해왔는데, 여기에는 빠른 경제성장으로 말미암은 소득수준의 광범위한 향상이 큰 기여를 했다. 무엇보다, 대다수가 국가의 개발(자유주의) 노선에 저항하는 대신, 가족관계와 개인 생활을 개발주의적으로 영위하고자 노력하여 보수적 정치·경제 질서에 적극적으로 결합했다.[13] 예를 들어 한국인의 자녀 교육에 대한 투자는 전 세계에 비교 대상이 없을 정도이며, 자녀들이나 형제자매의 경제활동에 대한 재정 지원이 당연시되는 경우가 많았고, 농업과 같은 사양산업에서 신속하게 철수한 것 또한 형제자매나 자녀들이 (도시에서) 새로운 유망 산업을 탐색하고 이에 종사한 것과 연관이 있다(Chang, K. 2010a; 이 책의 8장 참고). 반면 사회재생산의 장기적 안정화에 대한 고민과 준비는 개별 가족들 역시 개발자유주의 국가와 마찬가지로 미비했다. 최악의 사례를 들어보자면 한국 노동자와 개발자유주의 국가 모두 노령연금 준비에 일반적으로 오랜 기간 무관심하여 노인층에 빈곤과 개인적 절망이 만연하게 되었으며, 한국의 노인 자살률은 세계 최고 수준에 이르게 되었다.[14] 요약하자면 개발국가와 개발가족은 투기·도박적 특징으로 점철된 사회재생산 체계를 유지하면서 서로 담합해 왔다. 가족들이 거시 수준의 개발주의에 근본적인 가치를 두거나 이에 따라 행동하는 것이 아닐 수도 있겠지만, 그럼에도 이들은 그러한 거시 경제 질서를 일상의 미시적 차원에서 내면화하고, 그러한 질서에 수반되는 물질적 기회 구조에 매우 민감하게 대처함으로써 개발 통치 질서의 가장 기초적인 단위로서 기능한다.[15]

앞서 언급했듯이, 계급(노동) 측면에서 한국의 사회재생산 위기는 다음 섹션에서 다룰 것이며, 인구(학)적 차원의 대다수 주제는 9장에서 설명하겠다. 국가가 일부 전략산업에만 주력하고 그러한 전략산업의 수출 기반 강화를 지원하기 위해 무분별한 무역자유화를 진행하는 산업 재편을 매우 빠른 속도로 실시하면서, 농업과 단순 제조업 같은 전통산업은 이내 하나둘씩 유기되었다. 그 결과 이러한 산업에 종사했던 많은 인구가 경제생활과 사회재생산에서 근본적인 위기를 맞았고, 이는 거시 경제와 사회환경의 불안정성을 심화시켰다. 이어서 필자는 국가의 압축적 자본주의 개발과 이후 농촌 및 도시 산업의 계급 구성원들에게 닥친 사회재생산 위기의 핵심 구성 요인으로서, 경제생산과 사회재생산 간의 비대칭적 관계를 살펴볼 것이다.

7-3 농가 재생산 주기의 와해

가부장적 가족조직을 토대로 농업 생산과 사회재생산을 유기적으로 통합한 전통적인 가족농(Chayanov 1986)은 한국뿐 아니라 인류 역사를 통틀어 가장 보편적인 미시 사회제도로서 근대까지 명맥을 유지했다. 그러나 반세기 동안의 산업자본주의 이후 한국은 가족농이 절멸될 위기에 처했으며 농업 인구 비중이 전 세계에서 가장 낮은 수준이다. 그나마 남아 있는 이들 중 대다수는 자녀들이 도시로 떠나고 남은 노인들이다. 농가의 근본적인 붕괴는 가족 재생산 주기의 여러 단계에서 농가의 분포를 살펴보면 체계적으로 알 수 있다(장경섭 2018, 6장). 즉 남은 농가에서 불과 소수만 가족 형성과 확대 단계에 있고 나머지는 가족 감소나 해체 단계에 있다. 따라서 한국 농촌에서 농가가 경제생산과 사회재생산의 기본 단위로서 기능하는 데는 근본적인 한계가 있다.

이 같은 농가의 절멸 추세는 농민들 자신이 가족 발전전략으로서 자녀와 형제자매가 산업자본주의의 경제적 기회들을 최대한 얻을 수 있는 도시에서 취업하도록 한 데서 주로 기인한다.[16] 이러한 방식으로 대다수 농가는 사실상 도시 경제를 위한 사회재생산 조직으로 기능해왔다. 그러나 그러한 적응 행동은 개발국가 및 동맹적 산업계가 함께 밀어붙인 '비순환적' 또는 '돌진형' 자본주의 산업화에 구조적으로 종속된 가운데 농민들이 느끼는 패배주의를 반영한 것이기도 하다. 대다수 농민은 사회계급으로서 집단 저항하는 대신 개별적으로 개발국가에 투항했다. 개발국가는 한편으로는 농업, 농민, 농촌에 배태된 경제·사회·문화·생태적인 복합적 가치를 인정하기를 거부하거나 보호하는 데 실패했고, 다른 한편으로는 특히 세계적 자유무역의 시대에 수출 중심 자본주의 산업의 성장 극대화를 이루기 위해 농업이 희생될 수밖에 없다는 전제를 굳이 숨기려 하지 않았다.

농촌 주민들의 개별적인 투항은 젊은 여성들에게서 특히 두드러졌는데, 이들은 농가의 가부장적 생산·재생산 체계의 사회적 압력에서 벗어나고자 했다(김주숙 1994). 6장과 9장에서 자세히 설명했듯이, 이는 농촌 총각들의 결혼 위기를 불렀다. 사회정책 측면에서 (개발자유주의) 국가는 전략적 개발 가치를 상실한 것으로 보이는 농촌 인구의 사회재생산에 공적 투자를 하고 지원할 필요성을 크게 느끼지 못하는 듯했다.[17] 오히려 최근 여러 지방정부가 근본적인 예산 부족에 시달리면서도 자체적인 정치·행정적 생존을 위해 농촌 인구의 사회재생산을 안정시키고자 많은 노력을 기울이고 있다. 최근 국가와 산업적 동반자들의 신자유주의 세계화 시도는 경제개발정책에서 농업의 희생을 공공연하게 심화시켰는데 미국, 칠레, 호주, 캐나다, 베트남 등의 농산물 수출국과 무차별적으로 자유무역협정FTA을 추진해온 것이 그 예이다.[18] 역설적이게도 6장과 9장에서 설명했듯이, 농촌에 남은 미혼 남성 농민들 사이에서 사회재생산의 마지막 보루로서 세계화 과정의 또 다른 측면인 국제결혼이 빠르게 증가했다(Kim, H. 2012, 2014). 농사를 물려받으려는 후계자가 없는 농촌 노인들의 경우, 연령이 만 60세 이상이고 영농 경력이 5년 이상이면 농지를 담보로 월 소득을 얻을 수 있는 농지연금에 가입할 수 있다.

7-4 산업노동자 생애사와 사회재생산

돌진형 경제개발 전략은 도시 프롤레타리아 가구 대다수의 사회재생산 체계를 무너뜨렸다. 종신 고용은 한국 산업에서 상당히 제한적인 범위의 노동자들에게만 매우 특권적으로 적용된 반면, 대다수 노동자의 생애사는 빈번한 고용 중단과 산업별 복잡성 문제로 점철되었다(Choi and Chang 2016). 산업화 초기에는 값싼 노동력 기반의 수출경쟁력을 갖추기 위한 기업의 필요 조건에 따라 산업노동자 자신들에게조차 산업노동이 이상적인 경력이 되지 못했다(Koo, H. 2001). 개발 후기 단계에 일부 수출 중심 산업의 재벌이 이끈 산업구조 전환은 "피고용자의 숙련된 기술 향상을 토대로 한 생산자계급 공동체의 사회적 발전이라기보다는 기술 아웃소싱을 토대로 한 기업 구조조정과 확대"(Kong, T. 2012)였다.

이 과정에서 산업노동자의 상당수가 기업의 기술 전환과 공장 자동화에 따라 구조조정 되었다. 게다가 1997~1998년 IMF의 경제 관리를 초래한 국가 금융위기 이후 많은 기업이 신입사원을 채용할 때 숙련도에 상관없이 정규직 고용을 꺼리게 되었다(Chang, K. 2019, 4장). 또한 기본적으로 기업 중심의 산업정책에 종속된 노동정책은 수출 중심 재벌에 필요한 경우가 아니라면 기존 직원들의 인적자원 개발에 초점을 두지 않았다. 한국이 노동자의 인적자원에 산업 발전이 체계적으로 반영, 구현되지 않는 산업체계를 고수하는 한 독일이나 일본과 달리 장기적으로 사회적 통합을 실현하는 경제로 도약할 수 없을 것이다.

대다수 산업노동자의 취업사에서 구조적으로 빈번한 고용 중단이 발생하고 여기에 임금 수준 억제가 더해지면서, 이는 가족 부양자로서의 역할을 안정적으로 수행하는 데 심각한 걸림돌이 되었다. 보다 근본적으로, 산업노동자가 자신의 직업을 국가 경제발전의 인적 체현으로 인식하지 못하는 상황에서, 자신의 직업을 가족의 다음 세대에 물려주려는 의도에 기초한 산업노동의 사회재생산은 일어나지 않는다.[19] 세계적인 성공을 거둔 자동차 제조업체인 현대자동차의 노조원들이 자신들의 정규직 지위를 자녀들에게 상속하게 해달라고 회사 측에 요구한 적이 있다는 것은 흥미로운 역설이 아닐 수 없다(《경향신문》 2011년 4월 14일). 언론에서 심도 있게 다뤘던 이 사건은 범사회적 차원에서 노동계급의 주요 기구인 대기업 노조의 그렇지 않아도 위태롭던 사회적 평판에 큰 타격을 입혔다.

7-5 도시 빈곤가족: 신·구 사회적 위험에 동시 노출된 여성들

앞서 가족농이 경제생산과 사회재생산을 유기적으로 결합하는 사회체계라고 지적한 바 있다. 이 같은 복합적 기능은 도시 빈곤 가구의 여성들에게도 나타난다. 특히 고학력·전문직 여성의 평생 취업이 새로운 추세로 급부상하고 있지만, 기혼 여성의 장기적 경제 참여는 빈번하게 중단되기는 해도 도시 저소득층에서도 널리 관찰되는 현상이다. 고용 상태에 있는 많은 저소득층 중년 여성들은 결혼 전 취업했다가 결혼 후 출산과 육아를 위해 일시 퇴직한 뒤 중년에 재취업하는 'M자형 노동 생애'를 통해 가족의 사회재생산과 소득 유지에 기여했다(Chang, K. 2010a, 5장). 그러나 계급 내 동질혼이 강한 사회에서 이들의 배우자들은 대체로 불안정하고 소득이 낮은 직업에 종사했고, 자신들의 직업 역시 단순 서비스직에 집중되었다.[20] 이는 맞벌이 소득으로 당대에 계층적 지위가 상승하거나 자녀들의 교육 경쟁에 사비를 지출하여 다음 세대의 계층 상승을 이룰 가능성이 희박함을 의미한다. IMF 경제위기 이후 계층·계급적 불평등 구조는 오늘날 대다수 한국인이 짐작하는 대로 상당 부분 고착화되었다.[21]

도시 서민층 기혼 여성들의 삶에는 언제나 투쟁적인 헌신이 필요했는데, 특히 이들은 최근에는 '신사회 위험new social risk'에 추가로 노출되어 개인의 부담과 고통이 악화되었다(윤홍식 2008).[22] 무엇보다 한국에서 압축적 인구 노령화가 진행되는 가운데 이미 연로한 양가 부모의 수명이 연장되면서 도시 서민층 기혼 여성들은 임금노동의 '1차 근무'와 가계 살림의 '2차 근무'에 이어 노년 가족 피부양자의 주된 돌보미로서 '3차 근무' 부담을 져야 한다(Hochschild 1990 참고). 과로에 시달리고 가족에 대한 과도한 금전적 지원을 책임졌던 중년을 거쳐온 노년층은 만성질환에 시달리는 경우가 많으며, 노년을 위한 안정적인 소득기반을 충분히 확보한 경우가 드물다. 최근에는 성년이 된 자녀의 취업 실패와 이에 따른 교육 수요 증가, 남편의 만성적인 직업 불안정과 같은 탈산업 및 신자유주의 경제 위험으로 여성들의 다차 근무 생활이 더욱 악화되었다.[23] 9장에서 자세히 설명하겠지만, 성인 자녀의 고용 지위가 점점 불안정해지고 이로 인해 만혼, 비혼, 이혼이 빠르게 증가하면서 최근 중년과 노년 여성들은 가정에서의 역할을 다음 세대의 가족들에게 맡기고 여유로운 여가와 보람 있는 생활을 누릴 여유가 없어졌다(《조선일보》 2011년 1월 14일). 딸이 자신과 같은 삶을 살지 않기를 바라는 대다수의 중년 여성들은 "엄마처럼 살고 싶지 않다"며 비혼 선언을 하는 딸의 의사에 정면으로 반대하지 않는다(김고연주 2013). 안정적인 중산층이 갈수록 사라지면서 결혼에 대한 회의감을 세대 간에 공유하는 경우가 지속적으로 증가하고 있다.

7-6 부채로 지탱되는 생계: 사회재생산의 금융화

과거 농경사회에서 토지 소유구조의 왜곡으로 농민들이 정상적인 경제활동을 할 기회를 박탈당하고 가난에 내몰리면서,

많은 농민이 지주의 고리대에 의존하다가 결국에는 농업 생산과 사회재생산 수단(가축, 농지, 가재도구, 가옥)을 빼앗기는 상황에 이르렀다. 일부는 자녀와 아내를 내주기까지 해야만 했다. 이는 빈곤의 금융화 과정을 통해 개인과 가족의 삶이 파멸을 겪은 과정이라 할 수 있다(Chang, K. 2019, 5장).[24] 21세기 한국에서는 보수정권에서도 심각한 우려를 표명할 정도로 가계 부채가 폭증했는데, 이 역시 빈곤의 금융화가 만연함을 보여주는 것으로, 평범한 한국인들은 일과 생계에서 만성적인 구조적 위험에 시달리고 있다. 부채 상환에 대한 과도한 부담은 빠른 속도로 많은 개인과 가족이 끔찍한 핍박에 처하게 만들었으며 결국에는 가족해체와 자살 같은 파국으로 이어진다. 절박한 상황의 부모들이 물질적 보호 없이 남겨진 자녀의 비참한 생활을 우려하여 어린 자녀를 살해하고 스스로 목숨을 끊는 경우도 많다(이현정 2012).

한국 가계의 평균 부채-소득 비율은 과도한 부채로 악명 높은 미국의 가계 수준을 뛰어넘었다. IMF 경제위기 이후 급격한 경제구조 재편으로, 일부 기업의 경제적 기회와 이익을 극대화하기 위해 농업 및 노동 집약적 경공업의 대대적인 희생이 요구되었으며 다수의 산업 생산(과 일자리)은 해외로 이전되었다(Chang, K. 2019, 4장). 이 과정에서 경제활동 기회를 박탈당한 한국인들은 상실된 임금이나 사업소득을 가족 자산 처분, 친인척의 재정 지원과 대출 보증, 소비자 대출 등으로 보충해야 했다. 이 같은 사회 추세와 더불어 정부는 금융산업을 개발주의 산업

정책의 새 영역으로 설정하고 다양한 금융 서비스 상품의 개발과 금융기관의 공격적인 사업 확장을 지지하고 때로는 장려하기까지 했다(Chang, K. 2016). 특히 신용카드 기반의 유사 대출인 카드론과 주택담보대출이 2000년대 들어 폭발적으로 증가했다.

가족이나 개인의 사회재생산을 위한 최소한의 물적 자원이 정상적인 생산활동이 아닌 금융 서비스를 통해 조달되면서 사회재생산의 금융화가 진행되고 있다고 볼 수 있다. 부채 상환의 압박이 과도한 상황에서는 여러 어려움을 딛고 경제활동을 재개하더라도 고용주나 거래 상대자를 대상으로 정상적인 협상력을 가질 수 없으므로 경제활동에서 비정상적으로 불리한 조건에 처하게 된다(Chang, K. 2016b). 채권자가 권리를 악용하여 사실상 노예노동과 다름없는 경제활동을 요구하는 경우도 비일비재하다.[25] 심지어 일부 채권자들이 채무자에게 장기 매매에 동의하도록 강제하는 일도 벌어졌다(《민주신문》 2011). 이러한 방식을 통해 금융 부채는 생산체계에서 계급 지위를 구성하는 또 다른 조건이 된다.

채무자의 지위가 일반 시민들 사이에서 보편화되면서 각 정권은 다양한 금융 지원 프로그램을 구상하여 제공하고자 했다(Chang, K. 2016b).[26] 교육, 주택 등을 위한 다양한 국가 지원 상업 대출 프로그램이 새로 도입되고 확대되는 것에서 드러나듯이, 사회재생산의 모든 측면을 아우르는 금융 서비스 제도가 마련되어왔다. 그러나 대학 등록금의 급격한 인상, 주택과 토지 거래를 통한 투기적 이익의 보호 등 사회재생산재 공급에서의 경제적 왜곡을 정부가 방조하는 상황에서, 정부가 빈곤층의 사회재생산재 접근을 돕기 위해 구상하거나 장려하는 상업 대출 프로그램이 본질적으로 사회정책인지, 아니면 새로운 산업정책을 가장한 것인지 분간하기 어렵다.(문재인 정권은 사회적 대상이 정해진 대출 프로그램을 폭넓게 이어받았으나 가계대출 증가세는 잡지 못했다.)

7-7 결론 및 전망: 압축화된 사회적 박탈 이후

한국(과 다른 동아시아 사회)에서 근대성은 기본적으로 개발주의적이거나 생산주의적인 방식으로 인식되었기 때문에, 근대화는 근본적으로 시간 단축적 경제개발을 달성하고 최대한 빠르게 선진국이 되기 위한 정치·사회 프로그램이 되었다. 이처럼 명백하게 압축적 국가 개발을 지향하는 접근에는 경제생산을 극대화하기 위한 다양한 제도, 정책, 조치가 필요했으며, 사회재생산의 조건과 과정을 체계적으로 희생한 것도 이와 무관하지 않다. 경제생산과 사회재생산에 대한 비대칭적 접근 방식을 취한 한국의 압축적 경제개발은 생활경제 부문, 사회적으로 보람 있는 노동과정, 문화적으로 자주적인 가족과 공동체, 생태적으로 체화된 생활양식 등의 위축이나 소멸을 야기했다. 국가가 선진적인 산업, 물적 기반시설, 서비스, 생활양식을 촉진시켰지만, 이제 문명과 경제 발전은 개발에만 초점을 맞춤으로써 사회재생산을 위한 지원 가치가 없어 사실상 '버려도' 된다고 여겼던 요소들, 즉 다양한 계급, 세대, 공동체, 문화, 지혜의 권리 박탈과 소멸로 말미암아 그 의미가 근본적으로 퇴색했다.

지금까지 한국의 산업과 구조 재편, 9장에서 설명할 인구(학)적 변화와 관련한 사회재생산의 위기를 개괄적으로 살펴봤다. 이상에서 필자는 압축적 근대성이 압축적 (경제) 성장과 압축적 (사회) 박탈의 조합이라는 결론을 내릴 수 있었다. 한국은 거대한 산업 개발을 앞세워 기적적인 경제 성과를 이루기 위해 구조적으로 농업, 노동, 인구, 문화, 생태의 사회적 기반과 전통 문명의 기본 요소들을 광범위하고 급진적으로 유기·희생시켜왔다. 거대 산업으로 구성된 한국 경제의 장기적 지속 가능성은 그 자체로 진지한 논쟁의 대상이며, 한편으로 21세기에 한국인들은 안정적인 농촌 생활, 보람을 느낄 수 있는 산업 일자리, 확실한 가족 생계, 충분한 인구 유지, 예측 가능한 생애경로, 믿을 수 있는 국가 정책체계와 생활세계가 급속히 흔들리는 상태에서 삶을 영위해야 한다. 포괄적이고 급속한 사회적 박탈이 진행되는 가운데 한국 사회의 포스트 압축근대적 현실은 개인, 사회, 문화, 인구, 경제의 시민적 본질이 급진적 액체성radical liquidity(Bauman 2000)으로 점철될 가능성이 매우 높다.

8장

사회제도적 미비와 사회인프라 가족주의

8-1 도입: 사회인프라 가족주의—위로부터, 아래로부터

8장에서는 한국의 압축적 근대성에서 핵심적인 사회인프라 역할을 한 가족 규범, 관계, 자원의 거시 구조적 중요성을 폭넓게 분석한다. 한국인들은 기본적으로 가족에 의존하는 방식으로 현대사를 보냈고 국제적으로 부러움을 살 만한 여러 성과를 거뒀다. 한국 근대성의 압축적 성격은 가족이 사회인프라로 수행한 여러 유용한 역할과 구조적으로 얽혀 있다. 한국 가족의 사회·문화적 성격, 조직구조, 자원 특성을 살피는 것은 개인 일상생활의 세부적 측면뿐 아니라 필자가 전작에서 종합적으로 설명한 바 있는(Chang, K. 2010a) 사회, 경제, 정치 영역의 거시 구조적 조건과 변화를 설명하는 데 필수적이다.

한국 사회의 이러한 특징은 가족 중심의 생활 유산인 유교 전통에서 비롯되었을 뿐만 아니라 보다 중요하게는 한국인들이 다양한 근대 사회·문화·정치·경제적 요인에 대처하는 과정과 방식에서도 비롯되었다. 식민지 시기에는 민중에 대한 경제적 착취와 정치적 학대가 만연했고, 전쟁 시기에는 사회관계와 경제활동에서 안전성이 사라졌으며, 전후에는 지배 엘리트들이 시민들의 삶을 독재적으로 억압하는 데 그치자 대다수 한국인은 가족을 자신의 보호와 생존을 도모할 수 있는 유일하게 신뢰할 만한 존재로 여기게 되었다.[1] 그러나 국가가 국가경제 개발과 사회제도 근대화를 효과적으로 관리하게 된 이후에도 한국인이 가족 규범, 관계, 자원에 의존하던 관행은 사라지지 않았다. 사실 한국 근대성의 가족적 특성은 그 방식이 지속적으로 변화했을 뿐 계속 강화되었다. 국가와 그와 연관된 사회적 행위체들은 가족 중심의 헌신적 삶을 유지하려는 대중의 열망을 통해 여러 전략적 실리를 챙겼다.[2]

해방 이후 정부는 1940년대 후반부터 근대화와 개발에 나서면서 한국에서는 낯선 서구 반영적 이념과 목표를 서툴게 덧입힌 관료적·선전적인 통치 방식을 취했는데, 이 과정에서 상의하달식 국정을 시민들에게 제대로 설명하는 데 실패했다. 무엇보다, 상황에 따라 즉흥적으로 대처하는 식이었던 자유주의 국가에서 시민들을 국가 개발과 사회 근대화에 체계적으로 포함시킬 수 있는 재정적 자원과 기본적인 사회제도가 미흡했고, 그 결과 사회 통치가 만성적으로 불안정해졌다. 전쟁 직후 미국의 해외 원조와 제도·법률 자문을 받았음에도 국가가 제 기능을 거의 하지 못하자, 제한적이나마 동등하게 배분받은 토지를 경작하는 농민이 대다수였던 서민들은 가족관계와 의무를 중심으로 지역 차원에서 재구성한 규범에 따라 물질적 생계와 공동체 질서를 실현해야만 했다(정진상 1995).

그럼에도 국가는 1960년대부터 사회·정치와 경제 변화에서 제 속도를 내기 시작했다. 박정희의 집권 이후 독재적 '관료' 권위주의 국가가 세계가 괄목하는 한국의 개발 및 근대화 성공을 주도한 것으로 평가되지만, 국가의 일상적 목표를 추진하는 데 있어 일반 시민들의 가족 규범, 관계, 자원에 크게 의존했다. 8장에서 곧 설명하겠지만, 이러한 현실은 농촌 이주 노동력의 안정적인 공급에 기반한 초기 산업화(Lewis 1954), 인적자원의 지속적 개선을 가능케 한 높은 교육 수준, 만성적으로 부족한 공공복지의 완충장치 역할을 한 가족 지원과 돌봄에 대한 부양 윤리 지속 등 한국의 개발과 근대화에 관한 거의 모든 주요 특징 및 조건과 관련하여 분명히 드러났다.[3]

사회·역사적 맥락에서 가족주의는 단순히 특정 개인이나 집단이 사적으로 표방하는 특징이나 가치만은 아니다. 한국에서 국가는 그 자체로 (가족주의적) 시민을 조직하고 이끄는 데 있어 가족주의 성격을 보여왔다. 근대 세계의 대다수 국가들과 마찬가지로 한국은 가족관계, 목표, 의무에 대한 개별 시민의 사적 가치를 민간·공공 문제 해결을 위한 법률과 사회정책 원칙에 의식적으로, 공식적으로 반영하고 있다.[4] 그러나 국가가 실질적으로 주도한 가족주의 국정은 개인들의 사적인 가족주의적 가치로 축소될 수 없는, 필자가 '사회인프라 가족주의'라고 제안한 분명한 기술관료적 노선을 나타낸다. 이어서 필자는 한국이 재정·제도적으로 극도로 어려운 상황에서 국가 개발과 근대화를 추구하면서 시민의 가족 규범, 관계, 자원이 갖는 다양한 사회인프라적 효용을 발견하고 활용했음을 설명할 것이다. 반대로 국가의 이러한 실용적 가족주의는 시민 개개인이 자신의 가족에 대한 헌신과 협력을 통해 국가적 개발 참여와 사회·정치적 지위 확립을 체계적으로 촉진할 수 있음을 깨닫게 만들었다. 사회인프라 가족주의는 위로부터와 아래로부터의 양방향에서 추동되었다.

8-2 가족과 근대성: 학술적 논의와 역사적 현실

사회관계, 인구(학)적 구조, 규범과 이념을 비롯한 한국 가족의 여러 요소들은 미국 기능주의의 지대한 영향 아래 사회학과 관련 학문에서 연구되었다. 한국 사회학자들은 이 이론이 급속한 도시화와 산업화 과정에서 가족구조와 관계의 변화를 해석하는 데 상당히 유용하다는 것을 발견했다.[5] 먼저 근대 가족 변화에 대한 기능주의적 설명을 검토하고, 이것이 한국 사회와 관련하여 갖는 이론적·경험적 한계를 살필 필요가 있다. 이는 사회인프라 가족주의 논의가 가족생활과 사회 변화의 다양한 역사·

사회제도적 조건을 강조하는 신기능주의 노선이기 때문이다.

근대 가족 변화에 대한 기능주의적 설명은 크게 두 가지 이론적 요소로 구성된다. 첫째, 전통적 가족조직과 가족문화의 약화는 산업화를 중심으로 하는 사회·경제 근대화의 전제 조건이자 결과로 간주된다. 예를 들어 윌리엄 구드는 가족 유형의 변화, 특히 핵가족화가 산업화의 기능적 요건이라고 제시했다(Goode 1963). 이러한 근대 산업사회의 보편적이지만 최소화된 가족을 일반적인 것으로 전제하면서, 가족 연구는 가족 유형이나 가족 생애주기에 대한 형태학적 연구 등의 분야를 향했다. 기능주의의 두 번째 이론적 요소는 가족에 할당된 사적인 친밀성의 영역이다. 가족의 역할이 경제·정치 관계의 보다 거대한 사회 무대에서는 최소화되었으나, 가족의 보편성이나 우선적 지위는 이론적으로 가족이 갖는 정서적 지원과 정신적 회복 기능 측면에서 정당화되며 유지되었다. 가족은 사적 영역의 보호뿐 아니라 재생산과 자녀의 사회화에서 중추적 역할을 수행함으로써 파슨스 사회체계론에서 핵심적인 '유형 유지' 기제로 기능한다(Parsons and Smelser 1956). 이론적으로 근대 가족은 산업자본주의의 적대적이며 낯선 힘으로부터 개인을 보호하는 서정주의적이고 낭만적인 실체이다. 이러한 이론적 규정을 수용하는 새로운 사회학 분야에서는 근대 가족의 정서적 과정을 심도 있게 고찰하기 시작했다(Shorter 1988 참고).

이처럼 가족 연구 분야에서 좁게 정의된 많은 사안에 대한 풍부한 지식을 생산하는 동안, 가족을 장기적 거시 사회 변화의 양상, 결정 요인, 결과로 이해하려는 고전 사회학의 목표는 갈수록 간과되었다. 이러한 공백은 근대사가 근본적으로 가족 의존적 방식으로 진행된 한국과 같은 사회에서는 특히 문제가 된다. 한국과 같은 사회에서는 개인 일상생활의 구체적인 양상뿐 아니라 사회·정치 질서와 경제개발의 거시 구조적 변화가 토착 가족의 사회·문화적 특징, 조직구조, 자원 특성을 밀접하게 반영했다. 따라서 가족 질서가 개인적 생활뿐 아니라 거시적 경제·사회체제, 특히 국가 개발과 근대화에 미치는 사회적 영향의 정확한 그림을 제시하기 위해서는 실증연구와 이론연구 양쪽에 많은 혁신이 필요하다.

다행스럽게도 가족사회학의 기존 영역 밖에서 이와 관련 있는 수많은 이론적·실증적 통찰을 도출할 수 있다. 특히 1980년대 초에 세계의 다양한 지역과 사회의 근대화 및 개발 과정에서 일반 가족의 구조적 위치와 효용을 파악하기 위해 다수의 혁신적인 역사·인류·정치경제적 접근이 이루어졌다. 예를 들어 '인간을 우선시'하는 관점에서 제3세계 경제(저)개발과 사회 변화 과정에서 일반 가족의 역할과 경험에 대한 풍부한 연구 결과가 도출되었다(예: Safa 1982). 여러 활발한 학자들은 동아시아 자본주의의 가족적 기반을 파고들고자 했다(예: Redding 1980). 심지어 유럽 및 북미 사회와 관련하여 많은 역사사회학적 연구에서는 산업혁명 과정에 적응하고 촉진에 일조한 민중 가족의 적극적 역할과 노력에 대해 흥미로운 결과를 제시하기도 했다(예: Hareven 1982). 이와 관련하여 계급 갈등을 서구 사회 프롤레타리아 가족(Humphries 1982), 제3세계 사회 농가(Meillassoux 1981)의 착취와 투쟁 측면에서 분석한 시도도 있었다.

최근 한국의 역사와 사회 조건에 대한 여러 연구들에서도 이와 같은 해외 연구를 다양한 구조적 관점에서 가족과 사회 변화에 적용하거나 비교함으로써 설명력을 높일 수 있는 다양한 사회현상들이 지적되었다. 예를 들어 1960년대 초 전면적인 산업화가 시작된 이래로 도시 이주노동자, 행상, 초기 기업가, 기타 자본주의 산업화의 주체들이 경제적 성공을 위한 초기 자원을 마련할 수 있었던 원천은 (농촌) 가족 및 그와 유사한 사회적 특성을 공유하는 집단들이었다(Chang, K. 2010a, 6장). 주류 산업경제에서도 재벌의 소유와 경영에서 가족 중심 구조는 한국 자본주의의 핵심적 특징이다(Kang, M. 1996; Chang, K. 2010a, 7장). 가족이 (명백히 이념적으로는 그렇지 않더라도) 실질적으로 최우선적 영향력을 갖는 것은 다양한 비경제적 영역도 빼놓을 수 없다.

이러한 사회적 특성은 상속받은 전통일 뿐 아니라 근대의 발명인 측면이 있지만, 전근대 한국(특히 조선)은 사회질서, 정치, 경제에서 마찬가지로 가족 중심의 사회였다. 공식적으로 정치질서와 사회관계 원칙에 성문화된 유교 이념은 가족이 사회통제와 보호, 정치적 통치, 경제생산에서 중추적인 역할을 하도록 규정하여 조선 사회를 다스렸다(최홍기 1991). 일련의 규범, 관습, 법률들은 가족 중심의 생활에 대한 사고방식과 행동의 상세한 내용을 규정했다. 심지어 국가와 사회의 관계를 유사 가족 유형의 구속 관계로 설명하고, 국가와 왕권에 대한 개인의 충성을 부모에 대한 효를 확장한 개념으로 해석하기도 했다. 조선이 일본의 식민 통치를 받은 데 이어 해방 후 분단된 남한이 자유자본주의로 전환되어 더 이상 유교를 사회·정치적 통치 이념으로 삼지 않았음에도, 일본으로부터 독립한 이후 모든 시민들 사이에서 유교적 가족관계, 규범, 의례가 보편화된 것은 무척 흥미로운 일이다(장경섭 2018, 3장). 평범한 한국인들 사이에서 신전통주의적 문화 균질화가 나타난 것은 대체로 한국이 미국의 제도와 조언을 수용하면서 (토지개혁과 대의민주주의 측면에서 각각) 평등한 사회시민권과 정치시민권을 도입한 것과 현실적으로 상응했다(박태균 2008). 대다수가 소작농이었던 한국의 민중들은 정치·경제·사회적 평등(또는 균일성)으로 구성된 '3각 평등' 질서에 따라 물질적 생계와 사회 참여를 영위해나갔다.

해방 후 한국은 국가 형태 면에서 자유민주주의였지만 실제 사회체제와 문명적 특징이 매우 복합적인 상태였다. 이제 막 건국된 나라의 제도·사회·재정적 한계가 컸기 때문에, 시급하게 이뤄야 할 공공 개발과 근대화 목표를 이루기 위해 시민들의 노력과 자원을 어떻게 효과적으로 동원하느냐에 국가의 현재와 미래가 달려 있었다. 국가는 가진 것이 없는 상황에서 노동 집약적인 초기 산업 발전과 교육을 통한 인적자원 향상, 궁핍하고 취약한 시민에 대한 사회적 지원과 보호 등의 전략적 국가 목표를 이루기 위해 가족주의적 시민들의 열망과 자원을 일종의 사회인프라로서 활용하려는 노력을 기울였다. 이는 오늘날까지 이어지고 있는, 대체로 가족 의존적인 사회·경제정책 체제를 낳았다. 이러한 정책 노선은 대다수 한국인이 가족에 기반하여 자발적인 노력과 비용에 기초해 국가적 핵심 목표들의 추진 과정에 동참하도록 만들었다. (막스 베버가 주장했듯이) 서유럽의 자본주의 발전에 칼뱅주의 개신교가 의도치 않은 윤리적 효과를 발휘한 역사에 비견할 만한 현상이 일어났는데, 신전통주의 유교 규범과 관계를 비롯한 일반 한국인 가족의 사회·문화적 특징이 의도치 않은 사회적 중요성을 부여받아 국가 근대화와 개발을 위한 필수적 기반 자원의 기능을 한 것이다.[6]

8-3 후발 자본주의 산업화와 가족적 계수들

대다수 탈식민 사회에서 근대적 경제개발은 제조업을 사회의 경제적 중추로 육성하여 농업을 대체하는 산업화와 동일시되었다. 산업화는 대체로 농업에 기반한 가족의 사회·경제·제도적 중심성이 약화되고, 궁극적으로 생산 물자의 기계화된 생산을 위해 고안된 특수한 경제조직으로 대체되는 역사적 과정으로 간주되었다. 그러나 한국의 산업화와 탈산업화 전환은 이 같은 단순한 설명으로는 제대로 이해할 수 없다. 가족의 사회·경제·제도적 중요성은 유지되거나 심지어 새롭게 확립되었는데, 이는

1)해방 후 보편적으로 회복된 가족농(토지개혁)을 토대로 사회·경제가 안정화하고, 2)1960년대 이후 전국의 가족농들이 양질의 산업노동자를 지속적으로 공급하여 초기 산업화가 신속하게 진행되고, 3)광범위한 가족 자영업이 사회적 완충장치 역할을 하는 가운데 자본 집약적 산업화와 탈산업적 전환이 빠르게 진행되면서 가능했다. 8장에서 이어 설명하겠지만, 이러한 근대·후기 근대에 가족의 경제적 기능은 사회복지, 교육 등에서의 중요한 다른 기능들과 결합된다.

무엇보다 한국의 가족농은 자본주의 경제개발이 빠르게 진행되는 데 필수적인 여러 기능을 수행했다. 역사적으로 동아시아에서 가족농은 단위 토지당 세계 최고 수준의 생산성을 보였는데, 여기에는 가족 생산조직의 지속력과 경제적 효율성이 큰 기여를 했다(김성한 1998).[7] 1940년대 후반부터 1950년대 초까지 진행된 한국의 토지개혁은 일제 강점기 수십 년 동안 왜곡되고 파괴된 전국의 가족농을 회복시켰다. 그후에는 빈곤 상태에서 급속한 증가세를 보인 인구가 가족의 도덕적 상호부양 관계를 토대로 농가의 영농 활동에 사회·경제적으로 흡수되어야 했다.[8] 인구가 많은 나라에서 가족농 생산의 사회·경제적 합리성(Roegen 1960; Chayanov 1986)은 특히 해방 이후 전쟁으로 폐허가 된 사회에서 중요했다. 가족농의 사회·경제적 수용력은 사회적으로 지속 가능한 경제개발을 위한 핵심적인 전제 조건이다. 곧 설명하겠지만 이는 효과적인 (노동 집약적) 산업화의 중요한 전제

조건이기도 하다.

기존의 사회학에서는 산업화를 근대 산업경제체계를 이루고 사회제도와 기술 조건을 확보하는 과정으로 간주했다. 그러나 한국과 같은 후기 개발사회의 역사적 현실을 고려하면 대규모 노동력이 농촌에서 도시로 빠르게 이동하는 초기 사회·경제 전환기가 경제개발의 가장 결정적인 단계라고 할 수 있다. 이러한 가능성에 대해 아서 루이스는 (농촌으로부터) "노동력의 무제한 공급하의 경제개발"이라고 체계적으로 설명한 바 있다(Lewis 1954). 이러한 초기 산업화가 1960년대 초 한국에서 시작되었을 때 농가는 산업화에 따른 다양한 '사회적 전환 비용'을 감당하여 또 다른 역사적 역할을 수행했다. 산업자본의 신속한 축적은 개별 농가가 감내한 산업화의 사회 전환 비용을 고려하지 않고서는 제대로 설명할 수 없다. 산업 발전의 기반을 양질의 값싼 노동력을 장기간 풍부하게 공급받는 것에서 찾은 루이스의 발상은 농촌에서 도시로 노동력이 이동하고 형성되면서 발생하는 비용을 가족 부양과 지원 차원에서 개별 농가가 부담해야 한다는 것을 가정한다(김흥주 1992). 이러한 비용에는 초기에 부모가 자녀를 노동력을 제공할 수 있을 때까지 키우는 데 드는 노력은 말할 것도 없고 도시 이주 비용, 주거 비용, 학업과 직업교육 비용, 장사 밑천, 직접적인 식량 제공 등이 포함된다(Chang, K. 2010a, 6장). 농가의 이 같은 비용 지출은 국가의 직접적인 사회적 기여가 없더라도 산업자본이 이른바 '인구 배당demographic dividend'

효과를 누리도록 만든다. 사실 인구 배당에서 '배당'이라는 개념은 사회·경제적 결실이 인구에 직접적으로 기여한 도시 이주노동자 가족에게 공정하게 배분되지 않는다면 문제가 된다.[9] 국가는 가족의 부담을 완화하기 위한 크게 의미 있는 사회 프로그램도 실시하지 않았으며 산업자본 역시 그 비용을 보상하려는 고민을 하지 않았다. 이와 관련하여, 한국 정부는 전례 없이 빠른 속도로 산업화가 진행되고 농업이 상대적으로 하락세에 접어든 1950~1960년대의 결정적 시기에도 농촌에서 도시로 자본이 유출된 것으로 추정했다.[10]

가족적 생산과 노동 지원의 경제적 중요성은 농민 인구에만 그치지 않았다. 도시의 많은 서민들은 가족 자영업과 같은 비공식 부문에 흡수되었다(한국가족학연구회 1992). 한국의 도시 경제는 경제개발 성공과 실패 모두로 말미암은 자영업 인구 비율이 매우 높은 상태를 장기간 유지했다(Choi and Chang, K. 2016; 김도균 2015). 2017년 기준으로 모든 피고용 인구 가운데 자영업 인구 비중은 한국이 25.4%로 모든 OECD 회원국 가운데 5위를 기록했으며 같은 기간 미국은 6.3%, 캐나다 8.3%, 스웨덴 9.8%, 독일 10.2%, 일본 10.4%, 프랑스 11.6%, 영국 15.4%, 이탈리아 23.2%였다(OECD 2019). 한국의 지속적인 따라잡기 경제개발은 산업구조가 자본 집약적 산업, 정보통신산업 등으로 끊임없이 급변하며 추동되었다. 산업 재편이 성공할 경우 이 과정에서 사양화된 산업의 노동자들이 체계적으로 경제에서 설 자리를 잃었고, 이들 대다수가 여러 종류의 자영업에 종사하게 되었다(Choi and Chang 2016). 1990년대 말 국가 경제위기는 이미 과도한 수준이었던 산업 구조조정과 이에 수반되는 노동 개편을 더욱 급진적으로 만들었다(Chang, K. 2019, 4장). 대다수 산업에서 기업들은 생존을 위해 대규모 구조조정과 임금 삭감에 나서야 했는데 노조조차 마지못해 사측 결정에 동의했다. 이후 경제는 눈부신 회복에 성공했지만 타격을 입은 산업 고용체계는 이렇다 할 회복을 보이지 못했다. 오히려 중국, 베트남 등 이웃 인구 대국으로 산업 생산이 공격적으로 옮겨 가는 초국가화가 진행되었다. 중국과 베트남의 한국 기업에 고용된 현지 노동자 숫자가 한국 내 모든 산업노동자를 합한 숫자와 비슷할 정도였다(Chang, K. 2019, 8장). 이 과정에서 대다수 국내 노동자들은 주류 산업에서 영원히 퇴출되어 온갖 종류의 가족 자영업에 뛰어들었다.[11] 한국이 세계적인 첨단산업에서 화려한 성과를 자랑하는 이면에는 경제적 시민의 대다수를 차지하는 서민들 사이에서 가족의 연대와 희생이 중요한 조직 기반이 되었다는 사실이 숨겨져 있다.

가족의 매우 독특한 경제적 기능은 재벌의 소유와 경영 구조에서도 찾아볼 수 있다. 대기업과 계열사의 핵심적인 사회적 특징은 소유와 경영 구조를 유지하는 데 있어 보편적으로 친족관계나 혼인에 기댄다는 것이다(공정자 1990; 조동성 1997; Kang, M. 1996). 가족에 기반한 기업 소유와 경영의 통제기제가 다른 자본주의 경제에서 나타나지 않는 것은 아니지만 한국의 경우는 분명 독특한 측면이 있으며, 이는 관련 기업의 조직구조와 경제적 행위에도 영향을 미친다. 대부분의 재벌 계열사에서 고위 경영진 가운데 요직과 최대 주주는 '총수 가족'이라고 부르는 동일한 친족집단 소속이다(조동성 1997; Kang, M. 1996). 즉 재벌 계열사의 최고 경영진은 총수 일가와 친족들이 장악하고 있으며 총수 가족의 의사결정이 멈추는 지점에서 기업의 핵심 이해관계도 멈춘다.[12] 총수 가족이 가족 간 분쟁이나 다음 세대로의 승계로 분리·해체되면 (우호적이지 않을 수도 있는) 새로운 재벌 집단이 형성된다. 재벌 공동체의 특정한 '가족 문제'는 기업의 중요한 문제가 되고, 이들이 국가경제에서 차지하는 지배적인 위치 때문에 심지어 국가경제 문제로 번지는 경우도 비일비재하다. 이러한 배경에서 소유와 경영의 분리는 예외적인 경우에만 일어난다. 개발 측면에서나 규제 측면에서 국가는 재벌의 가족화된 사업구조와 관행을 공식 승인한 적이 없지만, 자본주의 산업화의 특정 방향에서 재벌이 갖는 전략적 효용성은 국가가 이러한 관행을 암묵적으로 지지하게 만들었다(Chang, K. 2012b). 또한 재벌 계열사에서 노동쟁의가 발생할 때 노동자들의 저항은 종종 총수 개인이나 가족들을 향하도록 전개되며, 외부에서 고용된 경영진은 주목을 덜 받는다. 총수 가족과 프롤레타리아계급 간 갈등은 랄프 다렌도르프가 설득력 있게 설명한 서구의 노동자와 자본가 간 사회·정치적 타협 경험(Dahrendorf 1959)과는 분명히 구분되는 특징이다.

8-4 복지국가를 대신하는 가족적 자체 복지

한국이 빠른 경제성장 과정에서 '선성장 후분배' 전략을 오랫동안 취하면서 사회복지 재정과 조직체계가 매우 미비한 상태가 되었다는 것은 어느 정도 잘 알려진 사실이다.[13] 이러한 일반적 개발전략은 1980년대 말 노태우 정부의 '복지국가' 구호와 2010년대 초 차기 대선을 위한 복지국가 캠페인의 등장 등으로 이따금씩 재고되기는 했지만, 이처럼 개혁적인 사회복지 증진에 대한 단기적 선전이 끝난 후에는 습관적으로 개발주의 통치의 정치적 회귀가 반복되었다. 이러한 정치·경제적 맥락에서 가족은 시민의 복지를 위한 유일한 보편적 제도로 계속 기능했으며, 가족의 자체 지원은 빈곤, 질병, 장애, 기타 복지가 필요한 상황에서 개인을 구제하는 유일한 보편적 기제 역할을 했다(장경섭 2018). 문화적으로는, 가족 지원과 보호가 각 가족의 도덕적 행동일 뿐만 아니라 정치적으로 국가의 책임이라는 입장에 대해 국가와 사회 모두 이념적으로 완강하게 반대했다(Chang, K. 1997). (점차 이러한 생각이 약화되고는 있지만) 국가적 역사와 개인 생활에서 대다수 한국인은 유교 이념이 충만하여, 사회복지를 요구하는 여러 심각한 문제가 가족의 강한 연대와 개인 희생이라는 전통이 잘 지켜졌다면 방지할 수 있었으리라고 생각할 정도였다. 이러한 보수적 이해 속에서, 안정적인 가족생활을 위협하는 여러 사회문제가 발생하면 정부와 공동체가 집단적으로 문제 해결을 위해 노력하는 대신, 문제를 겪고 있는 가족에 속한 개인들을 사회 전체가 도덕적으로 비난하는 상황으로 이어졌다(Chang, K. 1997).

보다 근본적으로, 실제 행정 관행에서 개발주의 국가는 상호 지원과 보호에 대한 사적 책임 측면에서 사회정책 또는 사회시민권을 재정의하기 위해 최선을 다했다.[14] 무엇보다 공개적으로 내건 '선가정보호 후사회복지'라는 정책 원칙이 오늘날까지 대체로 유효하게 유지되고 있다. 이에 따라 사회복지의 다양한 공적 필요성을 충족하기 위해 가족이 활용되었다. 한국에서 개발국가는 산업자본주의에 수반하는 다양한 사회문제를 개인과 가족의 사적 책임으로 규정하고, 산업사회에서의 노동과 가정에서의 삶에 적합한 특정한 시민적 특성과 태도를 함양하도록 도덕적으로 조직화한다는 점에서 서구의 초기 근대 자유주의 국가와 일치한다(Donzelot 1979 참고).[15] 이를 통해 국가는 문화적으로 보수적이고 사회·경제적 성취에 의욕적인 시민들에게 개발주의를 호소하며 전략적 효과들을 거두어왔다.[16]

그러한 정책 노선의 구체적인 형태로 '가족복지'라는, 서구의 전통적인 가족정책과는 다른 독특한 모델이 등장했다. 가족복지는 형성 단계에 있는 한국형 복지국가의 핵심 요소로 간주되었다. 정부에서 복지 문제를 담당하고 있는 한 관계자는 "가족은 국가와 사회의 기본 구성 요소이므로 건전한 가족복지가 사회를 안정시키고 복지국가를 달성하는 데 도움이 되어야 한다"고 지적했다(Chung, D. 1991: 38). 한국의 가족복지를 이해하는 세가지 방법이 있는데 바로 가족을 사회복지의 대상, 기제, 제공자 중 하나로 인식하는 것이다. 첫 번째 가족복지 개념은 서유럽의 개념과 기본적으로 다르지 않으나, 세 번째 가족복지 개념은 보수적이고 복지국가주의 이념에 반하는 기술관료적 발상의 반복에 지나지 않는다. 반면 두 번째 가족복지 개념은 사회정책을 추진하는 독특한 전략을 시사하는 것인데, 예를 들면 한국(과 다른 동아시아 사회)에서 문화적으로 배태된 사회정책으로서 가족이 노인 돌봄 서비스를 제공하는 것이다.[17] 공식 정책에는 가족복지가 노인, 아동, 장애인 및 기타 지원이 필요한 사람들에게 가족관계의 사회제도 틀을 통해 지원을 제공한다는 취지가 담긴 것으로 보이지만, 실제로는 국가의 사회복지에 대한 책무는 여전히 불분명한 수준이어서 완곡하게 가족의 자기구제에 책임을 호소하는 것으로 풀이된다. 이러한 정부의 관행은 가족이 개발의 틀을 씌운 소극적인 복지정책 또는 개발국가의 사회정책 패러다임으로서 '개발자유주의'의 유지에 필수 불가결한 사회인프라임을 분명히 보여준다(Chang, K. 2019).

한국 시민들이 국가경제 개발의 시급성에 의견을 같이하고 이에 따라 개발(주의) 시민이 된 결과(Chang, K. 2012), 사회정책에 대한 국가의 최소화된 책무로 인해 민간이 부담해야 할 다양한 복지 수요는 이루 말할 수 없을 정도이다.[18] 앞서 언급했듯이 한국인들은 사생활에서 대체로 유교적 가치와 규범을 지켜왔는데, 친족집단과 (핵가족뿐 아니라 확대)가족 구성원 간에도 상호부조

의무가 과도하게 강조되었다(Chang, K. 1997; 장경섭 2018; 김동춘 2002).[19] 무엇보다 연로한 부모에게 효를 다하고 자녀들을 남부럽지 않게 양육하는 것은 '한국인의 미덕'으로서 보편적으로 지켜져왔다. 사회적으로 보수적인 개발국가는 시민이 노인 부양과 건강 보호의 막대한 부담을 자발적으로 나누고 청소년 교육비 대부분을 지출하는 최상의 조건을 누렸다. 그러나 1990년대 말 이후 가장들이 대대적 구조조정으로 주류 산업경제에서 분리되면서 가족에 의존하는 돌봄·지원 체계가 점점 실현 불가능하다는 것이 자명해졌다. 이와 관련하여 절대적인 숫자로 보나 비율로 보나 점점 더 많은 여성이 노동시장에 참여하고, 결혼과 출산을 받아들일지 아니면 회피할지를 신중하게 저울질하면서 이전과는 다른 개인적인 생애과정을 탐색하기 시작했다.[20] 가족의 자체 복지는 규범적으로 거부되어서가 아니라 실제적인 실현이 점점 더 어려워진다는 점에서 한국 청년들이 '준비되지 않은' 결혼과 출산을 기피하도록 만드는 경향이 있다(Chang and Song 2010).

8-5 '교육화'된 근대화와 가족이 지탱하는 공교육

한국의 해방 후 근대화는 근본적으로 교육 사업적 성격이 강했고, 따라서 교육 발전이 국가와 일반 시민에게 특별히 중요하게 간주되었다.[21] 3장에서 설명했듯이, 탈식민 국가의 서구 반영적 제도(주의) 근대화는 형식상 법적 선포에 기반하지만 이에 따라 설립된 공적·사회적 제도를 실질적으로 운영하기 위해서는 다양한 수준의 공교육을 통해 서구 지식을 집중적으로 흡수해야 했다. 시간이 흘러 국가의 산업이 부상하고 경제성장이 이어지면 국내 교육(서구에서 유래한 커리큘럼)과 해외 유학 모두를 통해 서구 사회의 과학기술 지식을 적극적으로 흡수하고 빠르게 축적하여 성장을 지지해야 한다. 제도 근대화와 산업 선진화가 공교육을 통한 서구 지식의 공식적 활용에 주로 기반하는 만큼, 한국의 사회체계에서 교육이 차지하는 부분은 매우 크다. 한국이 이러한 국가적 목표에서 대체로 성공 가도를 달리면서 정부와 민간의 교육 투자는 큰 보상을 얻었다. 특히 개인들이 이수한 공교육의 다양한 수준과 영역에 따라 현격한 격차의 보상이 주어지는 상황에서 사실상 모든 한국인이 가족의 전략적 자원에 기반한 고등 학력 획득에 동참했다(Chang, K. 2010a, 3장; Chang, K. 2022, 6장). 학부모와 학생 모두 공교육 이수를 가족의 노력으로 실행하는 것을 도덕적이고 실질적인 차원에서 당연한 의무로 여겼다.

따라서 한국은 교육 부문에서 많은 세계 최고 기록을 자랑하게 되었다. 한국의 3차 교육(대학교 이상의 학위 취득) 이수율은 세계 최고 수준이다.[22] 미국 대학교에 입학하는 유학생들 가운데 한국 학생들은 중국 및 인도와 큰 차이가 없을 정도로 많은데 한국의 총인구는 중국과 인도 인구의 각각 4% 미만이다(SEVIS 2020). 일반 시민(대부분 학부모)의 공교육에 대한 평균 지출 금액과 비중은 과외비와 입시학원 비용을 제외하더라도 세계에서 가장 크다.[23] 유럽의 많은 신자유주의화된 대학들이 비싼 등록금을 요구하기 전까지, 한국의 대학교 등록금은 (미국에 이어) 세계에서 두 번째로 비쌌다. OECD 전체 회원국 가운데 가장 높은 한국 노인 인구의 상대적 빈곤율은 자녀의 대학 교육에 가계의 저축을 소진한 탓이 크다(김치완 2017). 그러한 (양육) 비용을 지출한 대가로 한국 청소년들은 세계에서 가장 오랜 시간 공부하며 특히 대학 입학시험 준비에 엄청난 시간을 투입한다.[24] 권위 있는 수학과 과학 국제 경시대회에서 한국의 중고등학교 학생들이 거두는 성과는 동아시아와 북유럽의 일부 나라들만 경쟁이 될 정도이다. 교육이 직업에 대한 접근, 임금소득, 사회적 위신, 심지어 결혼 가능성까지 결정하는 계층화가 매우 강력하다(박강우 2014; Park, M. 1991).[25] 이에 따라 학업에 대한 압력과 스트레스가 부모와 자녀 간에 가장 큰 갈등 요인으로 작용한다. 실제로 세계에서 가장 심각한 수준인 한국 청소년들의 자살은 교육 경쟁에서 느끼는 좌절감으로 인해 발생하는 경우가 가장 많다(이는 일반적으로 부모의 압박과 기대와도 관련된다. 황여정 2013; 이상영 · 노용환 · 이기주 2012).

한마디로 한국의 세계적으로 돋보이는 교육 성과(와 관련된 병적 문제)는 정부의 직접적인 업적과는 거리가 멀다. 대부분의 공교육 비용을 시민들이 (헌신적인 부모로서) 직접 부담하며, 공교육이 이뤄지는 대다수 학교는 동일한 교칙, 커리큘럼, ('공립'으로서 취하는 명목상의) 재정 보조금으로 운영되는 '사립' 기관이다. 사실 많은 사립 학교들은 프로그램과 시설을 이익 추구형 벤처로

운영하려는 시도를 했다. 이러한 시도는 실제로 행정적으로 가능할 뿐 아니라, 사립 공교육 기관에 대한 일반적인 이해, 기대, 요구를 생각할 때 그리 어려운 것이 아니었다.[26] 또한 초등교육과 중등교육에 양질의 교사들이 지속적으로 충분히 공급된 것은 공식적으로 교육 전문성에 특화된 대학 체계를 외부로부터 배워오고 (대부분 부모가 재정을 지원한) 열정적이고 우수한 지원자들이 그러한 고등교육 프로그램에 몰려들면서 체계적으로 가능했다(김봉환 2009).[27]

이 같은 국가교육의 놀라운 진화 과정에서 국가의 역할이 최소화되거나 미미했던 것은 아니다. 국가 근대화와 개발에서 공교육이 가장 중요하다는 점, 그리고 한편으로 재정과 사회제도의 한계가 만성적으로 지속되고 있음을 인정한 한국 정부는 일반 시민이 자녀에게 최상의 교육 기회를 제공하려는 보편적인 열망을 사실상 일종의 사회·문화적 기반으로 활용하고자 했다. 그러기 위해 역대 모든 정부는 공교육에 대한 접근 배분을 최대한 공정하고 보편적으로 제공하기 위해 규제와 감독 기능을 중요한 정치적 사안으로 다뤘다. 학교 입학시험과 (상급 학교의 입학시험에 반영되는 경우가 많은) 내신까지 투명하게 관리하는 것이 중앙정부의 교육정책에서 핵심 사안으로 간주되었다(Chang, K. 2022, 6장).[28] 특히 중등학교 수준에서 전문화되고 혁신적인 공교육을 위한 여러 제안과 실험은 교육적 환경과 경쟁을 완벽하게 동등한 상태로 유지하려는 정치적 고려로 인해 대부분 거부되거나 중단되었다.[29] 대다수 정부는 엘리트 계층에게 특히 유리하거나 그렇게 비칠 수 있는 특수한 선발 규정이나 제한적 입학 제도의 존재가 교육에 헌신하는 대다수 한국 부모와 자녀들에게 강한 반감을 불러일으키지 않을까 우려한다. 논란의 여지가 있지만 이처럼 (과도하게) 우려하는 정책 노선은 일반 시민과 (지역 교육 관리를 위해 총선에서 계속 수월한 승리를 거두고자 하는) 자칭 진보 정치인들 모두에게 진보적인 것으로 간주되었다. 공교육은 공정한 접근을 보장하기 위해 기계적인 절차와 엄격한 규정을 통해 마치 물리적 기반시설이나 (도로, 교량, 상수도, 전기 등의) 공공서비스와 흡사한 방식으로 규제되었다. 이는 일반 시민의 가족을 매개로 한 교육적 헌신을 유지하는 데 가장 기본적인 조건으로 간주되었으며, 그러한 헌신은 국가에 실로 없어서는 안 될 사회인프라로서의 효용을 갖는 것이었다.

8-6 결론 및 전망: 사회인프라로서 과부하 상태의 가족

자유주의적 자본주의국가에서 다양한 유형의 국가능동주의를 전 세계의 비주류적 사회과학자들이 밝혀내고 이론화하고 처방을 내렸다. 한국은 세계의 많은 저명한 학자들로부터 개발국가의 모범 사례로 칭송을 받았다. 이에 더해 많은 국내 학자들이 복지국가 혹은 동아시아 유형의 (개발) 복지국가로서 한국의 특징과 자격을 분석하고 평가했다. 최근에는 한국 정부와 일부 실용주의적 시민 활동가들이 유럽에서 재편된 사회민주주의 방식

이 아닌 교육에 주력하는 영국 신자유주의 방식의 국가를 강하게 지지한 바 있다.[30]

역사적으로 한국의 사회 현실에서는 놀라운 경제·사회·문화·정치적 변화 과정에서 국가능동주의에 대응하는 가족능동주의라는 흥미로운 현상이 나타났다. 한국의 산업, 사회, 교육 발전에 대한 필자의 기존 연구(Chang, K. 2010a)와 8장에서 다뤘던 내용은 가족이 사실상 개발가족, 복지가족, 사회투자가족이라는 기능들을 동시에 수행해왔음을 강하게 시사한다. 한국에서 국가 경제와 사회 발전 측면에서 실현되거나 염원했던 많은 목표가 일반 시민 가족들의 노력과 자원으로 조직되고 보완되고 대체되었으며 심지어 가족을 통해 재정적 지원을 얻었다. 시민의 가족능동주의에 대한 국가의 접근은 특정 가족 이념과 관련한 문화적 혹은 종교적 승인을 바탕으로 하지 않고, 한국 가족에 공존하는 다양한 가족 이념을 고려하여 유연한 태도를 유지했다. 국가 자체가 실용적으로 가족주의 입장을 취한 것을 특정 (사적) 가족 이념으로 축소시킬 수는 없으나, 이는 사회인프라 가족주의로 개념화할 수 있는 일련의 기술관료적 의도를 나타낸다. 이는 문화적 서술의 영역으로 남겨져왔던 한국의 '고유한' 사회 조건의 많은 부분을 설명하는 데 도움이 된다.

21세기 초 한국은 시민의 가족능동주의가 급격하게 쇠퇴하고 이에 따라 국가가 다양한 사회·경제 문제를 해결하기 위해 가족 규범, 관계, 자원을 활용하는 데 어려움을 겪는 상황으로 특징지어질 전망이다. 크게 보자면, 오늘날 한국인들은 두 가지의 전례 없는 사회·경제 문제, 즉 사회인구(학)적 변화로 인한 이른바 '신사회 위험'과 (아시아 금융위기의 일부인) IMF 경제위기 이후 고용과 부양에 나타난 신자유주의 문제로 고통받고 있다. 두 가지 문제가 결합되면서, 한국은 대다수 시민이 주류 경제에서 이탈하고 고용, 소득, 주택, 보건 등에서 지속적으로 위험이 증가하는 상황에 직면하는, 구조적으로 양분된 사회가 되었다. 이러한 새로운 구조적 조건에서는 국가의 경제·사회정책을 위한 사회인프라로서의 역할을 감당할 수 없는 서민 가구의 숫자와 비중이 급격히 증가한다. 이들은 그와 같은 역할을 수행하기 위한 금전적·물적 자원이 고갈된 한편, 조직적으로나 규범적으로 약화(또는 구조조정)되어 이전에 당연시했던 사회·경제적 기능을 포기하게 된다.[31] 특히 결혼과 출산을 고려해야 하는 젊은 세대에게 개발, 복지, 사회투자 기능을 수행하는 가족을 구성하고자 하는 기대나 의지는 부모 세대보다 훨씬 약해졌다. 그런 한편, 대부분의 청년들은 여전히 국가가 실질적인 개발국가로 남으면서도 강력한 복지국가이자 굳건한 사회투자국가가 되기를 바란다. 성실하게 자리를 지키면서 재생산을 충분히 해내는 사회인프라로서의 가족이 없다면, 후기 근대 또는 탈개발 국가가 경제, 사회, 교육 부문에서 수행하는 공공사업은 그 어느 때보다 불안정해지고 어려워질 것이다.

9장
압축적 근대성의 인구(학)적 구성

9-1 압축적 자본주의 경제발전의 인구(학)적 특성

기본적으로 한국에서 개발은 주로 농촌 지역으로부터 '노동력이 무한 공급'되는 초기 산업화 과정으로 시작되었다(Lewis 1954). 일제 강점기의 억압과 한국전쟁으로 사회, 경제, 생태 파괴가 일어났지만 한국 농민들을 천 년 동안 이어진 농경 기반에서 분리시키지는 못했다. 미군정 당국은 해방된 한국의 사회·경제·정치적 환경을 가족농 생산과 사회재생산의 기본 특성을 회복시키는 방식으로 안정시키기 위해 비교적 엄격한 토지개혁을 실시했다. 한국의 보수적 협력자들은 초기에 이를 꺼렸지만, 토지개혁은 한국인의 대다수를 차지하는 농업 인구를 보편적인 사회시민권을 통해 평등주의적 농민의 삶으로 재편하는 근본적인 계획으로 실시되었다. 이후 북한과의 전쟁은 흥미롭게도 남한의 토지개혁을 앞당기는 효과를 냈다(기광서 2012).[1]

한반도에서 몇몇 왕조가 수백 년씩 지속될 수 있었던 비결인 가족농의 조직적·경제적 굳건함은 그 존재 이유를 다시 한번 입증했다. 이승만 독재 시절의 정치적 부패와 느슨한 경제 관리에도 굴하지 않고 가족농은 농산물 생산성의 지속적 향상을 통해 농업 중심의 국가경제를 점차 안정시켰다(Cho and Oh 2003). 생계의 물적·사회적 환경이 안정되자 전후 한국인의 출산 욕구가 강해지면서 출산율이 치솟아(Kwon, T. 1977, 2003) 1960년에는 합계출산율이 최고 6.33을 기록했다. 공중보건 정책과 개인의 건강 상태가 빠르게 개선되면서 기대수명이 연장된 데다 베이비붐이 일어나자 농업경제의 사회·경제적 수용력의 한계가 점차 분명해지는 수준까지 인구가 증가했다. 1960년대 농업 중심의 한국은 빈곤의 평준화가 대중의 생활을 특징지었다면, 빠른 속도로 산업화가 진행된 북한은 사회주의적 탈식민 개발의 모범 사례로 부상하기 시작했다(Brun and Hersh 1976).

이승만의 하야 이후 선출된 자유주의 정부를 강압적으로 무너뜨리고 국가권력을 잡은 박정희의 군사정권은 독재 개발통치의 정치적 노선을 구축했다. 박정희 정권은 스스로를 국가 부르주아지라고 인식했으며, 국가경제를 기업 방식으로 효과적으로 조직하고 저렴하고 풍부한 노동력 기반 생산과 단순 산업소비재 수출을 통해 자본주의 세계 경제에 적극 참여함으로써 자본주의 산업화를 구상하고 빠르게 실행에 옮겼다(Amsden 1989). 또한 한국은 효과적으로 제도화된 보편적 공교육 제도 덕분에 양질의 노동력을 확보하고 있었는데, 민간 부문의 공교육 참여와 협력이 매우 적극적으로 이뤄졌다(Seth 2002). 양질의 값싼 산업 노동력을 풍부하게 공급하는 것은 인구 과잉 상태가 심화되던 농촌에서 담당했고 이에 따라 농촌에서 도시로의 대대적인 이주가 이어졌다. 이 같은 개발 전략은 주로 미국의 냉전 외교정책을 통해 체계적으로 전달되던 세계의 정치·경제 여건과 여러모로 맞아떨어졌고, 한국은 거의 즉시 세계 자본주의 분업에 참여하게 되었으며, 이 과정에서 인구는 산업노동자로 전환을 거듭했다. 이에 따라 농업 부문 고용의 비중은 1963년 63%에서 1970년 50.4%, 1980년 34.0%, 1990년 17.9%, 2000년 10.9%, 2010년 6.7%, 2019년 5.0%로 급감했다(e-나라지표 2020a).[2]

국가 주도의 수출 중심 산업화를 통해 농촌에서 도시로의 노동력 이주가 가속화된 지 20년 만에 한국은 뚜렷한 도시 기반의 산업사회로 탈바꿈했고 저출산, 기대수명 연장, 핵가족, 만혼 등 산업 근대화에 따른 전형적인 인구(학)적 특징이 나타났다(Kwon, T. 2003). 한국의 변화는 말 그대로 경제와 인구의 측면 모두에서 새 역사를 만드는 과정이었다. 그러한 두 가지 변화가 동시에 일어난 것은 우연이 아니었다. 초기의 산업 발전이 주로 농촌에서 이주한 풍부한 인적자원을 토대로 이루어졌다면, 신속한 자본주의 산업화의 성공은 빠른 속도로 인구(학)적 변화를 촉발했다. 산업화와 경제성장이 고공행진을 지속하면서 지역과 국가 수준 주요 도시 및 전략적으로 개발한 계획적 산업도시 모두 폭발적인 성장을 이뤘다. 한국의 도시 공간으로 임금노동자, 전문직, 다양한 수준의 기업인, 학생과 견습생, 도시 거주자 및 이주자의 현재와 미래 배우자가 거의 동시에 몰려들면서 인류 역사상 전례 없는 압축적 도시화가 진행되었다. 1980년대에는 인구의 70% 이상이 도시화되었는데, 도농 비율이 불과 30년 만에 반대로 역전된 것이다(조명래 2003). 이러한 산업화 겸 도시화 겸 프롤레타리아화 과정이 진행되면서 개인과 가족의 삶에서 기본적 특징에 급격한 변화가 일어났다.

특히 존 콜드웰의 일반 예측(Caldwell 1982)과 같이, 도시에 거주하는 한국인들은 자녀와의 세대 간 관계에서 양육과 교육으로 점점 큰 부담을 느꼈으며 세대 간 계급 이동에 대한 열망이 대부분 가부장적 방식으로 나타났다. 즉 딸의 출산을 기피하거나 최소화하면서 한두 명의 아들을 낳아 집중적으로 투자한 것이다.[3] 농촌 거주자들도 다르지 않았는데, 이들 역시 자녀가 도시에서 사회·경제적 기회를 얻는 것을 전제로 세대 간 계급 이동을 꿈꿨기 때문이다(Chang, K. 2010a, 6장). 이에 따라 1980년대 중반에는 가까스로 대체 수준의 출산율(1985년 합계출산율 2.23)을 기록하고 성비가 왜곡되었다. 사망률도 급격한 변화를 보였는데, 이는 흥미롭게도 가부장적 사회·경제 질서를 반영했다. 큰 폭의 성장을 보이는 남성 중심의 산업경제로 말미암아 한국 남성은 과로, 피로, 부상, 질병에 만성적으로 노출되었고 궁극적으로 기대수명 증가에서 성별 간 격차가 계속되었다(e-나라지표 2020b). 결혼은 평균 (초혼) 연령이 점차 상승하기는 했지만 보편적 추세를 유지한 반면, 사회와 가족이 이혼을 금기시하면서 이혼율은 최저 수준을 유지했다(최선영 2020).

이와 같은 인구(학)적 속성은 1990년대 초까지 한국 경제가 성장을 지속해온 것과 맞물려 안정기에 접어든 것으로 보였다.[4] 그러나 급작스러운 신자유주의 세계화와 한국 경제 내부의 기술·산업적 구조 재편이 진행되면서 이전까지 완전고용에 가깝던 노동시장에 충격이 가해지기 시작했다.[5] 근본적인 원인이 한국 안에 있든, 밖에 있든 상관없이 1997~1998년 금융 기반이 붕괴되면서 국가경제와 더불어 주요 산업과 은행 대부분이 위기에 몰렸고, 이들이 즉시 위기를 피할 방법이란 오직 직원들을 대대적으로 해고하는 것뿐이었다(Chang, K. 2019, 3장). 수백만 명의 노동자를 구조조정 하면서 빠르게 회복한 한국 경제는 노골적으로 신자유주의 산업제도와 노동 관행을 사실상 모든 경제 부문에 적용시켰다. 위기 이후 노동시장에서는 '비정규직' 고용이 거의 보편적인 규범으로 자리 잡아 청년이 대다수인 신규 진입자들의 경제적 지위를 구조적이고 만성적인 불안정 상태에 빠뜨렸다.[6] 한국 경제의 남성 중심적 혹은 가부장적 성격으로 말미암아 세미프롤레타리아화 또는 프레카리아트화 추세는 사회·경제적 실태에서 남성과 여성을 하향 평준화하는 역설적인 효과를 냈다(Shin, K. 2013; 이영분 외 2011). 청년들이 안정적인 노동 소득을 얻지 못하는 데다 도시주택 가격이 과도하게 뛰면서 몇몇 메가시티 주변에 교외 주택도시가 우후죽순으로 생겨났다.

현재 또는 미래의 안정적 일자리가 사라지면서 일반적인 한국인의 결혼, 이혼, 출산 등 인구(학)적 행동에도 큰 변화가 일어났다(Chang and Song 2010). 대다수 청년이 결혼을 지속적으로 미루거나 피했다. 이혼은 법적으로나 실질적으로 폭발적으로 증가하여 미국, 영국과 견줄 수 있는 수준에 이르렀다. 2000년 국가인구 총조사에서 조이혼율은 1,000명당 2.5명으로 최고치를 기록했으며, 이후 비슷한 수준을 유지하고 있다(www.kosis.kr). 주로 이러한 결혼 관련 어려움으로 국가의 (합계)출산율은 최저 수준으로 떨어졌으며, 이는 동아시아의 도시국가인 홍콩, 싱가포르와 유사한 수치이다(김봉환 2009).[7] 합계출산율은 해마다 최저치를 경신하고 있는데 2017년 1.05, 2018년 0.98, 2019년 0.92, 2020년 0.84를 기록했다(통계청 2020; 〈표 9-1〉 참고). 국내와 해외에서는 한국 인구가 21세기 내에 절반으로 줄어들 수 있다는 경고를 거듭 내놓고 있다.[8]

출산율이 급격히 줄어든 데다 기대수명이 지속적으로 증가하면서 한국은 세계에서 가장 빠르게 노령화되는 사회가 되었다. 65세 이상 인구가 차지하는 비중은 1970년 3.3%에서 1980년 3.9%, 1990년 5.0%, 2000년 7.3%, 2010년 11.3%,

2019년 15.5%로 증가했다. 기대수명은 1970년 61.93세에서 1980년 65.69세, 1990년 71.28세, 2000년 76.02세, 2010년 80.79세, 2017년 82.7세로 늘었다(KOSIS, 2020년 6월 28일). 한국의 압축적 인구 노령화에서 흥미로운 특징은 현재의 노령 인구 중 절반 가까이가 자녀들을 도시에 보낸 후 농촌에 남은 노인들이라는 것이다(Chang, K. 2019, 6장). 이로 인해 대다수 농촌이 노인 공동체가 되었다. 농촌에 거주하든, 도시에 거주하든 한국 노인들의 기대수명 연장은 가족과 개인이 만족할 만한 수준의 물질적 준비가 되지 않은 상태에서 일어났다. 거의 일반화되다시피 한 빈곤과 문제가 될 정도로 높은 질병률은 한국 노인들에게 길어진 수명이 축복이 되지 못하도록 가로막으며, 이로 인해 적잖은 노인들의 삶이 자살로 막을 내리는 실정이다.[9] 더욱 충격적인 현상은 간병 살인(배우자 등 간병자에 의한 살해)과 간병 자살(간병자 자신의 자살)인데, 워낙 빈번하게 발생하다 보니 한국 언론에서 별도의 용어를 고안하기에 이르렀다.[10] 국내외 언론은 '선진국에서 최악의 수준인 노인 빈곤', '세계 최고 수준의 노인 자살률' 등으로 이 안타까운 상황을 선정적으로 보도한다.

9-2 압축적 인구 변천

반세기 동안 급격한 사회인구(학)적 변화를 겪으면서 한국은 출산율이 매우 높고 결혼이 보편적이며 이혼은 드문 사회에서 최저 출산율, 광범위한 독신, 만연한 이혼 등으로 유명한 사회로

〈표 9-1〉 한국의 합계출산율(TFR) 추이

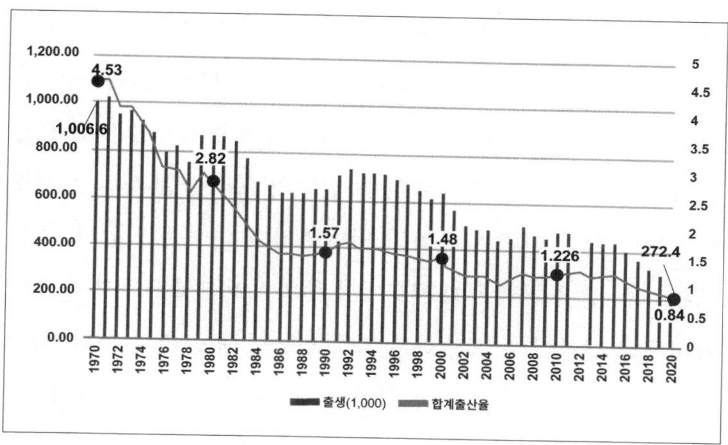

* 출처: e-나라지표(2020c), 〈출생 사망 추이〉를 토대로 필자가 작성함.

변했다. 사회적으로 복잡한 경제개발 맥락에서 한국의 압축적인 사회인구(학)적 변화는 역사적으로나 이론적으로 중요한 시사점을 갖는데, 예를 들면 1)세대 간에 나뉜 도시 이주로 말미암은 공간상의 인구(학)적 불균형, 2)출산율 하락과 번갈아 발생한 성비 불균형, 3)규범적 가족주의의 지속 아래 이뤄진 인구(학)적 개인화, 4)개인의 생애경로와 가족생활주기 간 관계의 재편 지속, 5)사회·경제적으로 분리된 2단계 인구 노령화를 들 수 있다.

이중적(개발과 인구) 농촌-도시 분리

한국의 산업화는 연령 선별적인 과정으로, 이 과정에서 농촌 청소년과 청년의 대다수가 도시의 여러 장소에서 근무, 학습, 생활하게 되었다. 농촌에 남은 중년·노년 농민은 영구적으로 고착된 가족농의 경제제도와 문화환경에서 '노령화'되었다. 농촌은 전통적인 농민의 삶이 펼쳐지는 사회·경제적 박물관과 같은 공간이 되어 그 상태를 유지했다. 농민들의 초라한 삶과 낡은 생활양식은 사회적 연민과 문화적 낭만주의의 대상이 되었다. 농촌생활의 이 같은 환경은 대체로 보호주의적이면서도 배제적인 국가정책의 결과이다. 표준화된 가족농을 통해 농촌의 사회·경제적 안정성을 유지하기 위한 헌법의 '경자유전耕者有田' 원칙은 계속 유효했지만, 도시 중심의 자본주의 산업화는 농촌 지역에 여러 퇴행적인 사회·경제적 경향을 발생시켰다. 예를 들어 농촌 인구가 도시의 자녀나 형제자매를 통해 도시 발전에 물적 및 인적 자원 대부분을 제공하면서 농촌에서 자신의 생활은 사회·정치적으로 유순한 방식으로 영위하는 '간접적 탈출 행위'가 그것이다(Chang, K. 2010a, 6장).

사회인구(학)적 구조 측면에서 한국의 농촌은 적정한 인구·세대 구조가 더 이상 재생산되지 않는다는 점에서 미국 플로리다 같은 은퇴자 정착촌과 비슷하게 변했다. 그러나 한국의 농촌은 다른 지역에서 이주하는 새로운 진입자가 만성적으로 부족하다는 점에서 서구의 은퇴자 마을과 다르다. 구체적으로, 한국 농촌 인구의 가족생활주기 구성에서 형성과 확장 단계에 있는 가족이 빠른 속도로 줄어들고 있다(장경섭 2018, 6장). 가부장적 농민의 삶을 받아들일 배우자를 찾지 못한 많은 중장년의 미혼 남성들은 전례 없이 기형적인 가족구조에서 노년기의 부모와 살아야만 했다. 그러나 최근 많은 남성들이 농촌사회와 경제의 유지를 위해 편의적 인적자원으로 빈곤한 아시아 국가의 외국인 신부를 맞아들이게 되었다(Kim, H. 2012, 2014). 지난 수년간 한국에서 결혼한 열 쌍 중 한 쌍은 국제결혼이며, 많은 농촌에서는 최대 3분의 1 이상의 결혼이 사실상 수입된 신부를 맞는 경우에 해당하여 예기치 않게 농촌, 나아가 한국 사회가 세계화 또는 다문화화를 경험하고 있다(이 책의 6장 참고).

이중 가부장적 산업화에 맞물린 (성 선택적) 출산율 하락

한국 산업화에서 충격적인 특징 중 하나는 1960년대 중반 이후 (이주 여성을 포함한) 도시 여성의 가정주부화housewifization가 이들의 대대적인 프롤레타리아화(산업 또는 도시 임금노동 참여)와 거의 동시에 일어났다는 것이다(Choi and Chang 2004; Chang, K. 2010a, 5장). 대부분의 농촌 출신 '여공'은 결혼 적령기에 결혼을 선택하여 결혼 직전이나 결혼 시점에 산업현장을 떠났다가 중년이 되면 남편의 변변찮거나 불안정한 소득을 보충하여 자녀 교육비, 연로한 부모의 생계 등에 보태기 위해 노동시장에 재진입한다. 여성의 'M자형' 경제 참여는 여성의 행복이 가부장적으로 정의된 출산과 가사 의무 이행으로 구성된다는 문화 규범을 정치·경제적으로 강화한 데 따른 것이다.

사회제도적 본질의 차원에서, 한국의 자본주의 산업경제와 민간 가족 간에는 가부장적 연합 관계가 있었다. 이 관계에서 남성의 산업경제 지배는 가족 내의 성별화된 인구(학)적·사회적 행위에 의해 체계적으로 지지되었다. 한국의 유명한 '남아 선호'는 출생성비 증가, 아들의 교육에 대한 성 편향적 투자, 아들 우선적인 가족 자산과 사회자본의 상속 등으로 나타났다. 어떤 면에서 왜곡된 출생성비는 여성 중심의 출산율 하락의 결과로, 또는 여아 낙태의 만연이라는 잔혹한 관행에서 드러나듯이 딸 출산을 기피한 결과로 봐야 한다(Park and Cho 1995). 1960년대 중반에서 1980년대 중반까지의 '일차 출산(율) 전환'은 근본적으로 성별 선택적으로 발생한 것이다. 그러나 1980년대 중반에서 1990년대 중반 사이에 출산율이 잠시 안정된 상황은 그러한 전략적이지만 논란거리인 불법 출산 행위를 근절하는 대신 오히려 강화했다. 출생성비는 1986년 111.7에 이르렀다가 1987년을 제외하고 1996년까지 110을 상회했다(KOSIS, 매년). 1990년, 1993년, 1994년에는 심지어 115를 넘기까지 했다. 인구에 기반한 산업개발주의가 정점에 이른 시기에 한국인들은 국가경제와 가족구조에 대한 남성 중심의 미래에 자신감을 가지고 있는 듯했다.

그러한 낙관주의는 1990년대 말부터 전혀 근거가 없는 것으로 드러났다. 1997~1998년 국가재정 위기와 이에 따른 급격한 신자유주의 구조조정으로 한국인의 대다수가 공공 또는 민간 사회안전망을 제대로 갖추지 못한 상태에서 탈개발 혹은 탈산업 시대와 급작스럽게 마주쳐야만 했다(Chang, K. 2019, 4장). 이제 본격적으로 세계화된 재벌들이 경이적인 회복과 성장을 이루기 위해서는 역설적이게도 경제 전반에서 현재와 미래 노동자들의 권리를 박탈해야 했고, 즉각적인 피해는 남성들이 누렸던 특권에 집중되었다.[11] 당시 한국인들이 당한 유례없고 낯선 경제적 어려움은 즉시 '이차 출산(율) 전환'을 촉발시켜 한국의 출산율이 최저 수준까지 하락했고, 정치 환경적 불안으로 출산율에 추가적인 압박을 받고 있던 대만, 홍콩, 싱가포르와 경쟁을 벌이기에 이르렀다.[12] 한편 최근 출산율의 추가적 하락은 한국의 성별에 근거한 인구(학)적 행위를 교정하는 또 다른 역설적인 효과를 낳았다. 즉 평균 출생성비가 최근에 '자연' 수준을 회복한 것이다(장경섭 2018, 4장). 일자리 없는 경제성장이 이어지면서 아들에 대한 가부장적 개발 기대에 금이 가자, 한국인들은 딸을 갖는 것에 대한 낭만적 가치를 이야기하는 쪽으로 급히 입장을 선회했다. 이처럼 한국인들이 출산 시 (성별에 무관심하지 않고) 특정 성별을 선호하는 경향을 강하게 유지한 것은 무척 흥미로운 일이다(Eun, K. 2013). 자녀의 성별과 관련된 전략적인 출산 선호 성향은 가부장적 인구 문화가 명백하게 종언을 고했음에도 약화되지 않았다. 가족주의는 내용이 변화할 뿐 사라지지 않은 것이다.

위험 회피적 개인화, 혼인 위기, 이차 출산율 전환

1990년대 중반 이후 청년들 사이에서 결혼을 무기한 연기하거나 포기하고, 결혼을 하더라도 자녀를 최소한만 낳거나 아예 낳지 않고, 주저 없이 별거나 이혼을 선택하는 추세가 빠르게 확산되었다. 세계 최저 수준에 이른 한국의 출산율은 극도로 높은 이혼율과 빠르게 상승하는 초혼 연령과 체계적으로 연결되어 있다(변용찬·김동회·이송희 2010; 장경섭 2018). 이러한 추세의 배경에는 사회재생산을 위한 가족관계의 형성과 유지에 큰 부담을 느끼고 심지어 사회재생산 자체의 실현 가능성에 의문을 가지게 된 청년들의 급격한 증가가 있다. 그러나 이러한 경향은 청년들이 가족주의를 포기하거나 개인주의를 공고화하는 식의 사회·문화적 변동을 나타낸다기보다는 '개인주의 없는 개인화'가 진행되는 것으로 이해할 수 있다(Chang and Song 2010). 청년들이 결혼해서 자녀를 출산하는 것에 대해 적극적인 의지가 미약함에도, 이들에게 가족주의가 여전히 강하게 남아 있기 때문이다. 그러나 IMF 경제위기 이후 경제적 격변과 사회적 불안정이 가족 중심 사회재생산의 물적 조건에 파괴적인 영향을 미치면서, 대다수의 청년 남녀가 '위험 회피' 차원에서 결혼과 출산에 매우 신중한 자세를 보이고 있다(Chin, M. 2013. 반면 가족 질서와 양성 관계의 민주화, 3차 산업에서 여성의 취업 기회 확대로 점점 더 많은 여성이 적극적으로 사회에 참여하고, 결혼과 출산에 대한 사회적 압력에 개인적으로 저항하고 있다). 가족관계가 사회적 자원으로 기능하기보다는 사회적 위험을 전달하는 통로가 될 가능성이 높아지면서 가족 기반 사회재생산을 위한 동반자(배우자)와 계승자(자녀) 확보에 대한 동기가 그 어느 때보다 약해졌다.[13]

가족주의가 (물적으로 준비되지 않은) 결혼과 출산을 단념시키는 역할을 할 뿐인 상황에서, 이러한 규범적인 딜레마를 해소할 수 있는 유의미한 대안적 이념이 개발되지도 못했다. 예를 들어 현재 서유럽에서는 여성이 모성 그 자체를 위해 개인주의적이거나 자주적인 출산을 선택하는 경우가 널리 펴져 있다(장경섭 2018, 4장). 분명 한국에서 가족(주의) 출산의 전통적인 시대는 저물었지만, 개인(주의) 출산의 새 시대가 뚜렷하게 나타나지도 않고 있는 것이다.[14] 혼인율과 출산율 저하, 인구 연령구조의 노령화 같은 위기들이 결합되면 거시적 사회·경제 체제 유지에 심각한 교란 요인이 될 수밖에 없다. 역설적이게도, 개발자유주의 국가의 출산 장려책 토론은 관련된 사회·경제적 위기에 대한 전망을 부주의하게 강조함으로써 한국 청년들의 가족 위험에 대한 우려를 악화시켜온 것으로 보인다.

개인생애경로와 가족생활주기 간 탈조합과 재조합

경제 참여에서의 만성적이고 구조적인 어려움에 직면한 청년들의 물적 조건이 크게 악화되면서, 이들의 혼인과 출산이 좌절될 뿐만 아니라 부모에 대한 의존이 장기화하여 모든 세대에 걸쳐 사회·경제적 혼란이 야기되고 있다. 기존의 나이 기준으로는 성인에 해당하는 자녀들이 주택, 생계, 교육을 중년 또는 노년의 부모에게 의존하는 경우가 점점 증가하면서, 혼인과 출산을 통해 자체적인 핵가족을 구성하는 대신 부모의 핵가족 내에서 의존적 지위가 연장되는 확대핵가족extended nuclear family이 빠르게 증가하고 있다.[15] 게다가 청년들이 결혼을 하더라도 중년 또는 노년의 부모에게 주택, 양육, 생계를 계속 의존함으로써 이전까지의 전통적인 직계가족에서 가족의 일반적인 지원 관계 방향이 역전되는 역직계가족reverse stem family이 급증하고 있다.

이러한 추세는 가족생활주기와 개인생애경로 간의 관계가 근본적으로 변화하고 있음을 보여준다(장경섭 2018, 2장). 과거에는 부모가 자신들의 가족생활주기를 매끄럽게 마무리 짓기 위해 자녀의 (물적 의존, 혼인, 출산 등의 시기와 성격 관련) 개인생애경로에 강한 권위를 행사했으나, 요즘에는 갈수록 더 많은 부모가 실직 또는 불완전 고용 상태에서 많은 경우 장기간 학업을 이어가는 자녀들에게 그러한 권위를 행사하기가 매우 어려운 실정이다. 따라서 많은 부모가 자녀들의 달라진 생애과정을 부모의 가족생활주기에 반영하여 (앞서 설명한) 확대핵가족과 역직계가족 같은 새로운 가족 형태를 만들고 마는 것이다. 그러나 물질적인 조건으로 인해 (성년) 자녀 중심의 가족 형태가 증가함에도 혼인한 자녀가 부모로부터 분리되는 사회 규범은 오히려 강화되었다(유성호 1996). 연로한 부모의 생계를 동거하는 성년 자녀에게 의존하는 직계가족 규범은 자녀와 부모 모두에게 더 이상 유효하지 않으며, 이제 혼인과 출산은 자녀의 개인적 삶의 개척과 관리라는 차원에서 이해된다.

사실 가족 규범과 가족 형태 간의 이러한 괴리는 새로운 현상이 아니다. 1960~1970년대 산업화와 도시화가 빠르게 진행되는 동안 농가 출신의 자녀들이 도시에서 새로운 경제·사회적 기회를 토대로 독립적인 핵가족 생활을 시작하는 경우가 빠르게 증가했지만, 이들 가운데 대다수는 농촌에 남아 있는 부모와 비교적 길고 강한 직계가족 유형의 규범적 관계를 유지했다.[16] 현실 관계상의 직계가족이 유지된 셈이다. 이러한 환경에서 자녀의 결혼은 당연시되었을 뿐만 아니라 결혼 시기, 배우자 선택 등에서 부모의 성향이나 의견이 긴밀하게 반영되어야 했다. 또한 결혼한 자녀의 출산은 문화적으로 의무 사항이었고, 종종 부모들은 자녀의 출산에 개입하여 태어날 손주의 성별이나 숫자에 간섭하기도 했다. 자녀의 이혼은 부모의 실망이나 분노가 예상되는 상황에서 감히 생각할 수 없는 일이었다(Park and Cho 1995).

규범적 직계가족-물질적 핵가족 질서에서 규범적 핵가족-물질적 확대핵가족·역직계가족 질서로 역사적 전환이 일어나는 데 불과 한 세대밖에 걸리지 않은 것은 압축적 근대성이 매우 흥미로운 방식으로 드러난 사례이다. 문제는 이러한 전환이 새로운 시대의 사회·문화적 진화나 체계적 적응의 결과가 아니라 개발자유주의와 급진적 신자유주의 재편의 충격이 누적됨으로써 야기된 가족의 역경을 완화하기 위한 사적인 임시방편이라는 것이다. 확대핵가족과 역직계가족의 확산은 가족 기반의 사회재생산 체제가 다음 세대로 승계되는 것이 무기한 연기되거나 중단됨을 의미한다(장경섭 2018). 그 결과 적절한 시기에 자신의 역할을 다음 세대에 물려주고 여가와 보람 있는 생활을 즐길 수 있는 전통적 권리를 집단적으로 상실한 중년·노년의 한국 여성들이 국제적으로 실시된 설문조사에서 '세계에서 가장 불행한' 집단으로 조사되었다.[17]

개발 노령화에서 깡통 노령화로

병마에 시달리던 노년 부부가 동반자살을 감행하면서 자신들을 극진히 보살핀 아들 가족에게 미안함을 표시했던 사건은 한국에서 그리 드물지 않게 접할 수 있는 사회 비극이다(《경향신문》 2011년 5월 9일). 반면 부모의 헌신적인 지원을 저버린 불경한 자녀들에게 부양비를 받아내기 위해 법에 호소해야 하는 노인들의 안타까운 사례도 있다.[18] 압축적 노령화(장경섭 2009, 4장) 과정에서 인생 후반부에 활기차고 보람 있는 '생산적' 삶을 누리는 노인들도 많지만, 한국에서 노인들의 대다수는 세계 최고 수준의 상대적 빈곤을 날마다 경험하며 결핍된 삶을 살고 있다.[19] OECD의 2009~2011년 자료에 따르면 66~75세 한국인 중 상대적 빈곤율(세후 소득과 이전소득이 국가 중위소득의 절반 미만인 계층의 비중)은 45.6%로 OECD 모든 회원국 평균인 11.3%보다 크게 높았다(《동아일보》 2013년 5월 16일). 한국에서 동일 연령집단의 평균 가처분소득은 국가 평균의 62% 수준에 불과해 OECD 모든 회원국의 평균인 90%에 훨씬 못 미쳤다. 게다가 노인 인구 중 세대 내 경제적 불평등이 극심한 상황임을 고려하면 집계된 숫자는 대다수 노인의 실제 빈곤 상태를 크게 과소평가하고 있는 것이다. 2013년 (한국투자증권의) 추정치에 따르면 50세 이상 인구의 상위 10%가 순자산의 49% 이상을 소유하고 있다(《이데일리》 2013년 7월 6일). 이와 관련하여 65세 이상 인구 총수입의 지니계수는 그보다 젊은 인구보다 훨씬 높게 나타났다. 65세 이상의 지니계수는 2006년 0.393에서 2007년 0.410, 2008년 0.408, 2009년 0.402, 2010년 0.419로 변한 반면, 젊은 세대는 2006년 0.288, 2007년 0.292, 2008년 0.295, 2009년 0.290, 2010년 0.284로 집계되었다(석상훈 2013). 이 같은 경제적 고통과 불평등은 한국 노인들의 자살률을 세계에서 가장 높은 수준으로 끌어올렸다(장경섭 2018, 5장).

급격한 인구 노령화는 21세기에 처음 일어난 현상이 아니다. 다른 여러 나라의 경우와 마찬가지로 한국도 20세기에 기대수명의 급격한 상승을 경험했다. 예를 들어 구자흥이 일본 식민 당국의 인구 자료를 통해 일부 구성한 역사적 생명표에 따르면 평균수명은 1927년 33.7세, 1933년 37.4세, 1942년 45.0세, 1957년 52.4세, 1971년 62.3세, 1981년 66.2세, 1991년 71.7세, 1999년 75.5세를 기록했다(《동아사이언스》 2001년 9월 11일).[20] 한국 정부의 공식 자료에 따르면 평균 기대수명은 1960년 52.4세, 1970년 63.2세, 1980년 65.8세, 1990년 71.6세, 2000년 75.9세, 2010년 80.8세로 집계됐다. 초기 산업화 기간(1960~1980년대)에만 한국인의 평균수명은 20세 가까이 증가했다. 그렇지만 이 시기에 급격히 증가한 (상대적) 노령 인구는 빠른 도시화, 산업화, 경제발전의 주체로서 또는 기존 농촌의 사회·경제적 중심축으로서 연장된 수명 대부분을 즐길 수 있었다. 특히 새로운 경제·사회적 활동 덕분에 노령화 초기를 매우 생산적으로 보냈다. 인식론적으로 이들의 노령화는 실제로는 거의 그렇게 인식되지 않았다.

그러나 이후에는 같은 세대의 노령 인구 대다수가 또 다른 단계의 노령화인 제2차 노령화를 거치고 있으며 병마와 빈곤으로 생산성 있는 생활을 하지 못하고 있다(박경숙 2003). 노인 빈곤은 경제활동을 활발하게 하던 시절에 노년기를 위한 물질적 준비가 충분히 이뤄지지 못한 탓이다. 그러한 실패는 개발국가가 종종 행정력을 동원해 산업 임금과 농업 소득을 억제함으로써, 나아가 이들로 하여금 빈약한 소득의 대부분을 (특히 자녀 교육 등) 하향적 가족 투자에 지출하게 만든 것에서 비롯되었다. 이러한 맥락에서 많은 노인들은 '자녀를 대학에 보낸' 헌신을 자랑스럽게 되새기면서 빈곤한 생활을 견뎌냈다. 여기서 더 중요한 문제는 국가마저 개발자유주의 입장에서 '선성장 후분배'라는 역사적으로 실현 불가능하며 실현되지 않은 구호 아래 노후에 대한 체계적인 사회보장 대책을 막연하게 미뤘다는 것이다

(Chang, K. 2010a, 4장). 이러한 상황에서 많은 노인들의 삶은 자녀들의 생계에 편입되어야 하는데 이로 인해 부양 자녀들과의 관계에서 혼란, 갈등, 번민이 발생하고 있다. 설상가상으로 이들 자녀 세대가 IMF 경제위기 이후 경제적으로 극도로 불안정한 지위에 처했고 자녀의 자녀, 즉 손주들이 고용에서 구조적인 어려움을 겪는 상황이 만연해 있다 보니, 자녀에 대한 안정적인 물질적 의존은 계층적으로 매우 제한적인 현상일 수밖에 없다.

특히 도시에서 산업공동화와 세계화 추세가 뚜렷한 상황에서, 노인들은 생산체계의 주류에 흡수될 수 없고 확실한 고정소득이 발생하지 않아 개인적으로 안정적인 생계를 이어갈 수 없을 뿐만 아니라 (미국과 일본의 많은 연금 수급자들처럼) '소비 시민'으로서 사회에 참여하기도 어려운 실정이다. 현재 도시 노인들의 대다수는 노인으로서의 특징과 문제로만 언론에서 다뤄지고 학문적으로 논의되며 정치적 논쟁 대상이 되는 '깡통 노령화 empty aging' 또는 '나체 노령화nude aging'라고 부를 만한 사회·경제적 과정에 직면한 상태이다. 이는 한국 노인 인구의 절반 가까이가 거주하는 농촌과 흥미로운 대조를 이룬다. 젊은 층 인구가 지속적으로 줄어드는 가운데 노령 인구는 오늘날 농촌사회의 기본적 특성을 규정하는 경향이 있다(장경섭 2018, 5장). 이처럼 생물학적 생존이 연장된 (후기) 근대의 추세에 따라 역설적으로 농촌의 전통적인 일과 생활 방식의 수명도 길어졌다. 사실 인간 수명의 연장이 다양한 국가 개발 수준에서 공통적으로 일어났다는 점이나 신자유주의 세계화가 노령 인구의 주류적 또는 혁신적 사회·경제 참여 가능성을 차단했음을 고려할 때, 동결된 노령화(frozen aging. 사실상 일과 생활 조건이 동결된 상태에서 나이가 듦)는 보편적 현상으로 빠르게 확산될 것으로 보인다. 그러나 농촌에서 일과 생활의 동결된 조건은 차세대 농업후계자들이 드물다는 점에서 그저 기억으로 묻히고 말 것이다.

9-3 한민족의 인구(학)적 재구성?

한국의 국가적 인구 위기는 가족, 공동체, 사회 전반의 다문화적 또는 세계주의적 재구성이라는 근본적으로 예상치 못했던 방향으로 한국 사회를 재편하는 데 기여했다. 6장에서 설명했듯이, 2000년대 초반 이후 한국에서 다양한 지역의 하층계급 노총각들이 아시아의 여러 빈곤한 국가 출신의 외국인 신부와 결혼하는 추세가 이어졌다. 처음에는 조선족 여성과 도시의 가난한 남성이 결혼하다가 한족 여성이 도시의 가난한 남성과 결혼하면서 이러한 추세가 두드러지기 시작했다. 2005년경부터는 많은 지방정부와 농촌 공동체에서, 실질적으로 한국인 신부가 매력을 느낄 만한 가능성이 사라진 상태로 그 수가 급증하는 농촌 총각들의 신붓감이 되어줄 베트남을 비롯한 동남아시아 여성에게 접근했다. '농촌 총각 장가보내기'와 같은 공공 캠페인이 전국적으로 빠르게 확산되었고(Kim, H. 2014) 한국 농촌은 사회·문화적 초국화 또는 세계(주의)화의 최전선으로 급부상했다. 한국의 개발

사각지대였던 농촌이 사회·문화적 세계(주의)화에서 전국을 선도하는 공간이 된 것은 매우 역설적이다(이 책의 6장 참고).

아시아에서 외국인 신부들이 대규모로 유입되면서 한국인 배우자와 그 가족뿐 아니라 한국 사회 전반을 위해 근본적인 사회·문화 재조정이 필요했다. 시민 활동가들의 촉구에 따라 한국 정부는 공식적인 다문화가족 지원정책을 통해 이러한 결혼 세계화를 공식적으로 인정하고 지원하기로 했다. 가사, 출산, 양육, 노인 돌봄 등 사회재생산의 다양한 가족적 의무 이행 외에도 농사일과 기타 경제활동에 참여하는 외국인 신부들에게 일종의 초국적 재생산 시민권이 부여되었다(Chang, K. 2022, 7장). 결혼이 실패로 돌아갈 경우 한국에서 머무를 권리는 한국인 자녀의 어머니로서의 재생산 이행 사실과 필요성에 엄격하게 연동되었다. 많은 외국인 신부들이 진실한 사회재생산 수행자보다는 '위장한 경제적 이주자'로 의심을 사면서 한국 정부와 외국인 신부들 간의 줄다리기 관계가 이어졌다. 특히 외국인 신부들이 원하는 출산율 수준이 이내 국내 한국 여성의 출산율과 비슷해졌는데, 이는 이들이 개발 또는 사회·경제 시민권이 공격적 산업사회에서 훼손되거나 취약해진 상태의 한국인과 결혼했다는 사실과 무관하지 않다. 2009년 정부에서 전체 결혼 이민자의 절반 가까이를 대상으로 조사한 바에 따르면, 동북아시아와 동남아시아 여성 간에 상당한 차이가 있기는 했지만, 응답한 외국인 신부들이 원하는 자녀의 수는 국내 한국 여성과 거의 구분할 수 없는 수준이었다. 조선족은 1.1명, 한족과 나머지 중국인은 1.2명, 베트남인은 1.7명, 필리핀인은 1.9명, 몽골인은 1.4명, 태국인은 1.7명, 캄보디아인은 1.8명이었다(김승권 외 2010: 393).

어떤 면에서 다문화가족 지원정책은 농업의 경제적 불안정성, 농민의 사회·문화적 배제와 같은 보다 근본적인 문제에 대처하기보다는 외국인 신부와 한국 가족들을 둘러싼 복잡한 사회·경제적 문제를 문화적으로 특수화하기 위한 의도적인 전략이다(Chang, K. 2013; 장경섭 2018).[21] 사적 수준에서 보면 다문화주의는 외국인 신부와 한국인 배우자, 가족, 이웃 간 효과적이고 조화로운 일상 소통이 언어·문화적으로 불가능하다는 보다 심각한 문제로 귀결된다(Kim, H. 2012, 2014). 역설적으로, 그러한 소통의 어려움은 종종 아직 순수함을 간직한(혹은 아직 근대화되지 않은) 외국인의 신체를 통해 사회재생산의 전통 규범과 관행을 복원하려는 가부장적 한국 가족의 권위주의적 염원이 일방적으로 투영·강제되는 경향을 고착화시킨다(Chang, K. 2022, 8장; 이 책의 6장 참고).

그러나 국제결혼의 우발적이고 즉흥적인 성격과 다양한 모순에도 불구하고, 현재 국제결혼은 한국의 적극적인 사회적 세계화에서 중요한 위치를 차지하고 있다. 한국의 공격적인 경제 세계화는 여러 필수적인 사회인구(학)적 조건과 영향을 낳았다. 그 가운데 가장 근본적인 것은 외국인 신부와 혼혈 자녀들이 급격하게 증가한 점이나, 700만 명이 넘는 해외동포의 사실상 시민 지위를 전략적으로 재공식화한 것에서 볼 수 있듯이 한국이라는 나라 자체가 점진적으로 세계주의를 (재)구상하고 있다는 것이다(Kim, H. 2012). 국제결혼은 사회인구(학)적 재생산이 한국 세계화의 전체를 아우르는 과정에서 예외가 아니라는 중요한 사실을 보여준다.

9-4 결론

1960년대 초 이후 한국은 인구와 개발 모두에서 매우 빠르고 근본적인 변화를 겪었다. 이주·도시화 비율, 출산율, 사망률 모두 경제성장, 산업화, 프롤레타리아화(농업에서 산업 부문으로의 직업 변화)와 마찬가지로 유례없고 필적할 대상이 없는 속도로 변화했다. 이 같은 이중 변화는 한국의 개발 경험이 중요한 인구(학)적 조건, 과정, 결과와 직접적 관계를 맺고 있다는 점을 생각할 때 결코 우연히 일어난 것이 아니다.

한국의 개발은 국가와 기업의 동맹 세력이 주도했지만, 동시에 매우 광범위하고 큰 규모로 인적자원에 의존했다. 한국 시민들은 종종 인구(학)적으로 유연한 가족적 노력을 통해 자신들의 인적자원을 적극적인 개발 참여와 이득을 얻을 수 있는 전략적 기반으로 사용했다. 그러나 한국의 최근 경제위기와 구조조정, 즉 탈개발 전환은 인적자원, 가족관계, 재생산 행동의 거대한 재처방을 불러일으켰으며, 이에 따라 과거의 인구(학)적 추세가 어떤 측면(출산율, 노령화 등)에서는 가속화되었고 또 다른 측면(출생

성비 불균형, 이혼, 자살 등)에서는 급격히 둔화되거나 역전되었다.

반세기 동안 급격한 사회인구(학)적 변화를 겪으면서 한국은 출산율이 매우 높고 결혼이 보편적이며 이혼은 드문 사회에서 최저 출산율, 광범위한 독신, 만연한 이혼 등으로 유명한 사회가 되었다. 1960년대 이후 한국의 사회적으로 극히 복잡한 개발 맥락에서 압축적인 사회인구(학)적 변화는 역사·이론적으로 몇 가지 중요한 시사점을 던져주는데 1)세대 간에 나뉜 도시 이주로 말미암은 공간상의 인구(학)적 불균형, 2)출산율 하락과 번갈아 발생한 성비 불균형, 3)규범적 가족주의의 지속 아래 이뤄진 인구(학)적 개인화, 4)개인의 생애경로와 가족생활주기 간 관계의 재편 지속, 5)사회·경제적으로 분리된 2단계 인구 노령화를 들 수 있다.

이러한 인구(학)적 변화가 근본적으로 과거에 국가경제 운영과 사회 관리에서 당연시했던 사회적 조건들을 해체하는 가운데, '저출산 노령화' 의제는 한국이 인구 결손과 불균형을 역전시키거나 완화시키기 위한 전략적 대책을 적극적으로 모색하도록 만들었다. 그러한 대책이 주로 한국 여성의 재생산 시민권 강화(출산 혜택 제공과 한국 여성들을 위한 양육 부담 경감)에 초점이 맞춰져 있는 것과 함께, 농촌과 도시 변두리에서 초국적 결혼 급증에 대한 전략적 정책 대응이 이뤄지면서 전례 없는 민족·인구(학)적 변화가 가속화되고 있다.

3부

압축적 근대성 이후

10장

포스트 압축근대적 현실

10-1 포스트 압축근대성 시대의 한국

21세기 서구에서 반복된 경제·정치·사회 위기는 세계적 전염효과를 통해서뿐 아니라 한국의 국가 개발 목표 및 방식과 관련해 시민들이 느낀 당혹감 차원에서도 한국 사회를 동요시켰다. 유럽과 북미의 선진국 따라잡기는 한국의 탈식민 개발과 근대화에서 중심적인 틀이었다. 그러나 21세기에 들어서자마자 이러한 틀은 점점 헛된 것으로 드러났다. 서구를 따라잡는 데 눈부신 성공을 거둔 후에 직면하게 된 현실은 물질적 부유와 사회·문화적 자부심뿐 아니라 서구 사회와 한국을 모두 곤경에 빠뜨린 다양한 구조적 어려움이기도 했다. 빠르게 진행되는 탈산업화, 다면적인 사회시민권의 침해, 빈곤층과 중산층 가구의 만성적 부채, 초저출산율과 초노령화에 따른 인구 부족과 불균형, 국가적·세계적 생태 위기 등이 이들 사회가 공통으로 마주한 어려움이다(Beck and Grande 2010; Beck 1999; Bauman 2000). 한국인들은 서구가 이미 효과적인 해결책을 가지고 있거나 곧 마련할 예정인지 느긋하게 지켜볼 수 있는 상황이 아니다. 서구에서 이러한 문제들에 대한 소위 신자유주의적 해법을 임시적으로 마련했을지도 모르지만, 이는 서구에서나 한국에서나 공개적으로 인정된 적이 없다.

한국의 문제는 그간의 따라잡기식 개발과 근대화가 수행된 방식 때문에 더욱 복잡하다. 탈식민 개발과 근대화는 국가경제 성장과 서구 중심의 제도적 동화라는 국가 과업으로 좁게 정의되었고 거의 모든 사회·문화·생태·경제적 가치와 자원이 임의로 이에 종속되었다. 구조적 경제 불평등, 사회복지의 결손과 결함, 노동권 침해, 여성 착취와 소외, 농촌의 사회·경제적 쇠퇴, 환경 파괴, 사회·정치적 권위주의, 문화·정치적 자기부정은 한국의 성공적 근대화와 개발 경로를 조건지었다(Chang, K. 1999). 한국 사회가 특유의 위험한 정책과 시도들을 근본적으로 바로잡아야 하는 역사적 순간을 마주할 때, 한국인들은 앞서 언급한 개발과 근대화의 성숙 단계에 치러야 할 보편적인 비용들도 지불해야 하는 상황이다. 이것이 한국이 처한 포스트 압축근대적 상황이다.

포스트 압축근대적 한국이 직면한 거대한 모순은 기존의 정치, 행정, 기술·과학, 산업 엘리트들이 자본주의 개발 포화에 따른 위기를 그동안 개발과 근대화에 활용된 (한국식) 위험한 조치들을 연장하고 부활시키거나 오히려 강화하는 새로운 구실로 내세우고 있다는 점이다. 개혁이나 혁신이 아닌 과거 관행으로의 회귀는 21세기 한국이 구조적 이중 위기 앞에서 일관했던 마구잡이식 대응이다. 20세기가 저물기 전 마지막 몇 년간 세계 경제 환경이 급변했음에도, 한국은 무모한 개발주의 국가로 별다른 고민 없이 일관하면서 IMF 경제위기로 인해 사회·경제가 큰 타격을 입었다. 다른 연구에서 자세히 설명했듯이(장경섭 2018), 이러한 경향은 한국의 정부 및 유착된 경제·사회 엘리트가 서구에서 파생된 신자유주의 이념, 정책, 관행을 맹목적으로 따르면서 더욱 악화된 측면이 있다. 그러나 이는 정확히 말하자면 새로운 (신자유주의) 서구에 수렴하는 것이 아닌, 과거로 돌아가려는 관성을 반영하는 것이다.

10-2 이중 구조적 위기

한국의 따라잡기식 개발과 근대화가 실행된 특유의 여러 방식, 그리고 이에 수반한 구조적 위험 및 피해는 압축적 근대성의 핵심 구조적 특성을 다룬 앞부분(2부)에서 확인할 수 있다. 여기서는 각 구조적 특성을 자세히 열거하기보다는 특별히 문제가 되는 위험과 손해를 간략하게 살펴보고 선진 세계와의 수렴으로 나타난 문제들에 대한 최근의 변화와 영향을 다루고자 한다.(4장은 광범위한 역사적 개요를 담고 있어 이 요약에서는 제외했다.)

변혁적 시민권과 희생 집단 한국의 국가 주도 개발 및 근대화 사업은 시민들이 온갖 집단적 변혁 목표를 위해 동원되고 활용되면서 사회적으로 효과를 봤다. 그러나 각각의 변혁 목표는 물적 기반이나 교육 수준, 그리고 (연고지를 포함한) 사회·정치적 관계에 따라 선별적·차별적으로 개인들에게 영향을 미쳤다. 이러한 과정에서 국가의 개발과 근대화는 목표로 했던 다양한 국가·사회적 변화를 이끌어내기도 했지만 소외되거나 착취당한 변혁의 희생자들을 계속해서 만들어냈다. 농민, 여성, 육체노동자, 지역 공동체, 기타 한국 사회의 일반 구성원들은 차례로 희생자가 되었다. 최근에는 국가가 서구 주도의 신자유주의 세계화에 적극적으로 참여하면서 경제와 사회를 탈산업화, 실업, (부채 기반의) 생계 금융화, 전례 없는 소득 격차와 자산 불평등이라는 후기 근대의 질곡에 갑작스럽게 밀어넣었다. 한국의 신자유주의가 고도로 국가 주도적이며, 신자유주의화가 사회·경제에 미치는 영향이 정치적 결정과 간섭에 의해 증폭되고 복잡해졌음은 물론이다. 특히 1990년대 말 국가적 금융 재난 이후, 경제위기 관리를 위한 신자유주의의 강화·확대는 농민, 도시 서민, 청년을 기업의 이익을 보호하고 증대하기 위한 손쉬운 희생양으로 삼는 경향을 심화시켰다.

복합문화체제 복합문화체제의 주체인 한국의 각 분야 조직과 시민은 전략적으로 탈식민 근대 사회·정치 질서 확립 촉진과 경제개발 효과 극대화를 위해 도구적으로, 선택적으로, 유연하게 그들 자신을 다양한 문화의 역사·문명적 원천에 결합해왔다. 그러한 문화적 복합성과 유연성이 한국의 근대화와 개발을 촉진했을 수도 있지만 다양한 가치, 이념, 종교, 문화, 지식의 사실상 모든 주체 사이에서 구조적 균열과 만성적 대립이 벌어지면서 사회의 융합된 철학과 문화 발전은 크게 지연되었다. 최근 이러한 이념·문화 요소들이 무한히 디지털화하여 제시되고 유통되면서 그러한 균열과 대치가 사회적으로 표현되는 데 있어 거의 모든 물리적 제약이 제거되었다.[1] 많은 경우 그러한 균열과 대치는 철학적 혹은 정신적으로 근본적이라기보다는 물질적이며 정치적인 전략의 성격이 강한 것으로, 관념적 토론이나 설득만으로는 해결될 수 없다.[2] 최근 아시아에서 농촌의 한국 남성들과 결혼하기 위해 외국인 신부들이 대거 유입되는 것은 이들을 맞는 남편, 시집, 농촌 공동체는 물론이거니와 한국 사회의 전반적인 문화적 복합성을 심화시켰다. 많은 서구 사회에서 이주노동자의 지속적인 유입과 정착은 한편으로는 이들 사회를 유기적 다문화 공동체로 재편하려는 공중의 의식적인 노력을 필요로 하고 유발했으며, 다른 한편으로는 최근 이주노동자들을 대상으로 한 빈번한 인종차별과 공격을 유발했다. 한국의 (외국인 신부만을 대상으로 하는) 다문화정책에서 외국인 이주노동자를 공식적으로 배제한 것은 배타적이거나 차별적인 방식을 통해 세계주의화 목표를 과시적으로 추구하는 매우 흥미로운 시도이다. 역설적으로 이는 한국이 세계주의화 목표를 열정적으로 선전하는 가운데 사회·문화·경제적 차원에서 자기중심적 입장을 강화함을 보여준다. 다문화주의가 종종 인종·민족 차별의 원인이라는 비난을 받는 데는 이유가 있다.

사회재생산의 생산주의적 훼손 한국의 경제·사회적 실태에 대한 국제 통계에는 모순적으로 병치되는 여러 항목이 있다. 유례없이 빠른 속도로 경제성장과 산업화를 이뤘고, 노동 시간과 학습 시간에서는 필적할 만한 대상을 찾기 어려우며, 경제적 수준이 유사한 다른 사회들에 비해 전 세대에서 자살률이 충격적으로 높고, 정치적 격변이 없는 상태에서 초저출산율을 기록하고 있는 것은 한국의 기적적인 발전이 인간의 생활과 노동력의 사회재생산을 위한 여러 기본적 조건을 희생하고 남용하여 극단적 방법으로 이룬 성과임을 분명히 보여준다. 이 점에서 한국의 발전은 진정한 기적을 이루는 데 실패했다. 한국에서 나타나는 일부 사회적 특징은 선진 서구 사회와 유사하다고 볼 수 있다. 예를 들어 '대체출산율 미달'은 한국의 출산율이 급락하기 오래 전부터 유럽과 북미에서 나타난 현상이다. 벡과 벡-게른스하임이 설득력 있게 설명했듯이(Beck and Beck-Gernsheim 2002) 노동시장, 가족, 복지체계의 불안정은 분명 서구인들이 전통적 사회재생산 제도에 따라 삶을 꾸려가는 동기와 조건을 약화시켰다. 한국인들도 이러한 추세에서 예외가 아닐 것이다. 그러나 전후

사회민주주의는 물론이고 서구 국가 중 그 어느 곳도 시민의 사회재생산 기본 조건을 임의로 희생하고 억제하는 정책 노선이나 조치를 도입한 적은 없다. 한국의 사회재생산 위기의 강도와 복잡성은 모든 선진국 가운데 최고 수준이다. 빈곤의 만연으로 사회재생산의 금융화 경향이 나타나는 요즘, 만성적 일자리 위기 등으로 인해 절박한 개인들이 자발적으로 사회재생산을 유기하여 한국의 사회재생산 위기가 극심해지고 있다.

사회인프라 가족주의 한국은 역사·사회적으로 놀라운 경제·사회·문화·정치적 변화를 거치면서 매우 흥미로운 능동적 가족주의가 나타났다. 가족들은 사실상 개발가족, 복지가족, 사회투자가족의 기능을 동시에 수행했다. 한국이 경제와 사회 개발로 현실화하고 열망했던 많은 목표가 일반 시민 가족의 노력과 자원으로 조직되고 보완되고 대체되거나 비용이 충당되었다. 그러나 21세기 초 한국에서는 시민의 능동적 가족주의가 급격하게 위축되면서 국가가 가족 규범, 관계, 자원을 다양한 사회·경제 문제 해결에 활용하는 데 어려움을 겪게 되었다. 대체로 한국인들은 전례 없는 사회·경제적 어려움 두 가지를 겪고 있는데, 급속한 사회·인구적 성숙으로 인한 '신사회 위험'과, IMF 경제위기 이후 고용과 생계의 신자유주의적 위기가 그것이다. 이러한 문제 속에서 한국은 대다수 시민이 주류 경제에서 분리되어 고용, 소득, 주택, 보건 등에서 위험이 계속 악화하는 상황에 처했다. 새로운 구조적 문제는 점점 더 많은 일반 가정이 국가의 사회·경제 정책을 위한 사회인프라 역할을 해내지 못하도록 만든다. 다른 한편으로 가족들은 그러한 역할을 감당할 재정과 물질적 자원을 상실한 상태이다. 이와 동시에 가족은 조직적으로나 규범적으로 약화되어(또는 구조조정 되어) 이전에 당연시하던 많은 사회·경제적 기능을 포기하고 결혼과 출산마저 기피하고 있다. 성실하게 자리를 지키고 재생산에 기여하며 사회인프라 역할을 하는 가족이 감소하면서, 후기 근대적 탈개발 국가의 경제, 사회, 교육 분야에서 공공사업은 훨씬 부담이 크고 어려운 일이 되었다.

압축적 인구구조 전환 한국 사회의 인구(학)적 구성은 충격적일 정도로 낮은 출산율, 높은 기대수명, 높은 수준의 도시화로 요약된다. 현재 인구지표 수준보다 더 충격적인 것은 한국 사회가 이러한 인구구조 측면에서 변화한 속도이다. 1960년대까지 한국 인구는 매우 높은 출산율, 보통 수준의 기대수명, 압도적인 농촌 거주라는 특징이 있었으나 불과 수십 년 만에 대체출산율에 크게 못 미치는 출산율, 막대한 노인 인구, 압도적인 도시 거주로 변화했다. 지난 수십 년은 한국의 자본주의 산업 발전이 풍부한 인적자원에 힘입어 박차를 가하던 시기이며, 이는 시장에 참여한 시민들의 기본 생활 여건을 개선했다. 국가의 직접적인 인구정책이 인구(학)적 변화를 촉진하는 데 영향이 미미했던 것은 아니지만, 한국인들이 새로운 경제활동과 사회관계 조건에 인구(학)적으로 대처하도록 유도하는 데에는 국가 개발정책의 성공이 훨씬 중요하게 작용했다.

한국인들의 신속한 인구(학)적 적응은 1990년대 말 이후의 급격한 경기침체와 구조조정 기간에도 이어졌다. 20세기 중후반에 전례 없는 경제적 기회와 조건을 맞아 인구(학)적 조건을 적극적으로 조정했던 초기 경험이, 21세기 초 경제불황과 사회불안정 시기에 다시 새롭게 인구(학)적으로 적응하는 과정에서 되풀이되었다. 개인과 가족이 사적으로 수행한 인구(학)적 적응은 농촌과, 궁극적으로는 한국 전체에서 인구 붕괴가 일어날 수 있는 심각한 추세로 이어졌다. 농촌의 쇠퇴, 인구 노령화, 국가적 인구 감소 가능성은 사실상 모든 선진국이 겪고 있는 인구(학)적 문제이지만, 한국의 경우는 이들과 공통으로 겪는 후기 근대 인구(학)적 추세를 훨씬 넘어선 극단적이고 고질적인 인구 교란으로 인해 심지어 민족의 존망 자체가 국내외적으로 거론되는 상황이다.

10-3 한국을 넘어

한국이 근대화와 개발에서 이룬 기적적 성취는 울리히 벡이 '이차 근대' 위험으로 표현한 자본주의 산업, 노동시장, 공공교육, 과학, 기술, 중앙정부, 중산층 가구 등 근대 체제의 내재적 기능 장애와 실패를 피해 가지 못했다. 이러한 부담스러운 위험들이 이제 막 인식되었지만, 한국인들은 압축적 근대화와 개발을 추진한 특유의 조치와 과정에서 비롯된 또 다른 고충들과도 맞서 싸우고 있다. 한국 사회가 압축적 사회·경제 변화를 위해 활용했던 조치들의 위험으로 말미암은 비용을 해결해야 하는 결정적인 순간에, 시민들은 개발과 근대화의 성숙 단계에서 세계인이 일반적으로 치러야 할 비용 문제도 맞닥뜨렸다.

한국의 포스트 압축근대적 환경의 문제는 빈곤, 기근, 정치적 균열, 사회갈등, 혼란 등으로 점철된 탈식민기 환경만큼이나 심각하다. 한국이 다른 선진국들과 공유하고 있는 일반적 위험에 대한 기술관료적 경고와 과학적 논쟁이 있지만 보수적 정치, 행정, 기술·과학, 산업 엘리트들은 모순적이게도 그러한 새 위험들을 압축적 개발과 근대화를 위한 정책을 확장하고 재개하고 심지어 강화하기 위한 편의적인 구실로 내세우고 있다. 그러한 노선이 잘 알려져 있듯이 이미 효력을 근본적으로 상실했는데도 말이다.

이처럼 명백하게 퇴행적인 경향은 신자유주의 이념, 정치, 관행으로 뒤얽히는 경우가 많았다. 사실 신자유주의에 대한 기득권 세력의 폭넓은 지지는 압축적 개발과 근대화를 뒷받침했던 보수적 이념, 정치, 관행을 재연장하려는 의도를 편의적으로 위장한 것으로 볼 수 있다(Chang, K. 2012c). 즉 분명하게 확인할 수 있는 것은 한국의 신자유주의 서구와의 수렴이나 동화라기보다는 국정 이념과 방법상의 내부적 관성이다. 한국인에게 신자유주의 이념, 정치, 관행의 이해 및 수용 가능성은 사실 서구에서 '개혁으로서의 신자유주의'에 대한 요란한 토론이 이루어졌음에도 그 자체가 사회·경제 문제에 보이는 보수적 관성을 반영하는 것일 수 있다. 모든 논리적 예측에서, 한국의 포스트 압축근대적 현실은 (그것이 신자유주의의 틀을 하고 있는지 여부를 떠나) 압축근대적 성취만큼 훌륭하고 유익하기가 쉽지 않다. 이러한 예측은 다른 후기 근대 사회들이 각자의 역사적 문제에 어떻게 대처하는지와 상관없이 유효할 것이다.

이러한 점에서, 한국이 동아시아에서 대표적 신자유주의 주체로 알려진 것이 포스트 압축근대성의 딜레마가 한국에만 고유한 것임을 의미하지는 않는다. 일본, 대만, 싱가포르, 홍콩을 포함해 이 지역의 산업화된 사회 거의 모두가 한국적 맥락에서 언급된 심각한 사회 위험과 문제를 안고 있다. 중국의 개발된 여러 지역에서도 이러한 사회문제가 점점 더 나타나고 있다(Chang, K. 2017c). 동아시아 언론들은 관련 동향과 문제에 대해 큰 관심을 표현했으며, 이에 대한 국제적 공동연구도 다수 진행되었다.[3] 이러한 공동연구에서는 이웃 나라들 간에 유사성 못지않게 중요한 차이가 있는 것으로 드러났는데, 이는 각국의 압축적 근대성과 포스트 압축근대적 현실이 매우 다양함을 보여준다.[4] 이와 더불어 특히 사회·문화적 측면에서 포스트 압축근대의 문제를 설명하기 위해 동양과 서양을 구분 짓는 관행은, 압축적 근대성과 이에 수반되는 다양한 포스트 압축근대적 현실이 국가(와 국가 하위)별로 다양하게 나타난다는 점에서 문제가 될 수 있다.[5] 한때 문명과 개발 차원에서 밀려났었던 동양에서 포스트 압축근대 시대에는 더 이상 서구가 공동의 분명한 미래로서 이상시되지 않는다는 것을 고려할 때, 동서양을 떠나 각 사회와 시민은 21세기에 각자 당면한 사회 위험과 문제의 많은 부분에 대해 자체적인 판단과 해결책을 모색해야 한다. 여러 포스트 압축근대 사회의 시민과 공동체가 여러 파행적 정치노선과 사회·문화적 이념에 시선을 돌린 것은 바로 그러한 자율적 판단과 대책 마련에 어려움을 겪거나 실패한 탓이다.

|주|

1장 서론: 논의의 목적, 쟁점, 내용

1. 이 문단의 통계 지표 전체는 Chang, K.(2016a) 참고.
2. 《대한민국 정책브리핑》 2019년 2월 27일. http://www.korea.kr/news/policyBriefingView.do?newsId=156319329
3. 이와 관련하여 특히 주목할 만한 학자는 개발 통치의 경우 Amsden(1989) 및 Lim, H.(1986), 노동계급의 형성은 Koo, H.(2001), 민주화는 최장집(2002), 젠더와 계급은 Abelmann(2003), 탈식민 정치는 Cumings(1981), 사회·정치적 군사주의 등은 Moon, S.(2012) 및 Eckert(2016) 참고.
4. 예를 들어 이와 관련하여 가장 일관된 노력을 기울인 학자는 역사사회학자 신용하(1994)인데, 지적 리더십을 발휘하여 당대 사회현상에 대한 토착 역사 및 사회·문화 환경을 집중적으로 살피는 영향력 있는 학파를 형성하는 데 중요한 역할을 했다.
5. 본래 'K팝'이라 불리는 한국의 현대 대중가요는 사회참여가 두드러지지 않을 수 있다. 그러나 최근 K팝의 대표 주자인 BTS의 세계적인 영향력은 이들의 사회적 메시지와 활동에 힘입은 바 크다.

6. 한국 정부는 한국의 현실과 경험을 토대로 한 국내 사회과학과 해외 한국학을 '국제적 주류'로 격상시키려는 명확한 학문정책을 채택하고 있다. 과학적 효과는 아직 모호한 부분이 있으나, 분명 한류는 한국의 문화, 사회, 역사에 대한 초국가적인 대중의 관심을 얻는 데 기여했다. 정부 기술관료나 이들과 뜻이 맞는 언론은 이를 대대적으로 반긴다. 대다수의 문화 제작자들은 광신적 애국주의는 아니더라도 국수주의로 흐를 가능성으로부터 적당한 거리를 유지하기 위해 의식적인 노력을 기울였다.

7. 또한 오늘날 베트남 사회는 점점 탈사회주의 압축적 근대성을 보여주는 또 다른 사례로 널리 분석되고 있다. 중국과 베트남에 대한 이러한 연구에서 탈사회주의와 후발 자본주의의 경로가 근대화 및 개발 차원에서 수렴할 가능성이 이들이 공유하는 압축적 근대성으로서 제안되었다.

8. 데이비드 하비는 세계 수준의 압축적 근대성을 (근대와 탈근대 모두에서) 자본주의의 별도 단계로 제시했다고 간주할 수 있다. 이 단계는 1980년대 이후 세계적 신자유주의에 의해 더욱 두드러졌는데, 이는 주로 자본주의의 마찬가지 논리와 위기를 통해 이뤄졌다. 게다가 하비의 연구는 울리히 벡 등이 이끈 사회학의 세계주의 전환의 중요한 전조였던 것으로 보인다(Beck and Sznaider 2006 참고).

9. 포스트식민주의의 지적 영향력이 확대되기 전에는 슈무엘 아이젠슈타트(Eisenstadt 2000), 패짓 헨리(Henry and Walter 1995)와 같은 많은 사회과학자들이 후발 근대화의 다양한 예에서 토착(전통) 문화와 서구(근대) 문화 간의 광범위한 혼합화를 지적했다.

10. 포스트식민주의 문학과 학문이 지적·정치적으로 탈식민 사회나 민중을 대변한다는 점에서 일종의 사회현상으로 간주된다면, 이는 서구에 대한 근본적인 극복성이 없지 않다고 말할 수 있다. 예를 들어 디페시 차크라바르티(Chakrabarty 1992)의 (서구) 역사학 비평, 에드워

드 사이드(Said 1978)의 (서구) 문학 비평은 의식적으로나 무의식적으로 서구인이 비서구인(최소한 출생 기준)에게 부여한 인식론적 제약을 뛰어넘을 뿐만 아니라 역사, 도덕, 미학에 있어 서구인들을 일깨우는 데 중요한 역할을 했다.

2장 압축적 근대성: 구성 차원과 발현 단위

1. 이런 면에서 데이비드 하비(Harvey 1980)가 후기 근대 자본주의의 축적 위기에 따른 (세계) 시간-공간 압착을 관찰한 것은 탈식민 압축적 근대성에서 국가, 지역, 조직, 가족, 개인의 시간-공간 단축과 구분 지어야 한다.
2. Ernst Bloch([1935]1991), *Heritage of Our Times*(Berkeley: University of California Press) 참고. 독일이 산업화에서는 영국과 프랑스에, 근대화 측면에서는 일반적으로 뒤처진 상태였기 때문에 에른스트 블로흐는 독일의 사회 상황이 후진 문화와 근대 산업주의 사이에 갇혀 있다고 인식했다.
3. 오늘날 서양 의학이 패권적으로 지배하고 있는 의학 분야에서 한국 한의학의 힘겨운 투쟁에 대해서는 김종영(2019) 참고.
4. '지나치게 역동적'은 노무현 정부 당시 서울에 주재하던 외신 특파원들 사이에서 유행어로 회자되었다. '다이내믹 코리아(Dynamic Korea)'가 해외 관광객을 유치하기 위한 공식 구호였지만 외신 기자들에게는 한국이 '지나치게' 역동적으로 느껴졌던 것으로 보인다.
5. 앤서니 기든스(Giddens 1990: 18-19)는 발터 베냐민의 근대 도시에 대한 비판적 평가에서 영향을 받은 것으로 보인다(Gilloch 1997). 그는 "근대성 상태에서 장소는 점점 변화무쌍해진다. 즉, 지역은 상당히 먼 거리에 있는 곳에서 비롯된 사회적 영향들이 침투하여 형성된다"라고 주장했다.

6. 흥미롭게도 한국 근대성의 이 가족(주의) 특성은 (만성적인 서구 의존성이 토착 사회문제와 현상의 본질적 특성을 자주적이고 체계적으로 탐색하지 못하도록 가로막는) 사회과학보다 한국의 문화 생산물(가족관계와 문제를 중심 주제로 다룬 드라마, 영화, 소설)이 더 설득력 있게 표현하고 효과적으로 전달한 것으로 보인다. 이와 관련하여 한국 드라마에 대한 논의는 Kim, Y.(2013) 참고.

7. 복합적 개인(성)의 인류학적 논의는 Orta(1999) 참고. 한국의 사례에 대한 논의는 Abelmann(2003) 참고.

8. 내부다중(압축적)근대성은 아르준 아파두라이(Appadurai 1990)가 언급한 탈식민 근대성의 세계 '경관(scapes)'의 복합적 토착 사례로 볼 수 있다.

9. '세계 근대성'은 Dirlik(2003, 2004), '혼합화로서의 세계화'는 Pieterse(1994) 참고.

10. 이런 면에서 '유럽의 지방화'(Chakrabarty 2000)는 필요하지만 탈식민성이나 탈식민 근대성·근대화 분석을 위한 충분한 전략은 아니다.

11. '실천적 형이상학'에서 사회 (무)질서에 대한 브뤼노 라투르(Latour 1993, 2005)의 견해에는 이러한 문제에 대한 인식론적 근접성이 반영되었을 수 있다.

12. 그러한 근대성 관계화의 예기치 않았거나 알려지지 않은 결과의 폭넓은 토착적인 표현을 고려하고자 한다면 존 어리(Urry 2003)의 '세계 복합성'론을 유용하게 적용할 수 있다.

3장 세계보편주의 관점의 압축적 근대성

1. 반영적 세계주의는 반영적 근대화의 탈국가적 또는 세계적 차원과 단

계를 강조한다(Chang, K. 2017b). 여기서 세계화(cosmopolitization)는 규범적 또는 이념적 중립성에서 세계주의화(cosmopolitanization)와 구별된다.

2. (영국과 미국 등) 자유주의 사회에서 시장경제 기회(기업과 노동) 및 정치적 자유는 (주로 기반시설 공급과 치안 유지를 맡고 있는) 국가에 대한 시민의 자주적 지위를 유지시켰다. (스칸디나비아 국가들과 같은) 사회민주주의 사회에서는 시장경제 기회가 국가가 조직한 사회보장에 대한 정치적 권리로 보완되었다. (일본과 한국 등) 개발사회에서는 시장경제 기회의 확대가 국가의 핵심적인 책임으로 인식되었으며 이에 따라 시민들에게 돌봄과 부양을 위한 사적 자원 동원을 의무화했다(Chang, K. 2012a, 2012b).
3. 이차 근대성의 내부적으로 생성된 힘들은 상대적으로 자주적인 이차 근대사회에서 훨씬 강하고 다양하며, 따라서 이들의 압축적 근대성이 서로 다른 방향으로 강화된다는 점을 짚고 넘어가야 한다.
4. 세계위험사회에서 테러와 전쟁에 대한 견해는 Beck(2002) 참고.
5. Hobsbawm and Ranger (eds.) 1992, *The Invention of Tradition* 참고.
6. 이와 관련한 암시적인 분석은 Bloch([1935]1991) 참고.
7. 동아시아의 노령화된(최근에는 완화됨) 역사적 사회(예: 중국, 베트남)가 결과적으로 효과적인 근대화 추진 국가가 되었다.
8. 데이비드 하비(Harvey 1980)의 시간-공간 '압착'은 필자의 '단축'에 해당한다.
9. 세계화 또는 반영적 세계주의의 다양한 구성 요소와 관련하여 Beck(1999, 2006), Turner(1994), Turner and Khondker(2010), Mittelman(2000), Mittelman and Othman, eds.(2001), Jameson and Miyoshi, eds.(1998) 등을 참고했다. 오스트레일리아의 신자유주의 세계화에 대한 매우 설득력 있는 분석과 비판으로서 Weiss, Thurbon,

and Mathews(2007) 참고.

10. 많은 선진 자본주의국가에서 산업공동화, 금융화 등으로 인해 국내 불평등이 확대된 것과 무관치 않다.
11. 이와 관련한 최악의 스캔들 중 하나로 중국의 유독성 가짜 상품들을 들 수 있다. Chang, K.(2017c) 참고.
12. 한국 농촌의 베트남 신부들은 매우 흥미롭지만 복잡한 경우에 해당한다. "Baby Boom of Mixed Children Tests South Korea"(*New York Times*, November 28, 2009) 참고.
13. 이와 관련하여 포스트식민주의는 가장 성공적인 사례이다(예를 들어 Ashcroft, Griffiths, and Tiffin 2002 참고).
14. 중국의 기술 경쟁력 있는 해외 기업(IBM 포함) 사냥은 가장 이목이 집중되는 사례이다.
15. 성공적인 사례에서 이를 '개발 근대성(developmental modernity)'으로 부를 수 있을 것이다.
16. 이 상황에서 라틴아메리카 수입대체산업화(ISI)가 폐기되었으며 심지어 아프리카 자급농업도 (수출 농업을 위해) 심각하게 희생되었다.
17. IMF 주도의 구조조정 프로그램이 가장 충격적인 사례이다.
18. 미국의 GMO 농산물이 가장 단적인 예이다.
19. 이에 따른 아시아/한국-미국 관계의 변화는 Cumings(1998, 1999) 참고.
20. 이와 관련한 역사적 대표 사례인 마오주의 혁명과 군중 노선에 대해서는 다음을 참고. Selden(1971), *The Yenan Way in Revolutionary China*.
21. 중국 사례는 Chang, K.(2017c) 참고.
22. 체제 전환 국가 정부에서 일부 서구 자유주의자들을 공식적인 핵심 정책 자문으로 지명했다.

23. 베트남이 매우 유사한 사례이다(Masina 2006 참고).

24. 중국을 고도로 다양한 시간·공간 차원의 위험 질서가 나타나는 복합 위험사회로 분석한 연구는 Chang, K.(2017c) 참고.

25. 동독의 경험은 다음을 참고. Sinn and Sinn(1992), *Jumpstart: The Economic Unification of Germany*.

26. 브뤼노 라투르(Latour 1993, 2005)와 존 어리(Urry 2003)의 세계관을 이러한 관찰을 이론적으로 정당화하는 데 유용하게 반영할 수 있다.

27. 1990년대 초중반 한국이 개발에 성공한 국가로서 중국의 대표단을 맞이한 것은 2천 년 가까운 양국의 역사적 맥락에서 상당히 감격적인 경험으로 간주되었다. 지난 2천 년 동안 전통 한국인들은 중국 제국에 조공 사신단을 보냈고 이 사신단은 많은 경우 문명을 배우는 태스크포스 역할을 겸했다.

28. 동아시아 국가들의 명문 대학 대다수는 THE 세계대학순위와 QS 세계대학순위 같은 (서구 기반의) 주요 세계 평가 프로그램에서 순위를 높이는 데 열을 올리고 있다. 이로 인해 교수진과 대학원생들은 (SCI, SCIE, SSCI, A&HCI 등으로 간편하게 식별되는) 주요 학회지에 논문을 발표하거나 서구 출판사에서 저서를 출간하라는 강한 압박을 받고 있다.

29. 2021년 7월 중국공산당 100주년 행사에서 시진핑 주석은 40년간의 전례 없는 경제발전을 통해 세계 정치와 경제 무대에서 초강대국 위상에 오른 것에 걸맞은 세계주의 약속이 아닌, 노골적인 국가주의 선전과 경고를 내놓았다. 한편 일본과 한국은 일본 군인들이 전시에 한국인에 대해 노동력을 착취하고 성노예로 동원한 것을 둘러싸고 정치적·법적 갈등을 벌여왔으며, 한동안 과거의 만행을 역사적으로 공식 인정하고 보상을 통해 책임을 지라는 한국의 요구에 반발해 일본이 적대적인 무역정책을 펼치기도 했다.

30. 한국의 압축적 개발과 근대화를 상징하는 핵심 인물인 박정희에 대해서는 뜨거운 논란이 벌어져왔다. 박정희가 일본의 군사교육을 받고 관련 경력을 쌓은 개인사는 미국과의 전쟁에서 패하기 전 군국주의 일본과 유사한 경제, 사회·정치, 교육 정책을 도입하게 된 중요한 배경으로 간주된다(Eckert 2016). 박정희는 세계의 근대화 선두 주자들을 따라잡기 위해 국가를 혁명적으로 혁신한 일본과 독일(프로이센) 지도자들에 대한 존경을 공개적으로 표현한 바 있다.

4장 내부다중근대성: 멀티플렉스 극장사회로서의 한국

1. 또한 이러한 측면은 "서로 다른 근대성이 공존할 뿐만 아니라 상호 관계하는" 예란 테르보른(Therborne 2003: 295)의 '착종근대성'론에 강조되어 있다.
2. 일본의 반영적 근대화는 탈식민적 성격은 아니었지만 서구의 문명과 정치·경제 체제가 우월함을 인정하고 서구를 참고하여 근대화(또는 근대성 관계화)를 추진함으로써 반영적 근대성과 유사한 특성을 띠었다.
3. 이와 관련하여 한국 여성들의 '다층적 근대성'에 대한 명쾌한 설명은 함인희(2006) 참고.
4. 이 점에 있어 사회적으로 중요하지만 예상치 못했던 현상으로서 한국의 제의적인 장자상속제와 일본의 '이에[家]'라고 불리는 실질적인 가족(가업) 승계체계 사이에서 일종의 의사 장자상속제 규범이 생겨났다. 조선시대에 가족에서 장자의 권위는 주로 제주로서 맡은 역할에서 비롯되었으며, 모든 형제는 공식적으로 양반으로서 신분 지위를 확립하기 위해서는 각자 나라에서 주관하는 과거를 봐야 했다. 일본의 이에

제도가 한국의 유교적 장자상속 문화와 결합하면서 각 가족의 장자가 제의적 권위와 물질적 우선권을 모두 갖기 시작했다(불균등하거나 독점적으로 가족의 자산, 사업 등을 상속했다). 이는 기본적으로 가족문화에서 우발적으로 전개된 현상이었는데, 이후 숱한 가족들의 형제들 간, 부모와 자녀들 간에 복잡한 분쟁을 일으켰다. 예를 들어 삼성과 현대그룹의 사례에서 보듯 창업자가 장자에게 기업집단의 대표를 물려주지 않는 경우 재벌가의 형제자매 간 기업 승계를 둘러싼 갈등이 빈번하게 불거졌다(Chang, K. 2010a).

5. '일제 부역자'로 활동한 많은 한국 지식인과 기업인들은 그들 다수가 서구가 패권을 행사하는 새로운 세계질서에서 일본을 한국(조선)이 속해야 할 초국가적 주체로 받아들인 것으로 해석할 수 있다. 4장 뒷부분에서 설명했듯이, 이는 냉전시대에 '자유세계'의 실존적 긴박성을 받아들였던 친미 성향의 지식인 및 정치인들의 입장과 일치한다.
6. 변증법적 식민지 근대성의 또 다른 사례로 젠더 측면을 추가할 수 있다. 일본 식민주의에 탄력적으로 저항한 한국 여성들에 대해서는 시어도어 준 유(Yoo 2014)의 최근 저서 참고. 반면 일본의 식민지 가족정책과 법은 핵가족이 증가하는 가운데 여성에게 공식적으로 법적 지위를 부여하고(Lim, S. 2019), 한국 인구를 사회·행정적으로 지배하면서 남성의 지위를 '호주'로 법제화하여 젠더 관계에 복잡한 변화를 유발했다(Yang, H. 2006; 양현아 2012).
7. 원산총파업은 이러한 측면에서 획기적인 사건이었다. 1929년 1월 13일부터 4월 6일까지 원산노동연합회 산하 2,000명 이상의 한국인 노동자들은 일본(과 동맹한 서구) 기업인들을 상대로 매우 강력한 파업 투쟁을 전개했다. 경제적 범위는 제한적이었지만 식민지 자본주의 산업화는 일본(과 일부 서구) 기업에서 심각한 착취에 시달리며 사회·정치

의식이 강해진 한국인들 사이에서 근대 프롤레타리아 계급의식을 형성하는 데 일조했다.

8. 이와 관련하여 해방 직후 대다수 한국인들은 사회주의 경제체제에 호감을 표현했다. 미군정 당국이 서울 시민들을 대상으로 선호하는 체제를 물은 설문조사의 결과는 자본주의 14%, 사회주의 70%, 공산주의 10%로 나타났다(《미디어오늘》 2017년 4월 21일. http://www.mediatoday.co.kr/news/articleView.html?idxno=136310).

9. 사회주의 또는 프롤레타리아 민족주의는 한국의 진보 지식인들에게 오랫동안 널리 영향을 미친 이념이었다. 1990년대 중반 한국의 일부 학생운동가들은 군사독재와 개발 자본주의에 대한 정치 투쟁을 범한국적 프로젝트로 재편하면서 북한 지도부와 연계해 공개적으로 주체사상을 지지했다(박찬수 2016). NL(민족해방파)로 불리는 이 집단은 학생운동에 이어 노동운동의 주요 세력이 되었으나 결국 두 운동을 모두 퇴보시켰다. NL의 여러 핵심 인물들이 이른바 뉴라이트로 전향했는데, 이들은 (일제 식민 통치를 포함해) 보수 지배권력과 관련되어 있다면 무엇이든 정당화하고 민주주의나 인권과 관련하여 북한에 반대하는 투쟁을 장려하는 정치적 입장을 갖고 있다. 주체사상에 대해서는 Kim, S.(2017) 참고.

10. 동아시아는 주요 국가들이 일련의 국가 구조 내에서 상당히 강한 인종 동질성과 통합성을 오랫동안 유지했다는 점에서 세계사에서 예외적인 지역이다. 따라서 이 지역의 민족주의는 흔히 역사적 민족의식이나 배타적 인종주의와 동일시되며(Shin, G. 2006) 한국에서는 배타적 단일민족 사상이 강했다. 그러나 이러한 인종적 측면이 한국 민족주의의 정치·사회·문화적 함의를 지배하는 것은 아니며, 외세와 관련되어 정치·제도적 불안정을 겪은 시기에는 더욱 그렇다.

11. 시어도어 휴즈가 식민지 시대와 해방 이후 한국 문학과 영화에 대해 최근 펴낸 저서(Hughes 2014)는 문학과 영화에 담긴 변증법적 식민지 근대성의 다양한 특성을 제시한다.

12. 민족주의적 자유주의는 사회학, 문학, 최근에는 영화에 특히 강한 영향을 미쳤다. 지성계의 핵심 인물로는 한완상과 백낙청이 있으며, 정치적으로는 김대중 대통령(김동노 2010 참고)과 문재인 대통령이 이러한 입장을 나타냈다.

13. 울리히 벡과 앤서니 기든스가 주장했듯이(Beck, Giddens, and Lash 1994) 후기 근대 현실에서 반영적 근대화는 현대사회와 시민들을 기회보다는 위험에 훨씬 많이 노출시키는 통제 불능의 선택지들이 범람하는 구조적으로 복잡한 사회 변화 과정이다. '반영적 근대화'에 대한 공식화된 이론적 설명은 필자의 『The Wiley Blackwell Encyclopedia of Social Theory』(Chang, K. 2017b) 참고. 세계적 차원에서 이는 탈식민기 근대의 현실이기도 했다.

14. 페이치아 란(Lan 2014)이 '글로컬(glocal) 착종'이라고 부른 개념이 이 역사 현상에 해당할 수 있다.

15. 미국은 일본의 한국 병합을 지지하는 대신 종교, 교육, 사회복지 등 사회·문화적으로 한국인들에게 폭넓은 영향력을 행사할 수 있게 되었다. 많은 한국인들이 미국이 세운 교회, 학교, 복지기관을 일제 강점기에 일종의 피난처로 삼았다. 그 경험은 해방기에 모든 분야에서 한국의 미국화를 추진하는 결정적인 기반을 형성하는 데 기여했다.

16. 서울대학교(SNU)는 1946년 경성제국대학을 재편하고 몇몇 단과대학을 흡수하여 설립되었다. 서울대학교는 미국의 종합 연구대학교를 모델로 삼았으며 초대 총장으로 박사학위가 있는 미군 장교가 임명되었다. 서울대학교는 주요 거점 지역에 연이어 설립된 다른 국립

대학교들의 표준 모델 역할을 했다. 막대한 사회적 영향력을 지닌 서울대학교는 오늘날까지 한국의 반영적 제도 근대화에서 민족주의 및 친미주의 기관 역할을 했다. 『서울대학교 50년사 1946~1996 상, 하』(서울대학교출판부, 1996) 참고.

17. 이는 한국에서 일반적으로 '폴리페서(polifessor)'라고 부르는 집단이 부상하는 핵심 원인이 되었다(노시평 2008; 변창구 2012). 교수들이 연구와 교육 업무를 등한시하자 국회에서 이들에 대한 규제를 시도하기까지 했다(손희권 2009). 폴리페서는 종종 조선의 사대부에 비유되기도 하지만 대체로 비판적인 시각의 대상이다(변창구 2012). 그럼에도 많은 폴리페서들은 학자 겸 공직자라는 지위가 가치 있는 전통이라고 자부한다.

18. 이러한 사회적 한계는 한국에서는 '반영적 사회과학' 또는 '반영적으로 실증주의적인 사회과학'이라 부를 수 있는 일반적 특성과 관련되며, 한국의 현실을 그 자체로 분석하기보다는 서구의 기준과 한국의 현실 간의 간극을 재는 경향으로 특징지어진다.

19. 조선 또는 동아시아 일반의 문명·제도적 원생근대성에 대한 신뢰할 만한 주장은 Lew, S.(2013) 및 김상준(2011) 참고.

20. 특히 박정희는 국가에 충성하고 부모에 효를 행한다는 유교의 충효 사상을 통해 시민들에게 (국가 지도자로 구현된) 국가를 부모와 같이 섬겨야 한다는 논리로 통치를 강화하려 했다.

21. 한국 언론의 정치적 성격에 대해서는 박승관·장경섭(2001), 『언론권력과 의제동학』 참고.

22. 그러한 전략적 역공학은 근본적으로 모방된 문명이나 체제(와 더불어 내부 제도·관념적 일관성)가 장기적으로 일관성을 유지한다고 가정한다. 해방 직후 한국이 압도적으로 미국식 체제에 의존한 것은 모순적

이게도 그러한 조건을 만족시키는 데 일조했지만, 미군정 당국과 대한민국의 비용 관리 노력, 식민지 시기부터 잔존한 한국 엘리트들의 이해관계, 냉전체제하에서 미국에 의한 한반도의 정치·군사적 안정 우선시 등의 요인들이 결합해, 제도 근대화의 국가 모델에서 만성적인 구조적 복잡성, 비일관성, 분절성을 야기했다(박태균 2008; 김동춘 2018; Chang, K. 1999).

23. 예를 들어 한국의 대표적인 종합대학교인 서울대학교에는 2020년 현재 15개 학부와 82개 학과가 운영되고 있다(http://www.snu.ac.kr/organization). 일반대학원에는 석사과정에 5계열, 70학과, 28협동과정이 운영되고 박사과정에 5계열, 72학과, 29협동과정이 있다. 또한 12개 전문대학원이 있다. 각 학과의 학부와 대학원 과정은 기본적으로 교육 및 연구 기능을 개별적으로 수행하는 독립 기관이며 학부 학과 출신을 교수에 임용하는 배타적 경향이 강해서 보편주의적 대학교라고 부르기 어렵다.

24. 앞서 조선 후기에 양반화 추세가 진행되었지만(김상준 2003) 편법적으로 얻은 양반 지위를 통해 국가의 착취를 모면하려는 물질적 동기가 더 강했다.

25. 여성에 대한 가족 신전통화의 함의는 두 사례가 판이하게 다르다(장경섭 2018). 확대가족 관계 및 제사와 더불어 농사에서 한국 여성의 착취는 서정적으로 낭만화된 근대 핵가족의 문화적 중추로서 서구 여성들의 근본적인 지위와 대조를 이룬다. 한국 여성의 지위 규범은 식민지 시대에 일본 현모양처 사상의 영향을 받았음을 기억해야 한다(Choi, H. 2009). 이는 유교의 가족 규범과 양립 불가능하지 않으며 오히려 규범적으로 강화되었고, 일상에서 가사뿐만 아니라 농사와 다른 산업노동도 수행해야 하는 현실에 배신감을 느끼는 여성의 지위

에 복잡한 영향을 미쳤다. 그러나 일반적으로 여성 지위는 부계 친족 제도를 통해 제도적으로 규정된 것이 아니라 사실은 핵가족 증가 속에서 여성의 공식적 지위를 식민 당국이 법제화한 것이었다(Lim, S. 2019). 가족문화에서 탈식민기 신전통화는 일상에서 여성의 근대적 법적 지위가 갖는 실질적 효과를 상당 부분 상쇄했다.

26. 한국 개신교 내의 사회질서와 관계에서조차 유교적 특성이 강하게 나타나는 것으로 알려져 있다(계재광 2010). 일부 교회에서는 교회를 설립한 목사의 부계 혈통을 따라 권력을 세습하기도 했다(배덕만 2013). 공적 지위나 공직의 가족 상속을 그 자체로 유교적이라고 부를 수는 없지만, 유교적 가부장제는 이러한 불법적이고 반사회적인 관행의 배경에 있는 주요 조직 질서이다(임희숙 2000).

27. 이러한 기업문화의 왜곡된 표현으로, 기업 총수가 직원들에게 신체적 폭력을 가하는 것이 뉴스 헤드라인을 계속 장식하고 있다.

28. 수많은 한국 사회과학자들이 주로 한국이나 미국 정부의 공적 지원을 받아 미국 대학교의 대학원 과정에 진학했으며 고국에 돌아와 교육, 연구, 제도 근대화를 이끌었다(김종영, 2015). 또한 1946년 설립되어 한국의 교육과 연구 분야에서 패권적 기관 지위에 있는 서울대학교의 초대 총장이 (학문 배경이 있는) 미국인 장교였다는 점은 시사하는 바가 크다.

29. 한국전쟁의 역사·정치적 기원은 브루스 커밍스의 선구적 연구(Cumings 1981) 이래 태평양 지역의 정치학자와 역사학자들 사이에서 가장 치열하게 논쟁이 벌어지는 주제이다.

30. 교육에 관해서는 한준상(2003) 및 김종영(2015) 참고. 기술은 한진금(2010), 문화는 이봉범(2015), 경제적 지원은 이현진(2009) 참고.

31. 한국의 '반공 자유주의'와 노동권과 사회복지를 비롯한 다양한 사회·

경제 정책과 관행의 신자유주의 간의 유사성 또는 양립 가능성에 대한 흥미로운 관찰은 김동춘(2018) 참고.

32. 이와 관련하여 한국 군대는 베트남전쟁 기간에 미군과 함께 북베트남 공산정권에 맞서 싸우도록 동원되었다. 이 전쟁을 통해 미국은 인도차이나반도에서 공산주의의 확대를 억제하고자 했다.

33. 이러한 정치 관행을 지성계와 언론에서는 공안통치라고 불렀다. 공안통치의 법적 근거는 국가보안법이다. 보수 정치지도자들은 잇달아 공안검사, 정보기관 관료, 보수 언론인 등 공안통치를 위한 핵심 공직자 및 협력 인사들을 정당, 국회, 정부 요직에 임명했다. 예를 들어 최근 탄핵된 박정희의 딸 박근혜는 (임기를 채우지 못한) 대통령직 수행 기간에 공안통치 공직자들을 대거 발탁했으며 이들은 불법 행위로 박근혜와 함께 구속되었다.

34. 민초 수준에서는 최근 문재인 정부에 대해 정치적 반대 시위를 벌였던 많은 보수층 노인들이 태극기뿐만 아니라 미국 국기를 함께 흔들면서 자신들의 의식적 또는 무의식적 정체성을 자유세계 시민(또는 간접적인 미국 시민?)으로 표현했다. 이들은 직접 한국전쟁을 경험했거나 냉전기의 강력한 반공주의 정치사회화를 겪었다.

35. 그럼에도 현대그룹의 정주영과 정몽준은 야심차게 대통령이 되려고 시도했다. 두 사람 모두 성공하지 못했지만 상당히 폭넓은 정치적 지지를 얻어냈다.

36. 아시아에서는 싱가포르가 가장 뚜렷한 국가자본주의체제이며 이 체제는 경제뿐 아니라 정치와 사회의 기본 성격을 정의한다. Chua, Beng Huat(2017), *Liberalism Disavowed* 참고.

37. 이승만의 입장은 보수 한국민주당의 입장과도 상당히 달랐는데, 이 정당에서는 (민간의 자본이 충분히 조성될 때까지) 상황적으로 필요한 산

업국유화 조치와 (보상과 지급을 토대로 하는) 토지개혁을 지지했다(박태균 2008).

38. 박정희의 직업적 배경인 군인은 국가 간 물리적 관계를 관리하는 직업이다. 따라서 박정희(오제연 2007)를 비롯해 전 세계의 군인 출신 정치인들 다수가 다른 공공 문제와 정책에서도 강한 민족주의 성향을 보였다. 일제 군대에서의 박정희의 경력이 정치·경제에 미친 영향은 Eckert(2016) 참고.

39. 재벌은 정치인, 정부 관료, 판사, 검사, 언론인, 학자, 시민운동가 등 기업의 이해관계에 직접적이거나 잠정적인 영향력을 미치는 사람들에게 뇌물을 제공했다. 그러한 뇌물의 형식이 모두 불법적인 것은 아니었으며 기발한 방식으로 진화했다. 삼성은 한국 대중에게 가장 악명이 높으며, 한국을 '삼성공화국'으로 지칭하거나 뇌물을 받는 사람을 '삼성장학생'으로 지칭하기도 했다. 관련 내용은 송백석(2007), 하승우(2011), 김상조(2007) 참고. 계열사적 경제연구소와 신문 등 재벌의 이해와 이념을 대변하는 기구들은 국가자본주의적 개발체제의 패권적 영향과 이로 인한 재벌의 사회·정치적 지위 제한에 대해 대체로 모호한 입장을 보였다. 이들은 확고한 시장자유주의 입장이나 재벌 중심 이념을 선전하기보다는 종종 국가경제 환경과 정책에 대한 기회주의적 의견을 제시하는 편을 택했다. 즉 재벌의 직접적인 이해관계에 따라 국가 개입과 지원을 요구하거나 비판하는 방식을 취했다.

40. 이러한 상상은 〈국민교육헌장〉(1968년 12월 5일)에 공식적으로 명시되었으며 박정희의 연설을 통해 선포되었다(이 책의 5장 참고).

41. 필자는 기존 연구에서 노사관계에 대한 국가-기업 간 산업정책적 연합과 그 사회·정치·경제적 함의에 대해 이를 개발자유주의의 일환, 즉 개발국가의 사회정책 체제로 설명한 바 있다(Chang, K. 2019).

42. '박정희 향수'라고 부르는 이 현상은 심지어 2012년 딸인 박근혜의 대통령 당선으로 이어졌다. 역으로, 박근혜가 비리와 비선 정치 스캔들로 탄핵되면서 박정희 향수는 크게 약화되었다.
43. 이러한 경향은 특히 사회운동 집단들의 폭넓은 연대로 구성된 문재인 정부에서 두드러졌다.
44. 문재인이 국가의 불법적 폭력에 맞선 민중 주체들을 도운 인권 변호사로서 오랫동안 경력을 쌓은 것은 우연이 아니다.
45. 이 두 집단을 NL(민족해방파)과 PD(민중민주파)라고 부른다.
46. NL 집단은 한국 민주주의에 예상치 못한 문제를 야기했다. 첫째, (PD가 이끄는) 노동계급 정치 제도화와 노조 운동을 심각하게 탈선시켰다. 둘째, 북한과 공개적으로 소통하여 공안 도구들을 동원한 (냉전 기반 지배인) 공안통치의 수명을 연장시켰다. 핵심 인사들의 보수 전향은 이들이 독선적인 국가권위주의를 계속 지지하는 것을 생각할 때 진정한 전향이 아니다.
47. 그러한 국가주의 해법과 국가와의 상호작용 등의 고질적인 부작용으로, 자유주의 사회제도의 많은 지도자들이 개인적 입지를 세우기 위해 공직자와 정치인의 환심을 얻으려고 노력하는 한편, 자신의 기능과 역할을 조작하여 외부의 숨겨진 정치적 목적을 도움으로써 공직이나 정계 진출을 시도했다. 예를 들어 한국의 많은 대학교 총장들이 정치인, 장관, 심지어 대통령 비서실장이 되었다.
48. 심지어 수많은 사회과학자들도 국가보안법에 따라 엄중한 감시를 받고 통제를 당한 바 있다.
49. 구독 부수가 많은 3대 신문인 조선일보, 중앙일보, 동아일보는 일반적으로 반공과 반북한 이념의 유지, 부활을 공식적으로 정치화하는 데 앞장섰다. 이들을 비판하는 시민들은 줄여서 '조중동'으로 부른다.

50. 예를 들어 박근혜가 대통령직에서 탄핵될 당시 박근혜 정부에서 권한이 가장 강했던 세 사람(김기춘 대통령비서실 비서실장, 우병우 대통령비서실 민정수석, 황교안 국무총리)은 모두 공안검사 출신이었다.
51. 앨리스 앰스덴은 한국의 개발에 대한 권위 있는 저서 『Asia's Next Giant: South Korea and Late Industrialization』(Amsden 1989)에서 비공식적 경제 지배 구조와 형태가 경제개발에 지대한 영향을 미쳤다고 주장했다.
52. 장하성은 소액주주운동의 핵심 인물로, 문재인 정권에서 경제개혁에 대한 기여를 인정받아 대통령비서실 정책실장을 지냈다. 그의 경제개혁 의제와 개념에 대한 포괄적인 설명은 장하성(2014), 『한국 자본주의』 참고. 흥미롭게도 그의 사촌이자 케임브리지대학교 교수인 장하준은 재벌에 대해 전략적인 개발 효용성을 강조하여 앨리스 앰스덴과 같은 의견을 내는 등 상반된 입장을 보인다.
53. 오늘날 한국 사회의 민주주의, 성장주의, 민족주의, 젠더주의에 나타나는 '집단 의례'에 대한 생생한 설명은 최종렬(2019) 참고.
54. 그러한 근대화에 대한 선전적 접근은 일반 한국인들이 근대화에 규범적으로 몰입하게 만들었다. '근대화'는 '현대', '국제화'와 더불어 가게나 회사의 이름으로도 널리 사용되었다.

5장 변혁공헌권리: 압축적 근대성에서의 시민(권)

1. 브루스 커밍스는 주로 사기업적인 이해관계에서 추진된 유럽의 식민통치와 다르다는 의미에서 일본의 한국 지배를 '행정적 식민주의'라고 규정했다(Cumings 2005).

2. 미군정 당국은 1946년 8월 22일 서울대학교 설립에 대한 법안을 공포하고 미군 장교 해리 비드웰 앤스테드 박사를 초대 총장으로 임명했다.
3. 이는 공식적으로 학벌의 지대 추구 성격을 강화하여 비용편익에 민감한 시민들의 사교육 투자를 촉발했다(Chang, K. 2010a, 3장).
4. 버락 오바마는 한국인들의 교육열과 직업의식을 가장 열렬히 지지하는 사람 중 하나이다. 특히 서브프라임 모기지로 경제위기를 겪은 후 미국인들에게 한국인의 교육에 대한 헌신과 성과를 배우라고 여러 번 강조했다(Chang, K. 2022, 6장).
5. 교육 기회의 확대는 종종 교육을 통한 정치적 통제 강화로 이어진다(Seth 2012).
6. 대학 입학시험 체계를 비롯한 교육 관련 경쟁체계의 부실한 관리는 각 정부의 인기를 심각하게 떨어뜨릴 수 있으며 심지어 교육부 장관이 해임되기까지 한다. '입시관리국가'(Chang, K. 2010a, 3장; Chang, K. 2022, 6장)로서의 성과는 정치적 우선순위 중 하나로 자리매김했다.
7. 2012년 기준으로 서울대학교 교수의 45%가 미국 소재 대학교에서 박사학위를 받았으며 해외에서 박사학위를 받은 비율은 79%에 달한다(《연합뉴스》 2012년 7월 6일).
8. SEVIS에 따르면 미국의 대학교에 입학하는 유학생 가운데 인도인과 중국인을 제치고 한국인이 가장 많았던 적도 있다. 나중에 중국이 인도와 한국을 따라잡았다.
9. 일본, 대만, 싱가포르, 홍콩, 마오쩌둥 이후의 중국을 포함한 다른 동아시아 사회도 비슷한 학벌사회 특징을 공유한다(Morris and Sweeting, eds. 1995). 그러나 한국은 다른 동아시아 사회들과 비교해도 그 특징이 유난히 두드러진다.
10. 일본의 유사한 상황에 대해서는 Kariya(2013) 참고.

11. 그러한 해결책에는 김대중 정부의 '신지식인' 캠페인, 노무현 정부의 교육 기반 차별 철폐, 이명박 정부의 고졸 출신에 대한 채용 차별 반대, 문재인 정부의 공공부문에서 '학력 블라인드 채용' 도입 등이 있다. 정부의 일련의 노력은 만성적인 청년실업 위기가 이어지는 가운데 교육으로 인한 불평등에 대한 정치적 민감도가 지속적으로 증가하는 것을 반영한다.
12. '4차산업혁명'은 세계경제포럼(WEF)을 창설한 클라우스 슈바프가 2016년 3차 다보스포럼에서 처음 제시한 개념으로, '기계, 디지털, 생명공학 기술'과 경제, 사회, 인간, 학문적 성과의 융합 가속화를 예상했다(Schwab 2017). 문재인 정부는 거의 즉시 이를 새로운 개발 구호로 선택하여 다른 나라가 이 개념에 익숙해지기 훨씬 전에 기업, 언론, 사회와 공유했다. 2017년 10월에는 최고의 행정 권한을 갖춘 대통령직속 4차산업혁명위원회가 설립되었다.
13. 최근 법률, 의학, 복지, 교육 등에서 전문교육이 보장된 것 역시 미국의 전문대학원을 모델로 삼은 것이다. 이는 특정 교육과정을 거쳐 전문직이 되는 것이 '속성 과정'으로서의 성격을 크게 벗어남을 의미하며, 다른 한편으로는 전문교육을 받기 위한 재정 부담이 크게 증가하는 것을 뜻한다.
14. 1997~1998년 IMF 경제위기 동안, 반대로 집단주의적 성격의 '고통분담'이라는 신조어가 등장하여 노동자와 시민에게 국민적 의무로서 '국가 경제를 먼저 살리기' 위한 대량 해고와 임금 삭감을 받아들일 것을 강요했다(Chang, K. 2019, 3장).
15. 쿠데타로 국가권력을 장악한 박정희는 독재정치를 위한 정치·도덕적 기반을 구축하기 위해 주요 기업인들을 부패 혐의로 구속했다. 이들은 나중에 국가 주도 개발 프로그램에 참여할 것을 약속하는 조건

으로 사면되었으나 검약과 관련하여 박정희의 심기를 건드리지 않기 위해 매우 조심했다. 박정희의 정책과 경제에 대한 자세한 내용은 Kim, H.(2004) 참고.

16. OECD(2020b)의 공식 자료에 따르면 복지에 대한 한국의 공공지출은 여전히 산업화된 국가들 중에서 최하위 수준에 머물러 있다. 2018년 현재 사회복지 지출이 GDP에서 차지하는 비중은 11.1%로 OECD 평균 20.1%를 크게 하회했다. 2000년에는 해당 수치가 각각 4.5%와 17.4%였다는 점에서 여전히 격차가 크기는 해도 일부 상당한 개선이 있었다.

17. 전 세계의 유사한 상황에 대해서는 베르트랑 바디의 논의(Badie 2000) 참고.

18. 1960년 학생 주도의 정치 시위로 이승만 독재가 종식되었으나 곧이어 박정희의 쿠데타가 일어났다.

19. 시민사회운동과 노동운동의 가부장적 성격은 뜨거운 논쟁거리였다. 여공들은 프롤레타리아 투쟁 초기에 기여했음에도 민주화의 주요 혜택은 중공업과 공공부문의 남성들에게 돌아갔다(Koo, H. 2001). 이른바 '신사회운동'조차 구조적으로 젠더 차별적이어서 생활세계에서 일어나는 운동의 여성 활동가들 대다수와 시민들은 정치적 기반의 운동에 참여하는 남성 활동가들에게 차별당한다는 느낌을 받아왔다(Moon, S. 2012).

20. 2013년 1월 1일《경향신문》과의 신년 인터뷰에서 한국의 저명한 정치학자 최장집은 야권(민주통합당)의 '운동주의적 민주관'이 유권자들의 현실과 정서를 끌어안는 데 정치적으로 실패했다고 지적했다.

21. 이러한 엘리트주의는 '진실을 독점하는 태도'라는 비판을 받았다(《시사IN》 2013년 1월 2일). 고 노무현 대통령은 특히 정치적 태도와 관련해

논란을 일으켜 보수 정치권과 언론 엘리트들의 분노를 자극했으며, 소외된 중도 성향의 시민들은 여러 해 동안 보수파 후보에게 지지표를 던졌다. 최근에는 부러움을 살 만한 경제 여건과 교육 배경을 갖춘 진보적 지성의 정치인들에게 (위선적인 부르주아 좌파를 의미하는) '강남좌파'라는 꼬리표가 붙었다.

22. 2017년 문재인 정부가 출범했을 당시 대통령비서실의 요직은 민주화, 통일, 경제정의 및 기타 사회운동에서 활동했던 인사들이 차지했고, 이는 영향력 있는 보수 언론들의 심기를 불편하게 만들었다.
23. 이와 관련하여 한상진의 '중민론'(Han, S. 2009) 참고.
24. 온갖 경제적 부작용에도 불구하고 대체로 신자유주의 세계화를 명시적으로 부인하거나 이에 저항한 사회집단은 거의 없다. 공교육에서 수십 년 동안 가장 중요한 과목이었던 영어는 이러한 측면에서 (신자유주의) 세계 시민의 도구로서 그 실질적 중요성이 더욱 강조되기 시작했다. 지방정부는 경쟁적으로 '영어마을' 건설에 나서면서, 영어권 사회의 환경을 흉내 낸 물리적 공간에서 영어를 집중적으로 학습할 수 있는 방안을 고안해냈다. 안타깝게도 이 호사스러운 시설들은 활용이 매우 저조했고 점차 관광 목적으로 용도가 변화하고 있다.
25. 언론 기사와 정치 연설에 빈번하게 오르내리던 바에 따르면 일본은 처음에는 한국의 적극적인 세계화에 회의적이었으나 최근에는 부러움 섞인 경외감을 가지고 있다.
26. 이러한 측면에서 영향력 있는 오피니언리더로서 신문에 칼럼을 기고하는 인물들 가운데 세계화에 대해 공개적으로 반대하는 사람이 사실상 없는 것은 시사하는 바가 있다. 세계화에 관한 대다수의 칼럼은 세계화를 지지하거나 관련 책임이 있는 인물과 기관들이 성공적인 세계화를 위한 충분한 준비가 되어 있지 않다며 꾸짖는다. 1990년대

초 김영삼 정부가 세계화 캠페인을 시작한 이후, IMF 경제위기 동안의 고통스러운 경제적 경험에도 불구하고 일종의 세계화 페티시즘이 한국 사회를 장악했다. 1990년대 이후 한국의 세계화도 활발한 무역 기반의 국제경제 참여와 적극적인 서구 기술·교육 수용으로 요약되는 초기 개발전략과 반드시 단절적이라고 볼 수는 없다(이 책의 4장 참고).

27. 예를 들어 거의 모든 대학교가 세계화를 발전 방향으로 받아들였으며 '글로벌' 캠퍼스, 연구, 교수진 등이 그러한 예이다. 이와 같은 계획을 마련함으로써 교육 세계화를 위한 정부의 특별 예산을 받을 수 있는 자격이 주어지는 경우가 많았다.

28. 낸시 에이블먼의 연구는 가족 수준에서 나타나는 이러한 추세에 대한 중요한 시사점을 던져준다(Abelmann 2004; Kang and Abelmann 2011).

29. 베트남전에서 한국의 군사적 개입은 이러한 면에서 유일한 (부분적) 예외이다.

30. 특히 한국은 이주노동자가 가족과 함께 살 권리를 보장할 것을 명시한 유엔 이주노동자권리협약을 아직 비준하지 않았다(이경숙 2008). 현실적으로 많은 외국인 노동자가 자녀들과 함께 거주하고 있으나, 이들은 불법체류 지위로 인해 교육, 보건 및 일반적인 복지 혜택을 받을 수 없다.

31. 많은 한국 임산부들이 출산이 임박한 시점에 전략적으로 미국이나 캐나다로 여행을 떠나 태아의 미국 또는 캐나다 시민권을 받으려고 시도했다. '원정 출산'이라고 부르는 이 행위는 특히 태아가 남아로 판별된 경우 훨씬 더 빈번하게 일어난다. 미국이나 캐나다 시민이 되면 한국에서 징집을 피할 수 있고 북미에서 편안한 삶을 즐길 수 있기 때문이다. 이러한 추세를 미국과 캐나다 이민 당국과 더불어 많은 한국 시민들도 불쾌하게 여기고 있지만 수그러들지 않고 있다.

32. 2013년 초 한 정부 핵심 관계자의 인터뷰에 따르면, 한국 정부는 지금까지 분리 운영된 외국인 노동자와 결혼이주자에 대한 정책 프로그램을 병합하는 방안을 잠시 고려한 적이 있다. 해당 정책들의 병합은 지금까지 실현되지 않았다.

33. 외교통상부의 공식 통계(2012년 6월 20일)에 따르면, 2011년 기준으로 중국에 270만 명 거주(한국 국적자 37만 명), 미국에 218만 명 거주(한국 국적자 108만 명), 일본에 90만 명 거주(한국 국적자 58만 명), 러시아에 22만 명 거주(한국 국적자 소수), 우즈베키스탄에 17만 명 거주(한국 국적자 소수), 카자흐스탄에 11만 명 거주(한국 국적자 소수), 캐나다에 23만 명 거주(한국 국적자 13만 명), 호주에 13만 명 거주(한국 국적자 10만 명) 중이다.

34. 예를 들어 정부의 해외동포 정책을 담당하고 있는 기관인 재외동포재단은 2002년 이후 한국의 도시를 순회하며 연례 세계한상대회를 개최했다(http://www.hansang.net/portal/PortalView.do). 세계화상대회는 1991년부터 2년에 한 번씩 개최되었다(https://www.wcecofficial.org/en/).

35. 특히 조선족(한국계 중국인)이 이러한 점에서 적극적이었다. 중국에 진출한 많은 한국 기업이 조선족에게 경영뿐 아니라 언어 관련 서비스를 크게 의존했다(Piao, K. 2006). 한편 한국의 노령화가 빠르게 진행되면서 조선족 이주자들은 질병이나 장애를 가진 노인이 있는 가족에게 저렴한 간병 서비스를 제공한다(홍세영·김금자 2010).

36. 한국에서 정치적으로 '탈북민'과 '난민'의 미묘한 차이에 대해서는 Sung, M.(2010) 참고.

6장 복합문화체제와 다문화주의

1. 한국에서 탈식민 문화의 재전통화와 대조되는 신전통화에 대해서는 이 책의 4장 참고.
2. 한국의 따라잡기식 개발과 정치·문화적 복합성의 관계에 대한 명쾌한 연구는 김명수(2010, 2018) 참고.
3. 한국 대중문화의 압축적 근대성에 대한 분석은 다음을 참고. 한국 영화는 Martin-Jones(2007) 및 Baik, P.(2012), 한국 드라마는 Keblinska(2017), Lee, K.(2004), Abelmann(2003), K팝은 Regatieri(2017), Jang and Kim(2013).
4. 한국 지상파 방송에서 이른 저녁에 방송되는 〈6시 내고향〉 등의 프로그램에서는 거의 날마다 시골의 생활, 문화, 도덕에 대해 나이 든 농민들을 인터뷰한 영상이 방영된다.
5. 예를 들어 EBS의 〈다문화 고부열전〉 참고.
6. 이에 따라 이전까지 지배적이었던 단일민족 사상이 대중 담론에서 하루아침에 사라졌다.
7. 이와부치 고이치(Iwabuchi 2002)는 일본인들이 다른 아시아 문화를 스스로 재단하여 소비하는 문화 횡단적 특징을 설명하기 위해 '차용된 향수(borrowed nostalgia)' 개념을 제시한다. 이는 "사람들이 매스미디어에서 다른 곳에서 유래한 문화 유형을 접한 경험을 토대로 자신의 기억을 구성하는 상태이다"(Iwabuchi 2018). 이와 관련하여 김성국(Kim, S. 2012)은 동아시아를 '혼종공동체'로 특징지었다.
8. 다문화 가정의 많은 학생들이 친구들이나 간혹 선생님이 "야, 다문화!"라고 부르는 것에 불만을 표현했다. 〈"다문화, 손들어 봐라"...학교가 싫은 아이들〉(《오마이뉴스》 2016년 8월 11일)과 〈'Hey, multicultural'...the

homeroom teacher calls my friend like this〉(《Seoul Times》, July 30, 2018) 참고.

7장 생산 극대화, 재생산 와해

1. 동아시아의 압축적 근대성에서 사회재생산 실패에 주목한 폭넓은 인구학적 설명은 Ochiai(2011) 참고.
2. 마르크스는 『독일 이데올로기』에서 사회재생산을 자본주의의 두 가지 역사적 동력 중 하나로 간략하게 언급했지만 그러한 사회재생산의 유물론적 원리를 더 자세히 설명하지는 않았기에 이후 이론·이념·정치적 혼란이 광범위하게 발생했다(Marx and Engels 1970).
3. 생산지상주의(productionism)는 생산주의(productivism)와 구분되어야 한다. 전자는 국가 개발을 위해 (소비, 복지 등에 관한) 경제생산의 개발주의적 중요성을 강조한 반면, 후자는 (복지, 교육 등) 비경제 문제의 경제생산적 성격을 신자유주의적으로 강조한 것이다. 보다 폭넓게 보면 생산주의는 자유주의 경제학과 기타 체계 중심의 사회과학에 포함되어 있듯이 근대 경제, 나아가 (앤서니 기든스(Giddens 1990)에 따르면) 근대성을 철학적으로 뒷받침하는 것으로 간주할 수 있다. 어떤 면에서 생산지상주의는 생산주의의 개괄적 유형이며 대규모 집합적 수준에서는 상호 구분되는 경계가 모호하다. 예를 들어 국가경제 성장은 생산지상주의와 생산주의 모두의 목표이다.
4. 복지국가 유형과 마찬가지로, 필자는 사회재생산 제도를 경제생산과 사회재생산의 관계 비교 등 다양한 기준에 따라 분류할 것을 제안한다.
5. 한국인의 1일 평균 수면시간은 여러 해 동안 OECD 최저 수준을 유지

했다(《조선일보》 2017년 2월 16일).

6. 개발에 의한 사회재생산 희생은 본질적으로 정부가 (저축, 투자와 비교해) 소비를 국가경제 개발의 걸림돌이라고 비난·억제했던 것과 연관되어 있다. 로라 넬슨(Nelson 2000)이 설득력 있게 제시한 바에 따르면 소비의 주요 주체(혹은 장본인?)인 한국 여성들은 검소하게 소비해야 한다는 강한 공적 압박의 대상이 되었다. 사회재생산과 소비에서 여성의 역할은 많은 사회재생산의 요소가 소비와 연결되어 있다는 점에서 구조적으로 서로 얽혀 있다. 따라서 소비와 관련해 정부가 여성을 압박하는 것은 개발과 근대화에 대한 생산주의적 접근을 정당화하고 이 과정에서 사회재생산을 희생시키는 데 일조한다.
7. 이러한 맥락에서 국가사회주의 사회에서는 일상적으로 생산을 정치로 정의했으며 작업 단위는 정치학습을 위한 형식적 기반 역할을 했다.
8. 이러한 상황에 대한 명쾌한 설명은 Chan and Madsen(1984) 참고. 필자는 중국 당국이 도시 중심적인 차별적 개발을 위해 농촌의 생산과 복지에서 전통 공동체주의와 가족 규범 및 관계에 의존한 것을 농촌주의(ruralism)라고 분석했다(Chang, K. 2005). 농촌주의는 덩샤오핑의 자유주의 개혁 전후에도 유지된 경향이다.
9. 가족에 의존하는 농촌 개혁으로 중국 농민들은 즉시 국가의 엄격한 가족계획 정책에서 허용된 것보다 더 많은 자녀를 (미래의 가족경제 일손으로서) 원하게 되었다(Chang, K. 1996). 중국이 (가족 의존적인 농촌 개혁 정책과 모순됨에도 불구하고) 엄격한 출산 제한을 유지하자 인구(학)적 대립은 국가와 농민이 가장 첨예한 갈등을 벌이는 영역 중 하나가 되었다.
10. 고든 화이트(White 1998: 188)는 동아시아 개발국가의 사회정책 노선이 '떠돌이적(peripatetic)'이라고 지적했다. 실제로 전반적인 경제개발 경험도 이러한 양태를 드러냈다고 볼 수 있다.

11. 이러한 두 정치경제 체제는 단순화하여 다음과 같이 비교할 수 있다. 자유주의적 자유주의 사회에서는 지배계급인 부르주아지가 세금 납부 부담을 최소화하기 위해 사회지출의 최소화를 주장한다. 개발자유주의 사회에서는 한정된 예산 내에서 경제 또는 개발 투자를 극대화하기 위해 사회지출을 최소화한다.
12. 필자는 기존 연구에서 개발자유주의의 몇 가지 일반적인 특징을 제시한 바 있다(Chang, K. 2019, 2장). 각 특징은 사회재생산과 그것의 경제생산과의 관계에 중요한 영향을 미친다. 8장의 주 18 참고.
13. 낸시 에이블먼(Abelmann 1997, 2003)의 영향력 있는 연구는 여성의 일상과 담론 측면에서 한국 가족의 이러한 속성을 조명했다.
14. 개인화의 한 유형으로서의 노인 자살에 대해서는 장경섭(2018), 5장 참고.
15. 이와 관련해서는 낸시 에이블먼의 영향력 있는 일련의 저서(Abelmann 2003, 2004; Kang and Abelmann 2011) 참고.
16. 도시의 자녀를 위해 농가의 자원을 유연하게 전용하는 부모의 실용주의적 입장을 필자는 기존 연구에서 '간접 이탈(indirect exit)'이라고 설명했다(Chang, K. 2010a, 6장).
17. 1993년 7월 7일 김영삼 대통령은 신자유주의 자문진의 유도에 따라 다음과 같은 부주의한(혹은 솔직한?) 발언을 하여 전체 농민 공동체의 분노를 샀다.

    "농촌 인구의 감소는 불가피한 추세이며 억지로 막을 방법도 없다. 현재 14%에 이르고 있는 우리나라 농촌 인구는 미국 농촌 인구 3% 등 선진국과 비교할 때 아직도 후진국형에서 탈피하지 못한 것이며 앞으로 기계화 영농 등 농촌의 선진화와 함께 농촌 인구는 더 많이 줄어야 한다."(《한국경제》 1993년 7월 7일)

김영삼의 이러한 발언은 농촌 인구를 농민으로 잘못 동일시한 판단에 따른 것이며(농촌 인구는 전체 인구의 10% 미만이며 그 비중은 많은 '선진국'보다 적다) 실질적으로 도시에 해당하는 '읍'을 농촌으로 간주하여 국제적으로 인정되지 않는 분류를 사용한 것이다. 불과 몇 년 지나지 않아 김영삼 정부에 주된 책임이 있는 IMF 경제위기로 인해 갑작스럽게 해고당한 많은 실직자들이 농촌에서 일자리를 절박하게 구하는 사태가 벌어졌다. 전례 없는 금융위기가 점차 안정된 후에도 고령의 도시인들 위주로 개인적 관심에서 귀농과 귀촌을 하는 추세가 꾸준히 이어졌다(김정섭 · 이정애 2017).

18. 〈한국 FTA 영토 확장…제조업 '기대', 농축산업 '걱정'〉(《연합뉴스》 2014년 9월 23일) 참고.

19. 계급 문화의 쇠락은 농민들 사이에 심각하게 진행되었다(Chang, K. 2010a, 6장).

20. 한국 남성은 가사 분담에 인색한 것으로 악명 높다. 흥미롭게도 일하는 여성의 가사 분담 비중이 전업주부보다 더 높은 것으로 나타난다(Chang, K. 2010a, 5장). 이는 계층별 젠더 문화에 따른 실질적 결과로 보인다. 남편의 사회계층이 낮은 경우 그렇지 않은 경우보다 아내가 정기적으로 경제활동을 하고 가사를 더욱 책임질 가능성이 크다. 이와 같은 우울한 현상의 배경에는 경제·교육·문화적 요소가 복합적으로 작용한 것으로 보인다.

21. 현대경제연구원이 2017년 실시한 〈계층상승 사다리에 대한 국민인식 설문조사〉에 따르면 '개개인이 열심히 노력하더라도 계층상승 가능성이 낮다고 생각하는 응답자 비중'이 2013년 75.2%에서 2015년에는 81.0%, 2017년에는 83.4%로 지속적으로 상승했다.

22. 유럽 맥락에서 신사회 위험에 관한 유용한 사례 모음은 Taylor-

Gooby, ed.(2004) 참고.

23. 신문 기사 제목이 〈백수 아들에…며느리살이에…명퇴 남편에…'찌든는 중년' 아줌마는 괴롭다〉(《한겨레》 2011년 8월 1일)로 매우 자극적이다. 여기서 '며느리살이'는 시어머니와 며느리 간의 전통적인 부양 관계가 역전된 것이다.

24. 신자유주의 맥락에서 다양한 금융화 추세에 대한 간결한 설명은 Fine(2012) 참고.

25. 부채에 시달리는 많은 젊은 여성들이 (많은 경우 매춘 관련 사업을 운영하는) 고리사채업자의 강요로 매춘에 내몰렸다(김주희 2015).

26. 이 가운데 방글라데시로부터 배운 소기업을 위한 미소 금융 프로그램이 특히 흥미롭다(Chang, K. 2016b).

8장 사회제도적 미비와 사회인프라 가족주의

1. 한국인 사이의 상황적 조건에 따른 가족 중심주의는 '상황적 가족주의(situational familialism)'로 개념화할 수 있는데, 이는 전통 규범이나 사회·문화적 가치에 기반한 어념적 가족주의, 가족 중심의 사회제도와 공공정책에 배태된 제도적 가족주의와 구별된다(장경섭 2018, 1장).

2. 한국인의 가족 중심주의 또는 가족주의가 종종 학계의 설명, 언론 기사, (소설, 영화, 드라마 등의) 문화 생산물에서 강조되지만, 이러한 속성이 객관적 이해를 위한 체계적 개념, 이론, 분석 도구로 충분히 다뤄지지는 않았다. 이러한 점에서 한국의 가족, 여성, 청소년에 대한 낸시 에이블먼의 헌신적이고 영향력 있는 연구는 상당히 귀중한 자원이다(Abelmann 1997, 2003, 2004). 한편 이득재(2001), 김희경(2017), 김동춘

(2020) 등의 학자와 사회비평가들은 한국의 가족주의에 대해 여러 흥미로운 비판적 평가를 제공한 바 있다.

3. 이론의 여지는 있지만, 사회인프라 가족주의의 또 다른 측면은 가족에서 비롯된 정체성과 이해관계를 토대로 한 공동체와 국가에 대한 사회·정치적 귀속이다. 예를 들어 고향에 기반한 정치적 당파성(지역 경쟁 정치의 재생산), 혈통 기반의 법적 시민권(세습적인 민족 구성원 자격) 등이 이에 해당한다(Chang, K. 2004).

4. 가족관계, 목표, 의무에 대한 한국인들의 개인적 가치는 역동적인 역사와 사회 조건을 밀접하게 반영하여 매우 복잡하고 다원적이라는 점에 주목해야 한다. 가족의 가치에 대한 네 가지 이념이 확인되었는데 바로 유교적, 도구주의적, 서정주의적, 개인주의적 가족주의이다(Chang, K. 2010a, 2장 참고).

5. 한국 사회학의 가족 연구에 대한 간단명료한 검토는 한남제(1984), 조은·안병철(1986), Cho and Lee(1993) 참고.

6. 이러한 방식으로 근대 한국은 공식적인 장에서 체계적으로 유교 규범과 원리의 정치·문화 체계를 이어받지 않았음에도 유교적 사회가 되었다. 이는 공식적으로 불교와 이슬람의 문화·종교적 패권의 영향하에 있는 여러 동남아시아와 서아시아 사회들과 구별되는 것이다.

7. 한국이 중국과 더불어 정치·문명적으로 장기간 안정세를 이어갈 수 있었던 것은 다양한 균전(均田) 형태로 제도화된 평등주의적 가족농이 비교적 견고한 덕분이었다(김성한 1998).

8. 니콜라스 게오르게스쿠 뢰겐(Georgescu-Roegen 1960) 같은 경제학자들은 자본주의 생산 단위의 개별화된 이익과 대조적으로 거의 모든 후발 자본주의 사회들에서 가족농이 사회적 고용과 총생산 극대화의 측면에서 집단적으로 유리하다고 설명한다. 또한 차야노프(Chayanov 1986)

가 밝힌 가족농의 경제·사회적 특성들은 한국에서도 대체로 유효하다.

9. 이와 관련하여 클로드 메이야수(Meillassoux 1981)는 자본주의 경제에 통합된 농민의 가족적 생산과 재생산이 자본주의의 이중적 수탈로 이어진다고 주장한다.

10. 한국의 신경제5개년계획(1993~1997)의 농촌정책 태스크포스 참고.

11. 세계적으로 널리 알려진 한국의 가계 부채 가운데 상당 부분은 대다수 은행이 자영업자들에게 저렴한 기업 대출을 제공하기를 꺼리다 보니 이들이 원치 않게 소비자 대출에 의존하면서 생겨난 것이다(김도균 2015).

12. 재벌 사회 내에서 이뤄지는 일종의 내혼(endogamy)은 상호 결연 효과와 함께 기업 지배구조를 더욱 배타적으로 만들며, 기업 이해관계의 정치적 보호가 중요할 때는 정치·행정 엘리트 가문과의 외혼(exogamy)을 추진한다(《서울경제》 1991).

13. 2018년 기준으로 한국의 사회복지 지출은 GDP 대비 11.1%에 불과해 OECD 모든 회원국 평균인 20.1%에 크게 못 미친다("OECD Data: Social expenditure – aggregated data"; https://stats.oecd.org/Index.aspx?DataSetCode=SOCX_AGG). 이전 기간에 해당 수치는 1990년 2.7%와 16.4%, 2000년 4.5%와 17.4%, 2010년 8.2%와 20.6%를 기록했다.

14. 이는 개발국가의 사회정책 패러다임으로서 개발자유주의의 핵심 구성 요소이다. 관련 내용은 다음을 참고. Chang, K.(2019), *Developmental Liberalism in South Korea*, Chapter 2.

15. 이 점에서 초기 산업자본주의의 자유주의 국가는 개발자유주의는 아니더라도 친산업 자유주의였다. 이 특성은 신자유주의 시대에 가족가치 논쟁 측면에서 다시 살아났다(Somerville 1992).

16. '아시아적 가치' 논쟁이 싱가포르, 대만, 말레이시아, 한국과 같이 (성

공적인) 개발국가 체제로 통치되었던 사회에서 가장 강력하게 일어난 것은 우연이 아니다. 예를 들어 싱가포르는 '효도법'을 제정하기에 이르렀으며 한국은 성인 자녀에게 노부모의 복지 혜택을 제공할 때 엄격한 자산 조사를 적용하는 등 간접적인 방식으로 동일한 정책 노선을 실행했다. 1996년 한국에서도 효도법 도입이 정치적으로 논의되었으나 (민주화 이후) 정부에 싱가포르 당국과 같은 사회정책 관련 권위가 없었다(박경숙 2007). 사회적인 반발 가능성은 도덕에 근거한 복지 대책을 더 이상 정치화하지 못하도록 가로막았다. 그럼에도 아시아적 가치 논쟁은 신자유주의하에서 서구의 가족 가치 논쟁에 버금가는 것이다. 두 이념적 동인 모두 산업자본주의에 수반되는 여러 사회문제를 사적 책임으로 규정하려 함으로써(Chang, K. 1997) 보수적인 친자본주의 사회질서와 경제체제를 더욱 강화하려 한다.

17. 이와 관련하여 새뮤얼 프레스턴은 가족에 기대는 일본의 복지체계가 별도의 제도에 기반한 미국의 복지체계보다 비용은 훨씬 적게 들고 효과는 더 크다고 주장한다(Preston and Kono 1988). 오늘날 중국에서조차 많은 자유주의 경제개혁에서 발생하는 여러 곤궁한 집단에 물질적·정서적 구제를 제공하는 데 가족의 중심적 역할이 절실하게 되었다(Chang, K. 1992).

18. 『Developmental Liberalism in South Korea』(Chang, K. 2019)에서 자세히 설명했듯이, 개발 노선에 따른 사회정책에 대한 자유주의적 접근, 즉 개발자유주의는 사회정책의 탈정치화·기술관료화·개발주의적 착종, 사회정책 대상 주체들의 개발주의적 포섭, 국가-자본의 기업가적 결합과 국가의 노사관계에 대한 직접적 개입, 사회시민권의 가족주의적 재설정, 복지 다원주의와 시민권 부정 등 여러 일관적인 특징을 보인다. 말하자면 일반 시민의 개발주의적 포섭과 사회시민권의

가족적 재설정은 동전의 양면을 이룬다. 국가가 자원을 경제개발(과 사회복지 지출 최소화)에 집중하고 이에 대한 시민의 참여를 극대화하면서 상응하는 현실로서 시민은 가족 구성원의 사회적 보호와 재생산에 대한 모든 책임을 떠안도록 요구받는 것이며, 이는 '선가정보호 후사회복지'라는 공공 구호에서도 잘 드러난다.

19. 한국의 개발과 근대화에서 유교문화의 중요성에 대한 다양한 설명은 Kim, K.(2017), Han, S.(2020), Lew, S.(2013) 참고. '다중근대성' 관점에서 유교적 근대화 담론은 박희(2014) 참고.
20. 젊은 한국 여성들에게 나타나는 이러한 경향은 '개인주의 없는 개인화'로 분석되었다(Chang and Song 2010).
21. Davies and Mehta(2013)에 따르면 교육화(educationalization)는 "학교교육과 연관된 관행, 절차, 양식이 점차 다른 사회 영역에 침투하는 경향이자, 공식 학교교육에 해당 영역에서 발생하는 사회문제에 대해 더 많은 책임을 부여하는 경향이다." 또한 Depaepe(2008), Depaepe and Smeyers(2008) 등을 참고.
22. 앞서 〈표 5-1〉에서 살펴봤듯이, 2018년 기준 25~34세 한국인 가운데 고등교육을 받은 비중은 69.57%로 OECD의 러시아(62.66%), 캐나다(61.75%), 일본(60.73%) 같은 차상위 집단보다 훨씬 높다. OECD 평균은 44.48%에 불과하다.
23. 〈Education at a Glance: OECD Indicators〉에 따르면 2000년대에 한국은 공교육 비용의 사적 부담 비율이 선진국 최고 수준을 계속 유지했으며, 최근 청년 인구가 점차 줄어들면서 해당 순위가 소폭이지만 점차 하락했다(OECD 2011, 2019).
24. 대한민국 보건복지부의 설문조사에 따르면 12~17세 청소년 가운데 49%가 수면 부족에 시달린다고 토로했는데 모두 학업에 대

한 부담 때문이었다.(《YTN》 2019년 8월 25일, https://www.ytn.co.kr/_ln/0103_201908252224242005)

25. 공공 통계에는 공식 기록되지 않았지만, 한국에서 현재 교육으로 인한 스트레스는 재학생이 받는 경우든, 졸업생이 과거의 (미비한) 교육 성취로 인해 현재까지 영향을 받는 경우든 세계 최악의 수준이라고 할 수 있다. 예를 들어 많은 성인이 인생에서 가장 후회되는 것으로 (학교에 입학하여) '배울 수 없었던 것', '학생 시절 열심히 공부하지 않은 것' 등을 꼽는다.

26. 가족이 관리하는 많은 사립학교를 (가족이 지배하는 기업집단인) 재벌에 암묵적으로 빗대어 '족벌사학'이라 부른다. 교육부는 사립학교의 실질적인 이익 추구 행위를 은밀히 방조한 고질적인 부패로 인해 지식인과 언론으로부터 폭넓은 비판의 대상이 되었다. 상지대학교의 사례는 정대화(2017) 참고.

27. 이에 따라 대다수 사범대학에서는 응시자에게 매우 높은 수준의 자격과 높은 시험 점수를 요구했으며, 점점 여성의 비중이 높아졌다.

28. 예를 들어, 2017년 대통령 선거 관련 〈대선 후보들이 내놔야 할 교육공학〉(《디트뉴스24》 2017년 4월 18일) 참고.

29. 문재인 정부에서 이러한 정책 방향은 지속적으로 강화되었다.

30. 공식적으로 '사회투자국가(the social investment state)' 개념을 사회복지에 대한 새로운 접근 방식으로 제안한 것은 노무현 정부 시절 유시민 보건복지부 장관이었다. 안타깝게도 그는 임기가 15개월에 그쳐 이와 관련한 의미 있는 영향을 남기지 못했다.

31. 이러한 경향에 대해 필자는 기존 연구에서 탈가족화(defamiliation)라고 분석한 바 있다(Chang, K. 2010a, 8장).

9장 압축적 근대성의 인구(학)적 구성

1. 미군정 기간 중 기본적인 사회적 시민권의 제도화를 위해 추진한 또 다른 계획은 전국적으로 거의 동시에 공교육기관을 설립한 것이다 (Seth 2002).
2. 2010년과 2019년 수치는 각각 농가 인구의 비중이다.
3. 생애사 자료를 토대로 도시 이주자의 인구 적응 행동에 대한 이해를 돕는 설명은 전광희(1996) 참고. 한편 도시화 기간에도 보편적이고 안정적인 결혼을 유지하고 사회적으로 포용적인 경제성장을 이루는 것은 지속적인 인구 성장을 위한 중요한 토대로 봐야 한다.
4. 오치아이 에미코(Ochiai 2010)는 상대적으로 안정적인 이 기간 중 일본을 한국과 기타 후발 개발사회와 비교한 후 일본의 인구(학)적 전환이 한국 등의 '압축적' 경험에 비하면 '반(半)압축적'이었다고 결론 내렸다.
5. 특히 한국이 중국을 비롯한 다른 아시아의 인구 대국 경제들과 빠르게 통합된 것은 근본적으로 한국 자본주의의 사회인구(학)적 토대를 재구성하여 루이스식 산업화에 준하는 지역(아시아)적 경로 및 그 기반을 마련한 것이다. 이처럼 초국화된 루이스식 산업화에서는 본국보다 훨씬 저렴한 노동력을 활용하고 다른 나라의 소비자들에게 직접 접근하기 위해 (농촌) 노동력이 아닌 산업자본이 해외로 이동한다. 국내적으로는, Kong, T.(2012) 등의 면밀한 관찰 결과와 같이, 기술적 추격과 산업구조 고도화의 필요성이 기존 인적자원에 체현된 정도가 독일, 일본 등의 경우보다 훨씬 낮았다.
6. 사회적으로 말하자면, 위기로 인해 가속화된 한국 경제의 구조조정은 국가가 계속 개발 통치를 고집했음에도 산업 고용의 신속한 증발(또는 해외 재배치)과 비정규직 확산으로 점점 더 많은 한국인들이 '개발시민

권'을 실질적으로 박탈당했음을 시사한다는 점에서 탈산업적이면서도 탈개발적이었다(Chang, K. 2012b).

7. 아시아에서 최저 수준의 출산율을 보이는 여러 나라의 상황에 대해서는 다음 책을 참고. *Ultra-Low Fertility in Pacific Asia: Trends, Causes and Policy Issues*, edited by Gavin Jones, Paulin Tay Straughan, and Angelique Chan(2009). 이 책에 언급된 피터 맥도널드(McDonald 2009)의 아시아 출산율에 대한 비교 평가는 특히 유용하다.

8. 2013년 국제인구과학연맹(IUSSP) 총회의 박은태 조직위원장은 《문화일보》와의 인터뷰에서 특별한 조치를 취하지 않는다면 한국 인구가 2060년에는 절반으로 줄어들 것이라고 경고했다(2013년 6월 27일, https://www.munhwa.com/news/view.html?no=2013062701072943013002).

9. 노인 자살의 충격적인 확산에 《뉴욕타임스》는 국제면에 〈As Families Change, Korea's Elderly are Turning to Suicide〉라는 제목의 기사를 게재했다(2013년 2월 17일).

10. 한국 언론에서는 종종 일본을 이러한 추세의 전조로 간주했다. 예를 들어 MBC에서는 〈日 고령화의 그늘, '간병살인'…10년간 236건 이상〉이라고 보도했다(2012년 5월 18일).

11. 남성 노동자들이 겪은 피해는 고용 조정에서 먼저 희생을 요구당했던 여성 노동자들에게 종종 연쇄적인 영향을 일으켰다(Chang, K. 2019, 3장). 그러나 각 사업장에서 여성 노동자의 비중은 일반적으로 낮았기 때문에 이와 같은 젠더 편향적인 완충장치는 큰 의미가 없었다.

12. 김두섭(Kim, D. 2005)은 한국에서 이차 출산율 전환이 1985년에 시작되었다고 주장한다. 이러한 의견에 동의하지는 않지만 IMF 경제위기 이후 출산율 하락 속도가 특히 빨라졌음을 인식하는 것이 중요하다.

13. 필자는 이러한 한국 가족의 딜레마를 울리히 벡(Beck 1992)의 '위험

사회'에 빗대 '위험가족'(장경섭 2011)이라고 표현했다. 이와 관련하여 세대 간·세대 내 위험 흐름에 대한 새로운 이론을 체계적으로 발전시킬 수 있을 것이다. 이 관점을 확대하여 가족주의적 사회 관행과 국가정책의 '지속 불가능성' 측면에서 아시아의 폭넓은 상황을 비교한 연구로는 Ochiai(2011) 참고.

14. 이러한 사회적 경직성은 여전히 미혼모에 대한 사회적 편견과 정부의 무관심이 만연한 것에서 분명히 드러난다(김희주·권종희·최형숙 2012). 때때로 한국의 인구통계학자들은 유럽에서 출산율을 유지하는 데 혼외 출산이 중요한 역할을 한다는 점을 지적하면서 한국에서도 유사한 변화가 필요함을 암시한다. 그러나 그러한 비혼적 또는 탈혼적 출산의 사회·문화적 특성이 세밀하고 체계적으로 분석되거나 논의된 적은 별로 없다.

15. 이영분·이용우·최희정·이화영(2011)에 따르면 전체 가구의 34%가 이 범주에 해당한다.

16. 이는 필자가 '불균형 핵가족화'라고 표현한 광범위한 사회현상의 일부이다(Chang, K. 2010a, 2장).

17. 2011년 초 발표된 국제적 사회조사에 따르면, 한국은 불행하다고 느끼는 중년 여성의 비중이 매우 높다는 점에서 설문조사에 참여한 다른 나라들과 다른 양상을 보였다(《조선일보》 2011년 1월 14일).

18. 이러한 법정 사례에서 안타깝게도 대다수의 노부모들은 주장의 임의성으로 인해 패소했다(《SBS》 2013년 4월 20일).

19. 게다가 소득과 부의 세대 내 불평등은 다른 연령집단보다 노년 인구에서 특히 심각하다(손병돈 2009).

20. 1947년에는 47세를 기록했다(《MBC》 2008년 8월 29일).

21. 6장에서 설명했듯이, 그러한 특수화의 또 다른 측면은 외국인 이주노

동자를 다문화가족 지원정책에서 배제하는 것이다(Seol, D. 2014).

10장 포스트 압축근대적 현실

1. 이러한 점에서 매우 흥미로운 변화는 유튜브가 한국의 노년 보수 활동가들 사이에서 큰 인기를 얻었다는 것이다. 이 디지털 플랫폼에서 마음에 드는 여러 콘텐츠와 이념을 편리하게 만들고, 복사하고, 공유할 수 있기 때문이다(《경향신문》 2018년).
2. 이러한 대조는 박근혜 정부의 '문화계 블랙리스트' 사건에서 분명하게 드러났다. 이 사건으로 핵심 공직자들과 박근혜 대통령이 구속되었다. (정치적으로) 비판적이거나 비우호적인 문화계 인사들의 블랙리스트는 협조적인 문화계 인사들의 화이트리스트로 보완되었다.
3. 이와 관련한 대표적인 협력 연구는 다음을 참고. Chan, Zinn, and Wang, eds.(2016), *New Life Courses, Social Risks and Social Policy in East Asia*. Ochiai and Aoi, eds.(2014), *Transformation of the Intimate and the Public in Asian Modernity*.
4. 특히 그러한 차이점이 각 동아시아 사회와 시민들이 사회인프라 가족주의(이 책의 8장 참고)에 의지한 방식과 서로 구별되는 개인화 추세를 통해 드러났다.
5. 이러한 면에서의 세계화에 대한 종합적·객관적 연구로 다음을 참고. Turner and Khondker(2010), *Globalization in East and West*.

|참|고|문|헌|

계재광. 2010. 〈유교문화가 한국교회 리더십 형성에 미친 영향—유교의 권위주의 영향을 중심으로〉, 《신학과 실천》, 제22권, 77~106쪽.

공정자. 1990. 「재벌가의 혼인유형」, 여성한국사회연구회 엮음, 『한국가족론』, 37~59쪽, 까치.

기광서. 2012. 〈한국전쟁 시기 북한의 남한지역 토지개혁〉, 《한국근현대사연구》, 제62권, 7~32쪽.

김경일. 1992. 『일제하 노동운동사』, 창비.

김고연주. 2013. 『우리 엄마는 왜?: 인간적으로 궁금한 엄마의 이해』, 돌베개.

김도균. 2015. 〈자영업 부채의 이중성과 외환위기 이후 자영업 부채 증가〉, 《경제와사회》, 제108호, 73~107쪽.

김동노. 2007. 〈일제시대 식민지 근대화와 농민운동의 전환〉, 《한국사회학》, 제41권 1호, 194~220쪽.

김동노. 2010. 〈한국의 국가 통치전략으로서의 민족주의〉, 《현상과 인식》, 통권 111호, 203~224쪽.

김동춘. 1997. 『분단과 한국사회』, 역사비평사.

김동춘. 2002. 〈유교와 한국의 가족주의: 가족주의는 유교적 가치의 산물인가?〉,《경제와사회》, 제55호, 93~118쪽.
김동춘. 2018. 〈한국형 신자유주의 기원으로서 반공자유주의: 반공국가, 발전국가와 신자유주의의 연속성〉,《경제와사회》, 제118호, 240~276쪽.
김동춘. 2020.『한국인의 에너지, 가족주의: 개인의 보호막과 지위상승의 발판인 가족』, 피어나.
김명수. 2010. 〈한국의 추격적 경제성장과 문화적 복잡성〉,《문화경제연구》, 제13권 2호, 307~342쪽.
김명수. 2018.『한국 경제발전의 문화적 기원: 추격성장, 발전국가 그리고 문화적 혼종성』, 집문당.
김봉환. 2009. 〈청소년의 선호 직업 편중 현상과 진로지도의 과제〉,《진로교육연구》, 제22권 4호, 63~83쪽.
김상조. 2007. 〈삼성공화국: 환란이 낳은 정부 위의 정부〉,《황해문화》, 제56호, 25~44쪽.
김상준. 2003. 〈온 나라가 양반 되기—조선 후기 유교적 평등화 메커니즘〉,《사회와 역사》, 제63권, 5~29쪽.
김상준. 2011.『맹자의 땀 성왕의 피: 중층근대와 동아시아 유교문명』, 아카넷.
김성한. 1998.『중국 토지제도사 연구: 중세의 균전제』, 신서원.
김수정·김은이. 2008. 〈아시아 여성의 국제결혼에 대한 미디어 담론: 한국 미디어의 재현방식을 통해〉,《한국언론정보학보》, 통권 43호, 385~426쪽.
김승권·김유경·조애저·김혜련·이혜경·설동훈·정기선·심인선. 2010.『2009년 전국 다문화가족실태조사 연구』, 보건복지가족부·법무부·여성부·한국보건사회연구원.

김정섭·이정해. 2017. 〈최근 귀농·귀촌 실태와 시사점〉, 《한국농촌경제연구원 농정포커스》, 제151호.

김종영. 2015. 『지배받는 지배자—미국 유학과 한국 엘리트의 탄생』, 돌베개.

김종영. 2019. 『하이브리드 한의학』, 돌베개.

김주숙. 1994. 『한국농촌의 여성과 가족』, 한울아카데미.

김주희. 2015. 〈한국 성매매 산업의 금융화와 여성 몸의 '담보화' 과정에 대한 연구〉, 이화여자대학교 여성학과 박사학위논문.

김창남. 2014. 『대중문화의 이해』, 한울아카데미.

김치완. 2017. 〈노후 대비보다는 자녀의 교육이 먼저? 노후 대책 vs 자녀 교육비〉, 한화생명 블로그, 2017년 12월 4일. (https://www.lifentalk.com/1635)

김태균. 2019. 『한국비판국제개발론』, 박영사.

김현선. 2006. 〈국민, 半국민, 非국민: 한국 국민형성의 원리와 과정〉, 《사회연구》, 통권 12호, 79~108쪽.

김흥주. 1992. 〈현단계 농업노동의 실태와 농민의 가족문제〉, 《농촌사회》, 제2집, 85~143쪽.

김희경. 2017. 『이상한 정상가족: 자율적 개인과 열린 공동체를 그리며』, 동아시아.

김희주·권종희·최형숙. 2012. 〈양육미혼모들의 차별경험에 관한 질적 사례연구〉, 《한국가족복지학》, 제36권, 121~155쪽.

노시평. 2008. 〈폴리페서와 싱크탱크〉, 《한국행정포럼》, 제122호, 65~72쪽.

류미나. 2005. 〈식민지권력에의 '협력'과 좌절: 經學院과 향교 및 문묘와의 관계를 중심으로〉, 《한국문화》, 제36집, 157~191쪽.

박강우. 2014. 〈우리나라 학력별 임금격차의 요인분해(1974-2011)〉, 《산업경제연구》, 제27권 1호, 477~505쪽.

박경숙. 2003. 『고령화 사회 이미 진행된 미래』, 의암.

박경숙. 2007. 〈도덕, 정치, 경제의 연관에서 본 효도법 담론의 의미〉, 《가족과 문화》, 제19권 3호, 31~52쪽.

박명림. 1996. 『한국전쟁의 발발과 기원 1, 2』, 나남.

박승관·장경섭. 2001. 『언론권력과 의제동학』, 커뮤니케이션북스.

박찬수. 2016. 〈'1986년생' NL은 현재진행형이다〉, 《한겨레》, 2016년 4월 29일. (https://www.hani.co.kr/arti/politics/politics_general/741939.html)

박태균. 2008. 〈1948년 대한민국 정부 수립과 미국〉, 《시민과세계》, 제14호, 95~109쪽.

박희. 2014. 〈동아시아의 다중 근대성과 유교 근대화 담론〉, 《아시아연구》, 제17권 2호, 113~151쪽.

배덕만. 2013. 〈한국교회의 세습—그 뒤틀린 역사〉, 《신학과 선교》, 제43권, 69~102쪽.

변용찬·김동회·이송희. 2010. 『결혼행태 변화와 출산율의 상관성 연구』, 한국보건사회연구원.

변창구. 2012. 〈한국의 선비정신과 정의사회의 구현—정치인과 정치교수의 행태를 중심으로〉, 《민족사상》, 제6권 4호, 131~156쪽.

서울경제신문. 1991. 『재벌과 가벌: 혼맥을 통해 본 한국의 상류사회』, 지식산업사.

서재진. 1995. 『또 하나의 북한사회』, 나남.

석상훈. 2013. 〈노인의 빈곤과 소득불평등의 현실적 조건과 원인 분석〉(연구보고서). 한국고용정보원.

손병돈. 2009. 〈노인 소득의 불평등 추이와 불평등 요인분해〉, 《한국노년학》, 제29권 4호, 1445~1461쪽.

손희권. 2009. 〈제18대 국회에서 발의된 폴리페서 규제법안들의 헌법적 합성 검토〉, 《교육문제연구》, 제35권, 141~163쪽.

송백석. 2007. 〈'삼성공화국' 현상과 자본주의 국가의 한계〉, 《한국정치학회보》, 제41권 1호, 57~79쪽.

송호근. 2016. 〈한국의 시민과 시민사회의 형성: 시민성 결핍과 과잉 '국민'〉, 《지식의 지평》, 제20호, 1~19쪽.

신용하. 1994. 〈'독창적 한국사회학'의 발전을 위한 제언〉, 《한국사회학》, 제28권 SPR호, 1~12쪽.

신용하. 2001. 『한국 근대의 민족운동과 사회운동』, 문학과지성사.

양현아. 2012. 『한국 가족법 읽기: 전통, 식민지성, 젠더의 교차로에서』, 창비.

오제연. 2007. 〈1960년대 초 박정희 정권과 학생들의 민족주의 분화 —"민족적 민주주의"를 중심으로〉, 《기억과 전망》, 제16호, 285~323쪽.

유성호. 1996. 〈노인과 성인자녀의 별거를 결정하는 변인〉, 《한국노년학》, 제16권 1호, 51~68쪽.

윤상우. 2008. 〈민주화 이후의 사회정책과 복지국가 평가: 사회적 시민권의 관점에서〉, 《사회과학연구》, 제16권 1호, 346~387쪽.

윤인진. 2008. 〈한국적 다문화주의의 전개와 특성: 국가와 시민사회의 관계를 중심으로〉, 《한국사회학》, 제42권 2호, 72~103쪽.

윤인진. 2016. 〈다문화 소수자에 대한 국민인식의 지형과 변화〉, 《디아스포라연구》, 제10권 1호, 125~154쪽.

윤홍식. 2008. 〈여성·아동·가족정책: 신사회위험의 확대와 이명박 정부의 정책 밑그림〉, 《복지동향》, 제113호, 23~27쪽.
이경숙. 2008. 〈이주노동자 권리 보호를 위한 국제인권규범 수용에 관한 연구〉, 《법학연구》, 제11권 2호, 189~221쪽.
이광규. 1990. 『한국의 가족과 종족』, 민음사.
이득재. 2001. 『가족주의는 야만이다』, 소나무.
이봉범. 2015. 〈냉전과 원조, 원조시대 냉전문화 구축의 역동성〉, 《한국문학연구》, 제39권, 221~276쪽.
이상영·노용환·이기주. 2012. 『우리나라의 자살급증 원인과 자살예방을 위한 정책과제』, 한국보건사회연구원.
이승원. 2008. 〈지구화 시대의 민주주의의 문제—「재외동포법」과 「국적법」 개정안을 통해 본 한국 민주주의에 대한 반성〉, 《경제와사회》, 제79호, 88~111쪽.
이승윤·백승호·김미경·김윤영. 2017. 〈한국 청년노동시장의 불안정성 분석〉, 《비판사회정책》, 통권 54호, 487~521쪽.
이영분·이용우·최희정·이화영. 2011. 〈한국사회의 부모의존 독신성인에 대한 탐색적 연구〉, 《한국가족복지학》, 제31권, 5~30쪽.
이정덕·황성희·장경섭·홍찬숙·손현주·문민용·진명숙·공은숙·임경택·마츠다 시노부. 2017. 『한국의 압축근대 생활세계: 압축근대성 개념과 압축적 경험』, 지식과교양.
이철승. 2019. 『불평등의 세대: 누가 한국 사회를 불평등하게 만들었는가』, 문학과지성사.
이현정. 2012. 〈'부모-자녀 동반자살'을 통해 살펴본 동아시아 지역의 가족 관념: 한국, 중국, 일본 사회에 대한 비교문화적 접근〉, 《한국학연구》, 제40권, 187~227쪽.
이현진. 2009. 『미국의 대한경제원조정책 1948-1960』, 혜안.

이희재. 2011. 〈일제강점기의 유교의례 변화양상: 1930년대 『의례준칙』에서의 가정의례를 중심으로〉, 《일본연구》, 제15집, 565~584쪽.

임동진·박진경. 2012. 〈다문화주의와 다문화정책에 대한 정책참여자들의 태도와 성향 분석: 공무원, 민간사업자, 전문가집단을 중심으로〉, 《한국정책과학학회보》, 제16권 2호, 29~62쪽.

임희숙. 2000. 「한국교회 세습문제와 그 여성신학적 성찰」, 『한국여성신학』, 제43호, 93~107쪽.

장경섭. 2009. 『가족·생애·정치경제: 압축적 근대성의 미시적 기초』, 창비.

장경섭. 2011. 〈개발국가, 복지국가, 위험가족: 한국의 개발자유주의와 사회재생산 위기〉, 《한국사회정책》, 제18권 3호, 63~90쪽.

장경섭. 2018. 『내일의 종언(終焉)?: 가족자유주의와 사회재생산 위기』, 집문당.

장하성. 2014. 『한국 자본주의: 경제민주화를 넘어 정의로운 경제로』, 헤이북스.

전광희. 1996. 〈이농향도 주민의 출산력 적응과정: 생활사 자료의 분석〉, 《사회과학연구》, 제7권, 39~57쪽.

전재호. 1999. 〈박정희 체제의 민족주의: 담론의 변화와 그 원인〉, 《한국정치학회보》, 제32집 4호, 89~109쪽.

정대화. 2017. 『상지대 민주화 투쟁 40년: 한국 사학의 미래를 향한 투쟁과 실험의 생생한 기록』, 한울.

정인숙. 2017. 〈한국 문화예술 지원 정책의 팔길이 원칙 이념과 실현의 문제: 박근혜 정부의 블랙리스트 사건을 중심으로〉, 《언론정보연구》, 제54권 3호, 7~40쪽.

정진상. 1995. 〈해방직후 사회신분제 유제의 해체: 경남 진양군 두 마을 사례연구〉, 《사회과학연구》, 제13집 1호, 331~351쪽.
조동성. 1997. 『한국재벌』, 매일경제신문사.
조명래. 2003. 〈도시화의 흐름과 전망: 한국 도시의 과거, 현재, 미래〉, 《경제와사회》, 제60호, 10~39쪽.
조석곤·오유석. 2003. 〈압축성장을 위한 전제조건의 형성: 1950년대 한국자본주의 축적체제의 정비를 중심으로〉, 《동향과 전망》, 제59호, 258~302쪽.
조은·안병철. 1986. 〈가족사회학의 새로운 연구 동향과 이론적 쟁점〉, 《한국사회학》, 제20권 2호, 103~118쪽.
지주형. 2011. 『한국 신자유주의의 기원과 형성』, 책세상.
최선영. 2020. 〈한국 여성의 생애과정 재편과 혼인행동의 변화〉, 서울대학교 사회학과 박사학위논문.
최선영·장경섭. 2004. 〈성 분업의 근대적 재구성: 한국 여성의 '가족형성기 탈취업' 경향의 변화를 중심으로〉, 《사회연구》, 통권 제8호, 173~203쪽.
최장집. 2002. 『민주화 이후의 민주주의: 한국 민주주의의 보수적 기원과 위기』, 후마니타스.
최종렬. 2019. 『공연의 사회학: 한국사회는 어떻게 자아성찰을 하는가』, 오월의봄.
최홍기. 1991. 〈유교와 가족〉, 《가족과 문화》, 제3권, 207~227쪽.
추병완. 2011. 『다문화 사회와 글로벌 리더』, 대교.
통계청. 1996. 『해방 직후와 최근의 주요 경제·사회지표』.
통계청. 1998. 『통계로 본 대한민국 50년의 경제사회상 변화』.
통계청. 2020. 『인구동태통계연보 2019』.
통계청. 2020. 〈2019년 인구주택총조사 결과〉 보도자료.

하승우. 2011. 〈삼성공화국, 우리는 시민인가?〉, 《실천문학》, 제103호, 163~172쪽.

한국가족학연구회. 1992. 『도시 저소득층의 가족문제』, 하우.

한남제. 1984. 〈가족연구의 성과와 문제점〉, 《한국사회학》, 제18권 2호, 46~70쪽.

한준상. 1996. 『청소년 문제』, 연세대학교출판부.

한준상. 2003. 『현대 한국 교육의 회고』, 한국학술정보.

한진금. 2010. 〈1950년대 미국 원조 기관의 對韓기술원조훈련계획 연구〉, 《한국사론》, 제56권, 437~495쪽.

한홍구. 2002. 〈한국의 시민사회, 역사는 있는가〉, 《시민과세계》, 제1호, 91~110쪽.

함인희. 2006. 〈한국전쟁, 가족 그리고 여성의 다중적 근대성〉, 《사회와 이론》, 제9권 2호, 159~189쪽.

홍세영·김금자. 2010. 〈조선족 간병인의 문화적응 경험에 관한 연구〉, 《한국노년학》, 제30권 4호, 1263~1280쪽.

황여정. 2013. 〈학생들의 스트레스〉, 《한국의 사회동향 2013》, 통계청, 119~126쪽.

《다누리》. 2013. https://www.liveinkorea.kr/portal/KOR/main/main.do(2013년 1월 11일).

《민주신문》. 2011. 〈밥값이 없어 신장 팝니다: 인터넷 '불법 장기매매' 실태〉, 2011년 8월 23일. (http://www.iminju.net/news/articleView.html?idxno=3391)

《완도신문》. 2013. 〈다문화가족 각종 행사에 동원되는 것 "불편해요"〉, 2013년 1월 9일. (http://www.wandonews.com/news/articleView.

html?idxno=192595)

e-나라지표. 2020a. 〈농가 수 및 농가 인구 추이〉(https://www.index.go.kr/unity/potal/main/EachDtlPageDetail.do?idx_cd=2745).

e-나라지표. 2020b. 〈남녀 연령별 인구구조〉(https://www.index.go.kr/unity/potal/main/EachDtlPageDetail.do?idx_cd=1010).

e-나라지표. 2020c. 〈출생 사망 추이〉(https://www.index.go.kr/unity/potal/main/EachDtlPageDetail.do?idx_cd=1011).

Abelmann, Nancy. 1997. "Women's Class Mobility and Identities in South Korea: A Gendered, Transnational, Narrative Approach." *Journal of Asian Studies* 56(2): 398-420.

Abelmann, Nancy. 2003. *The Melodrama of Mobility: Women, Talk, and Class in Contemporary South Korea*. Honolulu: University of Hawaii Press.

Abelmann, Nancy. 2004. "Class and Cosmopolitan Striving: Mothers' Management of English Education in South Korea." *Anthropological Quarterly* 77(4): 645-672.

Amsden, Alice. 1989. *Asia's Next Giant: South Korea and Late Industrialization*. New York: Oxford University Press.

Appadurai, Arjun. 1990. "Disjuncture and Difference in the Global Cultural Economy." *Theory, Culture & Society* 7(2/3): 295-310.

Apter, David E. 1965. *The Politics of Modernizaton*. Chicago: University of Chicago Press.

Ashcroft, Bill, Gareth Griffiths, and Helen Tiffin. 2002. *The Empire Writes Back: Theory and Practice in Post-Colonial Literatures*, 2nd edition. New York: Routledge.

Badie, Bertrand. 2000. *The Imported State: The Westernization of the Political Order*. Stanford:. Stanford University Press.

Baik, Peter. 2012. "South Korean Cinema and the Experience of Compressed Modernity." Presented at the Conference on "World Cinemas, Global Networks." Working paper at the Center for International Education, University of Wisconsin-Milwaukee, 29 April 2012.

Baran, Paul A. 1957. *The Political Economy of Growth*. New York: Monthly Review Press.

Baudrillard, Jean. [1981]1994. *Simulacra and Simulation*. Ann Arbor: University of Michigan Press.

Bauman, Zigmund. 2000. *Liquid Modernity*. London: Polity.

Beck, Ulrich and Edgar Grande. 2007. *Cosmopolitan Europe*. Cambridge: Polity.

Beck, Ulrich and Edgar Grande. 2010. "Varieties of Second Modernity: The Cosmopolitan Turn in Social and Political Theory and Research." British Journal of Sociology 61(3): 409-443.

Beck, Ulrich and Elisabeth Beck-Gernsheim. 2002. *Individualization: Institutionalized Individualism and Its Social and Political Consequences*. London: Sage.

Beck, Ulrich and Natan Sznaider. 2006. "Unpacking cosmopolitanism for the social sciences: a research agenda." *British Journal of Sociology* 57(1): 381-403.

Beck, Ulrich, Anthony Giddens, and Scott Lash. 1994. *Reflexive*

Modernization: Politics, Tradition and Aesthetics in the Modern Social Order. Stanford: Stanford University Press.

Beck, Ulrich, Wolfgang Bonss, and Christoph Lau. 2003. "The Theory of Reflexive Modernization: Problematic, Hypotheses and Research." *Theory, Culture & Society* 20(2): 1-33.

Beck, Ulrich. [1984] 1992. *Risk Society: Towards a New Modernity*. London: Sage.

Beck, Ulrich. 1994. "The Reinvention of Politics: Towards a Theory of Reflexive Modernization." Beck, Ulrich, Anthony Giddens and Scott Lash, *Reflexive Modernization: Politics, Tradition and Aesthetics in the Modern Social Order*, pp.1-55. Stanford: Stanford University Press.

Beck, Ulrich. 1999. *World Risk Society*. Cambridge: Polity.

Beck, Ulrich. 2002. "The Silence of Words and Political Dynamics in the World Risk Society." *Logos* 1(4): 1-18.

Beck, Ulrich. 2006. "Living in the World Risk Society." *Economy and Society* 35(3): 329-345.

Bloch, Ernst. [1935]1991. *Heritage of Our Times*. Berkeley: University of California Press.

Brun, Ellen and Jacques Hersh. 1976. *Socialist Korea: A Case Study in the Strategy of Economic Development*. New York: Monthly Review Press.

Caldwell, John C. 1982. *Theory of Fertility Decline*. London: Academic Press.

Chakrabarty, Dipesh. 1992. "Provincializing Europe: Postcoloniality and the Critique of History." *Cultural Studies* 6(3): 337-357.

Chakrabarty, Dipesh. 2000. *Provincializing Europe: Postcolonial Thought and Historical Difference*. Princeton: Princeton University Press.

Chan, Anita and Richard Madsen. 1984. *Chen Village: A Recent History of a Peasant Community in Mao's China*. Berkeley: University of California Press.

Chan, Raymond, Jens Zinn, and Lih-Rong Wang (eds). 2016. *New Life Courses, Social Risks and Social Policy in East Asia*. London: Routledge.

Chang, Ha-Joon. 1994. *The Political Economy of Industrial Policy*. Basingstoke: Palgrave Macmillan.

Chang, Kyung-Sup and Song Min-Young. 2010. "The Stranded Individualizer under Compressed Modernity: South Korean Women in Individualization without Individualism." *British Journal of Sociology* 61(3): 540-565.

Chang, Kyung-Sup, Chin Meejung, Sung Miai, and Lee Jaerim. 2015. "Institutionalized Familialism in South Korean Society: Focusing on Income Security, Education, and Care" (in Korean). *Journal of the Korean Family Studies Association* 27(3): 1-38.

Chang, Kyung-Sup. 1992. "China's Rural Reform: The State and Peasantry in Constructing a Macro-Rationality." *Economy and Society* 21(4): 430-452.

Chang, Kyung-Sup. 1996. "Birth and Wealth in Peasant China: Surplus Population, Limited Supplies of Family Labour, and Economic Reform." Alice Goldstein and Wang Feng, eds., *China: The Many*

Facets of Demographic Change, pp. 21-46. Boulder: Westview Press.

Chang, Kyung-Sup. 1997. "The Neo-Confucian Right and Family Politics in South Korea: The Nuclear Family as an Ideological Construct." *Economy and Society* 26(1): 22-42.

Chang, Kyung-Sup. 1999. "Compressed Modernity and Its Discontents: South Korean Society in Transition." *Economy and Society* 28(1): 30-55.

Chang, Kyung-Sup. 2004. "The Anti-Communitarian Family? Everyday Conditions of Authoritarian Politics in South Korea." Chua Beng Huat, ed., *Communitarian Politics in Asia*, pp. 57-77. London: Routledge.

Chang, Kyung-Sup. 2005. "Ruralism in China: Reinterpretation of Post-Collective Development." *International Journal of Asian Studies* 2(2): 291-307.

Chang, Kyung-Sup. 2010a. *South Korea under Compressed Modernity: Familial Political Economy in Transition*. London: Routledge.

Chang, Kyung-Sup. 2010b. "The Second Modern Condition? Compressed Modernity as Internalized Reflexive Cosmopolitisation." *British Journal of Sociology* 61(3): pp. 444-464.

Chang, Kyung-Sup. 2012a. "Different Beds, One Dream? State-Society Relationships and Citizenship Regimes in East Asia." Chang Kyung-Sup and Bryan S. Turner, eds., *Contested Citizenship in East Asia: Developmental Politics, National Unity, and Globalization*, pp. 62-85. London: Routledge.

Chang, Kyung-Sup. 2012b. "Developmental Citizenship in Perspective: The South Korean Case and Beyond." Chang Kyung-Sup and Bryan S. Turner, eds., *Contested Citizenship in East Asia: Developmental Politics, National Unity, and Globalization*, pp. 182-202. London: Routledge.

Chang, Kyung-Sup. 2012c. "Predicaments of Neoliberalism in the Post-Developmental Liberal Context." Chang Kyung-Sup, Ben Fine, and Linda Weiss, eds., *Developmental Politics in Transition: The Neoliberal Era and Beyond*, pp. 71-90. Basingstoke: Palgrave Macmillan.

Chang, Kyung-Sup. 2013. "Particularistic Multiculturalism: Citizenship Contradictions of Marriage Cosmopolit(an)ization." Proceedings of the International Conference on "Life and Humanity in Late Modern Transformation: Beyond East and West", organized by SNU Center for Social Sciences, Korea Institute for Health and Social Affairs, and Korean Sociological Association, 30-31 May 2013, Seoul National University.

Chang, Kyung-Sup. 2014. "Asianization of Asia: Asia's Integrative Ascendance through a European Aperture." *European Societies* 16(3): 1-6.

Chang, Kyung-Sup. 2016a. "Compressed Modernity in South Korea: Constitutive Dimensions, Manifesting Units, and Historical Conditions." Youna Kim, ed., *The Routledge Handbook of Korean Culture and Society: A Global Approach*, pp. 31-47. London: Routldege.

Chang, Kyung-Sup. 2016b. "Financialization of Poverty: Proletarianizing the Financial Crisis in Post-Developmental Korea." *Research in Political Economy* 31: 109-134.

Chang, Kyung-Sup. 2017a. "Compressed Modernity." Bryan S. Turner, Chang Kyung-Sup, Cynthia F. Epstein, Peter Kivisto, J. Michael Ryan, William Outhwaite, eds., *The Wiley Blackwell Encyclopedia of Social Theory*, Volume I. Hoboken: Wiley Blackwell.

Chang, Kyung-Sup. 2017b. "Reflexive Modernization." Bryan S. Turner, Chang Kyung-Sup, Cynthia F. Epstein, Peter Kivisto, J. Michael Ryan, William Outhwaite, eds., *The Wiley Blackwell Encyclopedia of Social Theory*, Volumes IV. Hoboken: Wiley Blackwell.

Chang, Kyung-Sup. 2017c. "China as a Complex Risk Society: Risk Components of Post-Socialist Compressed Modernity." *Temporalités*, number 26 (Special Issue: ""Compressed Modernity" and Chinese Temporalities") (https://journals.openedition.org/temporalites/3810).

Chang, Kyung-Sup. 2019. *Developmental Liberalism in South Korea: Formation, Degeneration, and Transnationalization*. Basingstoke: Palgrave Macmillan.

Chang, Kyung-Sup. 2020. "Developmental Pluralism and Stratified Developmental Citizenship: An Alternative Perspective on Chinese Post-Socialism." *Citizenship Studies* 24(7): 856-870.

Chang, Kyung-Sup. 2022. *Transformative Citizenship in South Korea: Politics of Transformative Contributory Rights*. New York: Palgrave Macmillan.

Chayanov, A. V. (1986) [1925] *Theory of the Peasant Economy*. Madison: University of Wisconsin Press.

Chin, Meejung. 2013. "Portrait of Unmarried One-Person Households in Early Adulthood: Delayed Transition or Achieved Individualization." Proceedings of the International Conference on "Life and Humanity in Late Modern Transformation: Beyond East and West", organized by SNU Center for Social Sciences, Korea Institute for Health and Social Affairs, and Korean Sociological Association, 30-31 May 2013, Seoul National University.

Cho, Sung-Nam, and Dong-Won Lee. 1993. "Towards Relevant Scholarship: Family Sociology in South Korea." *Current Sociology* 41(1): 25-39.

Choi, Hyaeweol. 2009. ""Wise Mother, Good Wife": A Transcultural Discursive Construct in Modern Korea." *Journal of Korean Studies* 14(1): 1-33.

Choi, Sun-Young, and Chang Kyung-Sup. 2016. "The Material Contradictions of Proletarian Patriarchy in South Korea's Condensed Capitalist Industrialization: The Instability in the Working Life Course of Male Breadwinners and Its Familial Raminifications." Raymond Chan, Jens Zinn, and Lih-Rong Wang, eds., *New Life Courses, Social Risks and Social Policy in East Asia*, pp. 149-166. London: Routledge.

Chua, Beng Huat. 2012. *Structure, Audience and Soft Power in East Asian Pop Culture*. Hong Kong: Hong Kong University Press.

Chua, Beng Huat. 2017. *Liberalism Disavowed: Communitarianism and*

State Capitalism in Singapore. Singapore: National University of Singapore Press.

Chung, Duck-Cho. 1991. "Korean Family Welfare Policy" (in Korean). *Korean Family Welfare Policy and Elderly Problem* (Proceedings of the First Seminar of the Korea Family Welfare Policy Institute), pp. 5-42.

Cumings, Bruce. 1981. *The Origins of the Korean War: Liberation and Emergence of Separate Regimes, 1945-1947*. Princeton: Princeton University Press.

Cumings, Bruce. 1984. "The Origins and Development of the Northeast Asian Political Economy: Industrial Sectors, Product Cycles, and Political Consequences," *International Organization* 38(1): 1-40.

Cumings, Bruce. 1987. "The Legacy of Japanese Colonialism in Korea." Ramon H. Myers, and Mark R. Peattie, eds., *The Japanese Colonial Empire, 1895-1945*, pp. 478-496. Princeton: Princeton University Press.

Cumings, Bruce. 1997. *Korea's Place in the Sun*. New York: Norton.

Cumings, Bruce. 1998. "The Korean Crisis and the End of 'Late' Development." *New Left Review* 231: 43-72.

Cumings, Bruce. 2005. "State Building in Korea: Continuity and Crisis." Matthew Lange, and Dietrich Rueschemeyer, eds., *States and Development: Historical Antecedents of Stagnation and Advance*, pp. 211-236. New York: Palgrave Macmillan.

Dahrendorf, Ralf. 1959. *Class and Class Conflict in Industrial Society*. Stanford: Stanford University Press.

Davies, Scott and Jal Mehta. 2013. "Educationalization." James Ainsworth, ed. *Sociology of Education: An A-to-Z Guide*. London: SAGE (https://sk.sagepub.com/reference/sociology-of-education/n127.xml).

Depaepe, Marc and Smeyers, Paul. 2008. "Educationalization as an Ongoing Modernization Process." *Education Theory* 58(4): 379-389.

Depaepe, Marc, ed. 2008. *Educational Research: The Educationalization of Social Problems*. Berlin: Springer.

Dirlik, Arif. 2003. "Global Modernity: Modernity in an Age of Global Capitalism." *European Journal of Social Theory* 6(3): 275-292.

Dirlik, Arif. 2004. "Sprectres of the Third World: Global Modernity and the End of the Three Worlds." *Third World Quarterly* 25(1): 131-148.

Dore, Ronald. 1973. *British Factory, Japanese Factory: The Origins of National Diversity in Industrial Relations*. Berkeley: University of California Press.

Eckert, Carter J. 2016. *Park Chung Hee and Modern Korea: The Roots of Militarism, 1866-1945*. Cambridge: Harvard University Press.

Eisenstadt, Shmuel. 2000. "Multiple Modernities." *Daedalus* 129(1): 1-29.

Evans, Peter, Dietrich Rueschemeyer, and Theda Skocpol, eds. 1985. *Bringing the State Back in*. Cambridge: Cambridge University Press.

Evans, Peter. 1995. *Embedded Autonomy: States and Industrial Transformation*. Princeton: Princeton University Press.

Fanon, Frantz. [1963]2004. *The Wretched of the Earth*. New York: Grove Press.

Fine, Ben. 2012. "Neo-Liberalism in Retrospect? It's Financialization, Stupid." Chang Kyung-Sup, Ben Fine, and Linda Weiss, eds., *Developmental Politics in Transition: The Neoliberal Era and Beyond*, pp. 51-69. Basingstoke: Palgrave Macmillan.

Frank, Andre Gunder. 1967. *Capitalism and Underdevelopment in Latin America: Historical Studies of Chile and Brazil*. New York: Monthly Review Press.

Geertz, Clifford. 1973. *The Interpretation of Cultures*. New York: Basic Books.

Geertz, Clifford. 1980. *Negara: The Theatre State In Nineteenth-Century Bali*. Princeton: Princeton University Press.

Georgescu-Roegen, Nicholas. 1960. "Economic Theory and Agrarian Economics." *Oxford Economic Papers* 12(1): 1-40.

Giddens, Anthony. 1990. *The Consequences of Modernity*. Stanford: Stanford University Press.

Gilloch, Graeme. 1997. *Myth and Metropolis: Walter Benjamin and the City*. Cambridge: Polity.

Goode, Willam. 1963. *World Revolution and Family Patterns*. New York: Free Press.

Han, Sang-Jin. 2009. "The Dynamics of Middle Class Politics in Korea: Why and How Do the Middling Grassroots Differ from the Propertied Mainstream?". *Korean Journal of Sociology* 43(3): 1-19.

Han, Sang-Jin. 2020. *Confucianism and Reflexive Modernity: Bringing Community Back to Human Rights in the Age of Global Risk Society*. Leiden: Brill.

Hankiss, Elemer. 1988. "The "Second Society": Is There an Alternative Social Model Emerging in Contemporary Hungary?" *Social Research* 55(1/2): 13-42.

Hao, Lingxing. 2013. "Compressed Modernity in the Life Course of a Cohort of Taiwanese Youth: Teen Sex and First Marriage." Presented at the Taiwan Youth Project Conference, Academia Sinica, Taipei.

Hareven, Tamara. 1982. *Family Time and Industrial Time: The Relationship Between the Family and Work in a New England Industrial Community*. New York: Cambridge University Press.

Harvey, David. 1980. *The Condition of Postmodernity*. Oxford: Blackwell.

Henry, Paget, and Emile Walter. 1995. "Comparing Peripheral Cultural Systems: India and the Caribbean." *Caribbean Quarterly* 41(1): 1-24.

Henry, Paget. 2020. "After Neoliberalism and Post-structuralism: Postcolonial Studies, Diaspora, and Globalization." Ashmita Khasnabish, ed., *Postcoloniality, Globalization, and Diaspora: What's Next?*, pp. 27-50. Lanham: Lexington Books.

Hobsbawm, Eric J. 1994. *The Age of Extremes: The Short Twentieth Century, 1914-1991*. London: Penguin.

Hobsbawm, Eric John and Terence O. Ranger, eds. 1992. *The Invention of Tradition*. Cambridge: Cambridge University Press.

Hochschild, Arlie. 1990. *The Second Shift: Working Parents and the Revolution at Home*. New York: Avon Books.

Hughes, Theodore. 2014. *Literature and Film in Cold War South Korea: Freedom's Frontier*. New York: Columbia University Press.

Humphries, J. 1982. "Class Struggle and the Persistence of the Working Class Family." Anthony Giddens and David Held, eds, *Classes, Power, and Conflict*, pp. 470-490. Berkeley: University of California Press.

Huntington, Samuel. 1968. *Political Order in Changing Societies*. New Haven: Yale University Press.

Isin, Engin F., and Bryan S. Turner. 2007. "Investigating Citizenship: An Agenda for Citizenship Studies." *Citizenship Studies* 11(1): 5-17.

Iwabuchi, Koichi. 2002. *Recentering Globalization: Popular Culture and Japanese Transnationalism*. Durham: Duke University Press.

Iwabuchi, Koichi. 2018. "Nostalgia for a (Different) Asian Modernity: Media Consumption of "Asia" in Japan." *Genius* (https://genius.com/Koichi-iwabuchi-nostalgia-for-a-different-asian-modernity-media-consumption-of-asia-in-japan-annotated).

Jackson, Stevi. 2015. "Modernity/Modernities and Personal Life: Reflections on Some Theoretical Lacunae." *Korean Journal of Sociology* 49(3): 1-20.

Jameson, Frederic and Masao Miyoshi, eds. 1998. *The Cultures of Globalization*. Durham: Duke University Press.

Jang, Wonho, and Youngsun Kim. 2013. "Envisaging the Sociocultural Dynamics of K-Pop: Time/Space Hybridity, Red Queen's Race, and Cosmopolitan Striving." *Korea Journal* 53(4): 83-106.

Jones, Gavin, Paulin Tay Straughan, and Angelique Chan, eds., 2009.

Ultra-Low Fertility in Pacific Asia: Trends, Causes and Policy Issues. London: Routledge.

Joo, Jeongsuk. 2011. "Transnationalization of Korean Popular Culture and the Rise of "Pop Nationalism" in Korea." *Journal of Popular Culture* 44(3): 489-504.

Kang, Jiyeon, and Nancy Abelmann. 2011. "The Domestication of South Korean Pre-College Study Abroad in the First Decade of the Millennium." *Journal of Korean Studies* 16(1): 89-118.

Kang, Myung Hun. 1996. *The Korean Business Conglomerate: Chaebol Then and Now*. Berkeley: Institute of Asian Studies, University of California.

Kang, Myung Koo. 1999. "Postmodern Consumer Culture without Postmodernity: Copying the Crisis of Signification." *Cultural Studies* 13(1): 18-33.

Kang, Myung Koo. 2011. "Compressed Modernization and the Formation of a Developmentalist Mentalite." Hyung A Kim, and Clark W. Sorensen, eds., *Reassessing the Park Chung Hee Era, 1961-1979: Development, Political Thought, Democracy, and Cultural Influence*, pp. 166-186. Seattle: University of Washington Press.

Kariya, Takehiko, 2013. *Education Reform and Social Class in Japan: The Emerging Incentive Divide*. London: Routledge.

Keblinska, Julia. 2017. "Mediated Nostalgia: Touching the Past in Reply 1994." *Journal of Japanese and Korean Cinema* 9(2): 124-140.

Kim, Doo-Sub. 2005. "Theoretical Explanations of Rapid Fertility Decline in Korea." *Japanese Journal of Population* 3(1): 1-25.

Kim, Han-Sang. 2013. "Cold War and the Contested Identity Formation of Korean Filmmakers: On Boxes of Death and Kim Ki-yŏng's USIS Films." *Inter-Asia Cultural Studies* 14(4): 551-563.

Kim, Hyewon. 2018. "Domesticating Hedwig: Neoliberal Global Capitalism and Compression in South Korean Musical Theater." *Journal of Popular Culture* 51(2): 421-445.

Kim, Hyun Mee. 2012. "The Emergence of the 'Multicultural Family' and Genderized Citizenship in South Korea." Chang Kyung-Sup and Bryan S. Turner, eds. *Contested Citizenship in East Asia: Developmental Politics, National Unity, and Globalization*, pp. 203-217. London: Routledge.

Kim, Hyun Mee. 2014. "The State and Migrant Women: Diverging Hopes in the Making of 'Multicultural Families'." Chang Kyung-Sup, ed., *South Korea in Transition: Politics and Culture of Citizenship*, pp. 147-160. London: Routledge.

Kim, Hyung-A. 2004. *Korea's Development under Park Chung Hee: Rapid Industrialization, 1961-79*. London: Routledge.

Kim, Kyong-Dong. 2017. *Confucianism and Modernization in East Asia: Critical Reflections*. Basingstoke: Palgrave Macmillan.

Kim, Nora. 2012. "Multiculturalism and Politics of Belonging: The Puzzle of Multiculturalism in Korea." *Citizenship Studies* 16(1): 103-118.

Kim, Seung Kuk. 2012. "East Asian Community as Hybridization: A Quest for East Asianism." Jan Nederveen Pieterse and Jongtae Kim, eds., *Globalization and Development in East Asia*, pp. 98-116. London:

Routledge.

Kim, Sung-Kyung. 2017. "Juche (Self-Reliance) in North Korea." *The Wiley Blackwell Encyclopedia of Social Theory, Volume III.* Hoboken: Wiley Blackwell. (https://doi.org/10.1002/9781118430873.est0820).

Kim, Sunhyuk. 2000. *The Politics of Democratization in Korea: The Role of Civil Society*. Pittsburgh: University of Pittsburgh Press.

Kim, Youna. 2013. "Korean Wave Pop Culture in the Global Internet Age: Why Popular? Why Now?" Youna Kim, ed., *The Korean Wave: Korean Media Go Global*, pp. 75-92, London: Routledge.

Kojima, Hiroshi. 2009. "Family Formation Behaviors of Couples in International Marriages: A Comparative Analysis of Japan and Taiwan." Hong-Zen Wang, and Hsin-Huang Michael Hsiao, eds., *Cross-Border Marriages with Asian Characteristics*, pp. 107-146. Taipei: Center for Asia-Pacific Area Studies, Academia Sinica.

Kong, Tat Yan. 2000. *The Politics of Economic Reform in South Korea: A Fragile Miracle*. London: Routledge.

Kong, Tat Yan. 2012. "Neoliberal Restructuring in South Korea Before and After the Crisis." Chang Kyung-Sup, Ben Fine, and Linda Weiss, eds., *Developmental Politics in Transition: The Neoliberal Era and Beyond*, pp. 235-253. Basingstoke: Palgrave Macmillan.

Koo, Hagen. 1993. "Strong State and Contentious Society." Hagen Koo, ed., *State and Society in Contemporary Korea*, pp. 231-249. Ithaca: Cornell University Press.

Koo, Hagen. 2001. *Korean Workers: The Culture and Politics of Class Formation*. Ithaca: Cornell University Press.

Koo, Hagen. 2016. "The Global Middle Class: How Is It Made, What Does It Represent?" *Globalizations* 13(4): 440-453.

Korea Higher Education Research Institute(KHEI). 2014. Public data release, 27 August 2014 (https://khei-khei.tistory.com/1053).

Kornai, Janos. 1992. *The Socialist System: The Political Economy of Communism*. Oxford: Oxford University Press.

Kung, I-Chun. 2009. "The Politics of International Marriages: Vietnamese Brides in Taiwan." Hong-Zen Wang, and Hsin-Huang Michael Hsiao, eds., *Cross-Border Marriages with Asian Characteristics*, pp. 177-188. Taipei: Center for Asia-Pacific Area Studies, Academia Sinica.

Kwon, Tai Hwan. 1977. *Demography of Korea: Population Change and Its Components, 1925-66*. Seoul: Seoul National University Press.

Kwon, Tai Hwan. 2003. "Demographic Trends and Their Social Implications." *Social Indicators Research* 62/63: 19-38.

Lan, Pei-Chia. 2014. "Compressed Modernity and Glocal Entanglement: The Contested Transformation of Parenting Discourses in Postwar Taiwan." *Current Sociology* 62(4): 531-49.

Lan, Pei-Chia. 2016. "Compressed Parenthood in Taiwan." *Global Dialogue: Newsletter for the International Sociological Association*, 6(2), (June) (http://isa-global-dialogue.net/compressed-parenthood-in-taiwan/).

Laslett, Barbara, and Johanna Brenner. 1989. "Gender and Social Reproduction: Historical Perspectives." *Annual Review of Sociology* 15: 381-404.

Latour, Bruno. 1993. *We Have Never Been Modern*, translated by Catherine Porter. Cambridge: Harvard University Press.

Latour, Bruno. 2005. *Reassembling the Social: An Introduction to Actor-Network-Theory*. Oxford: Oxford University Press.

Lee, Chul-Woo. 2014. "How Can You Say You're Korean? Law, Governmentality, and National Membership in South Korea." Chang Kyung-Sup, ed., *South Korea in Transition: Politics and Culture of Citizenship*, pp. 93-110. London: Routledge.

Lee, Keehyeung. 2004. "Speak Memory! Morae Sigye and the Politics of Social Melodrama in Contemporary South Korea." *Cultural Studies, Critical Methodologies* 4(4): 526-539.

Lew, Seok-Choon. 2013. *The Korean Economic Developmental Path: Confucian Tradition, Affective Network*. Basingstoke: Palgrave Macmillan.

Lewis, W. Arthur. 1954. "Economic Development with Unlimited Supplies of Labour." *Manchester School of Economics and Social Studies* 22(1): 139-191.

Lie, John. 1998. Han Unbound: *The Political Economy of South Korea*. Stanford: Stanford University Press.

Lie, John. 2012. "What is the K in K-pop? South Korean Popular Music, the Culture Industry, and National Identity." *Korea Observer* 43(3): 339-363.

Lim, Hyun-Chin. 1986. *Dependent Development in Korea, 1963-1979*. Seoul: Seoul National University Press.

Lim, Sungyun. 2019. *Rules of the House: Family Law and Domestic*

Disputes in Colonial Korea. Berkeley: University of California Press.

Lipton, Michael. 1977. *Why Poor People Stay Poor: Urban Bias in World Development*. Cambridge: Harvard University Press.

Lyotard, Jean-François. [1979]1984. *The Postmodern Condition: A Report on Knowledge*. Minneapolis: University of Minnesota Press.

Martin-Jones, David. 2007. "Decompressing Modernity: South Korean Time Travel Narratives and the IMF Crisis." *Cinema Journal* 46(4): 45-67.

Marx, Karl, and Frederick Engels. [1945-46] 1970. *The German Ideology*. New York: International Publishers.

Masina, Pietro. 2006. *Vietnam's Development Strategies*. London: Routledge.

McDonald, Peter. 2009. "Explanations of Low Fertility in East Asia: A Comparative Perspective." Gavin Jones, Paulin Tay Straughan, and Angelique Chan, eds. *Ultra-Low Fertility in Pacific Asia: Trends, Causes and Policy Issues*, pp. 23-39. London: Routledge.

Meillassoux, Claude. 1981. *Maidens, Meal and Money: Capitalism and the Domestic Community*. New York: Cambridge University Press.

Mittelman, James H. 2000. *The Globalization Syndrome: Transformation and Resistance*. Princeton: Princeton University Press.

Mittelman, James H. and Norani Othman, eds. 2001. *Capturing Globalization*. London: Routledge.

Moon, Seung-Sook. 2012. "Local Meanings and Lived Experiences of Citizenship: Voices from a Women's Organization in South Korea." *Citizenship Studies* 16(1): 49-67.

Morris, P. and A. Sweeting, eds., 1995. *Education and Development in East Asia*. New York: Garland.

Nelson, Laura C. 2000. *Measured Excess: Status, Gender, and Consumer Nationalism in South Korea*. New York: Columbia University Press.

Ochiai, Emiko and Hosoya Leo Aoi, eds. 2014. *Transformation of the Intimate and the Public in Asian Modernity*. Leiden: Brill.

Ochiai, Emiko. 2010. "Reconstruction of Intimate and Public Spheres in Asian Modernity: Familialism and Beyond." *Journal of Intimate and Public Spheres* (pilot issue): 1-22.

Ochiai, Emiko. 2011. "Unsustainable Societies: The Failure of Familialism in East Asia's Compressed Modernity." *Historical Social Research* 36(2): 219-245.

Ochiai, Emiko. 2014. "Care Diamonds and Welfare Regimes in East and Southeast Asian Societies." Ochiai Emiko, and Hosoya Leo Aoi, eds., *Transformation of the Intimate and the Public in Asian Modernity*, pp. 164-189. Leiden: Brill.

OECD. 2019. *OECD Employment Outlook 2019*. Paris: OECD Publishing.

OECD. 2011, 2019. Education at a Glance: OECD Indicators. Paris: OECD (https://data.oecd.org/eduatt/population-with-tertiary-education.htm).

OECD. 2020a. "OECD Data: Population with Tertiary Education" (https://data.oecd.org/eduatt/population-with-tertiary-education.htm).

OECD. 2020b. "OECD Data: Social Expenditure - Aggregated Data" (https://stats.oecd.org/Index.aspx?DataSetCode=SOCX_AGG).

Orta, Andrew. 1999. "Syncretic Subjects and Body Politics: Doubleness, Personhood, and Aymara Catechists." *American Ethnologist* 26(4): 864-889.

Paik, Peter Y. 2012. "South Korean Cinema and the Experience of Compressed Modernity," Presented at the Conference on "World Cinemas, Global Networks", Center for International Education, University of Wisconsin-Milwaukee, 29 April 2012.

Park, Chai Bin, and Nam-Hoon Cho. 1995. "Consequences of Son Preference in a Low-Fertility Society: Imbalance of the Sex Ratio at Birth in Korea." *Population and Development Review* 21(1): 59-84.

Park, Mee-Hae. 1991. "Patterns and Trends of Educational Mating in Korea." *Korea Journal of Population and Development* 20(2): 1-16.

Park, Myoung-Kyu and Chang Kyung-Sup. 1999. "Sociology between Western Theory and Korean Reality: Accommodation, Tension, and a Search for Alternatives." *International Sociology* 14(2): 139-156.

Parsons, Talcott, and Neil Smelser. 1956. *Economy and Society*. New York: Free Press.

Piao, Kuangxing. 2006. "Labor Flux of Korean Chinese and Social Changes in Global Era". PhD dissertation, Department of Sociology, Seoul National University.

Pieterse, Jan Nederveen. 1994. "Globalization as Hybridisation." *International Sociology* 9(2): 161-184.

Preston, Samuel and Shigemi Kono. 1988. "Trends in Well-Being of Children and the Elderly in Japan." Diana Palmer, John Logan

Palmer, and Timothy M. Smeeding, eds. *The Vulnerable*, pp. 277-307. Washington, DC: Urban Institute Press.

Rajkai, Zsombor, ed. 2016. *Family and Social Change in Socialist and Post-Socialist Societies*. Leiden: Brill.

Redding, S. Gordon. 1990. *The Spirit of Chinese Capitalism*. Berlin: Walter de Gruyter.

Regatieri, Ricardo Pagliuso. 2017. "Development and Dream: On the Dynamics of K-Pop in Brazil." *Development and Society* 46(3): 505-522.

Riskin, Carl. 1987. *China's Political Economy: The Quest for Development since 1949*. Oxford: Oxford University Press.

Rostow, W. W. 1959. "The Stages of Economic Growth." *Economic History Review* 12(1): 1-16.

Ryoo, Woongjae. 2008. "Globalization, or the Logic of Cultural Hybridization: The Case of the Korean Wave." *Asian Journal of Communication* 19(2): 137-151.

Safa, Helen Icken, ed. 1982. *Towards A Political Economy of Urbanization in Third World Countries*. Delhi: Oxford University Press.

Said, Edward. 1978. *Orientalism: Western Conceptions of the Orient*. New York: Pantheon.

Schein, Louisa. 1997. "Gender and Internal Orientalism in China." *Modern China* 23(1): 69-98.

Schmid, Andre. 2010. "Colonialism and the 'Korea Problem' in the Historiography of Modern Japan: A Review Article." *Journal of Asian*

Studies 59(4): 951-976.

Schwab, Klaus. 2017. *The Fourth Industrial Revolution*. New York: Penguin.

Selden, Mark. 1971. *The Yenan Way in Revolutionary China*. Cambridge: Harvard University Press.

Seol, Dong-Hoon. 2014. "The Citizenship of Foreign Workers: Stratified Formation, Fragmented Evolution." Chang Kyung-Sup, ed., *South Korea in Transition: Politics and Culture of Citizenship*, pp. 131-146. London: Routledge.

Seth, Michael. 2002. *Education Fever: Society, Politics, and the Pursuit of Schooling in South Korea*. Honolulu: University of Hawaii Press.

Seth, Michael. 2012. "Education Zeal, State Control and Citizenship in South Korea." *Citizenship Studies* 16(1): 13-28.

SEVIS. 2020. "U.S. Student and Exchange Visitor Program" (www.ice.gov/sevis/).

Shibata, Haruka. 2009. "The Gap between Social Policy Modernization and Lifestyle Modernization in Compressed Modernity: Cross-national Time-series Analyses of Social Spending and Total Fertility Rate on 30 Western and Asian Countries, 1990-2007." Presented at the International Conference on "Compressed Modernity and Social Policy: Cross-national Time-series Analysis on Western and Asian Countries", 24-25 July 2009, Kyoto University.

Shibata, Haruka. 2010. "The Possibility of Social Policy for Preventing Suicide in Compressed Modernity." Presented at The 3rd Next-

Generation Global Workshop of the Kyoto University Global Center of Excellence Program on "Reconstruction of the Intimate and Public Spheres in the 21st Century Asia", 11-12 December 2010, Kyoto University.

Shim, Doobo. 2006. "Hybridity and the Rise of Korean Popular Culture in Asia." Media, *Culture & Society* 28(1): 25-44.

Shin, Gi-Wook. 1997. *Peasant Protest and Social Change in Colonial Korea*. Seattle: University of Washington Press.

Shin, Gi-Wook. 2006. *Ethnic Nationalism in Korea: Genealogy, Politics, and Legacy*. Stanford: Stanford University Press.

Shin, Kwang-Yeong. 2013. "Economic Crisis, Neoliberal Reforms, and the Rise of Precarious Work in South Korea." *American Behavioral Scientist* 57(3): 335-353.

Shorter, Edward. 1988. "Grand Theories of Family Change: Modernization Theory." Presented at the Seminar on "Theories of Family Change", International Union for the Scientific Study of Population(IUSSP).

Sinn, Gerlinde, and Hans-Werner Sinn. 1992. *Jumpstart: The Economic Unification of Germany*. Cambridge: MIT Press.

Somerville, Jennifer. 1992. "The New Right and Family Politics." *Economy and Society* 21(2): 93-128.

Suh, Jae-Jung and Mikyoung Kim, eds. 2017. *Challenges of Modernization and Governance in South Korea: The Sinking of the Sewol and Its Causes*. Basingstoke: Palgrave Macmillan.

Sung, Minkyu. 2010. "The Psychiatric Power of Neo-Liberal Citizenship:

The North Korean Human Rights Crisis, North Korean Settlers, and Incompetent Citizens." *Citizenship Studies* 14(2): 127-144.

Taylor-Gooby, Peter, ed. 2004. *New Risks, New Welfare: The Transformation of the European Welfare State*. Oxford: Oxford University Press.

Therborn, Göran. 2003. "Entangled Modernities." *European Journal of Social Theory* 6(3): 293-305.

Turner, Bryan S. 1994. *Orientalism, Postmodernism, and Globalism*. London: Routledge.

Turner, Bryan S. 2001. "The Erosion of Citizenship." *British Journal of Sociology* 52(2): 189-209.

Turner, Bryan S. 2014. "Asian Citizenship and Beyond: Contradictions between Democracy and Demography." Chang Kyung-Sup, ed., *South Korea in Transition: Politics and Culture of Citizenship*, pp. 181-188. London: Routledge.

Turner, Bryan S. 2016. "We Are All Denizens Now: On the Erosion of Citizenship." *Citizenship Studies* 20(6/7): 679-692.

Turner, Bryan S., and Habibul Haque Khondker. 2010. *Globalization East and West*. London: Sage.

Turner, Bryan S., Chang Kyung-Sup, Cynthia F. Epstein, Peter Kivisto, J. Michael Ryan, William Outhwaite, and J. Michael Ryan, eds. 2017. *The Wiley Blackwell Encyclopedia of Social Theory*. Hoboken: Wiley Blackwell.

Urry, John. 2003. *Global Complexity*. Cambridge: Polity.

Wade, Robert. 1990. *Governing the Market: Economic Theory and the*

Role of Government in East Asian Industrialization. Princeton: Princeton University Press.

Walder, Andrew. 1986. *Communist Neo-Traditionalism: Work and Authority in Chinese Industry*. Berkeley: University of California Press.

Wang, Hong-Zen, and Ching-Ying Tien. 2009. "Who Marries Vietnamese Bride? Masculinities and Cross-Border Marriages." Hong-Zen Wang, and Hsin-Huang Michael Hsiao, eds., *Cross-Border Marriages with Asian Characteristics*, pp. 13-38. Taipei: Center for Asia-Pacific Area Studies, Academia Sinica.

Wang, Zhan. 2015. "Risk in the Compressed Modernity: Focusing on Knowledge and Consensus of the "Beijing Smog"" (in Japanese). *Journal of International Media, Communication, and Tourism Studies* 20: 95-114.

Weber, Max. 1946. *From Max Weber: Essays in Sociology*, edited by H. H. Gerth, and C. Wright Mills. New York: Oxford University Press.

Weiss, Linda, 1995. "Governed Interdependence: Rethinking the Government-Business Relationship in East Asia." *Pacific Review* 8(4): 589-616.

Weiss, Linda, Elizabeth Thurbon, and John Mathews. 2007. *National Insecurity: The Howard Government's Betrayal of Australia*. Crows Nest: Allen & Unwin.

Weiss, Linda. 1998. *The Myth of the Powerless State*. Ithaca: Cornell University Press.

Whilte, Gordon. 1998. "Social Security Reforms in China: Towards an

East Asian Model?" Goodman, Roger, Gordon White, and Huck-ju Kwon, eds., *The East Asian Welfare Model: Welfare Orientalism and the State*, pp. 175-198. London: Routledge.

Whittaker, D. Hugh, Timothy J. Sturgeon, Toshie Okita, and Tianbiao Zhu. 2020. *Compressed Development: Time and Timing in Economic and Social Development*. Oxford: Oxford University Press.

Xi, Jinping. 2021. "Speech at a Ceremony Marking the Centenary of the Communist Party of China." *China Xinhua News*, 1 July 2021 (http://www.xinhuanet.com/english/special/2021-07/01/c_1310038244.htm).

Xu, Honggang, and Yuefang Wu. 2016. "Lifestyle Mobility in China: Context, Perspective and Prospects." *Mobilities* 11(4): 509-520.

Yang, Hyunah. 2006. "Vision of Postcolonial Feminist Jurisprudence in Korea: Seen from the 'Family-Head System' in Family Law." *Journal of Korean Law* 5(2): 12-28.

Yi, Jeong-Duk. 2015. "Compressed Economic Growth and Compressed Modernity in East Asia." Presented at the Joint Meeting of East Asian Anthropological Association (EAAA) & Tawan Society for Anthropology and Ethnology (TSAE) on "Multiple Landscapes of Anthropology", National Chengchi University, 3-4 October 2015.

Yi, Ki-baek. 1984. *The New History of Korea*, translated from Korean by Edward W. Wagner with Edward J. Shultz. Cambridge: Harvard University Press.

Yoo, Theodore Jun. 2014. *The Politics of Gender in Colonial Korea: Education, Labor, and Health, 1910-1945*. Berkeley: University of California Press.

Yoon, In-Jin. 2012. "Circumstantial Citizens: North Korean 'Migrants' in South Korea." Chang Kyung-Sup, and Bryan S. Turner, eds., *Contested Citizenship in East Asia: Developmental Politics, National Unity, and Globalization,* pp. 218-239. London: Routledge.

Yoon, Seungjoo. 2017. "Eastern Spirit, Western Instrument." Bryan S. Turner, Chang Kyung-Sup, Cynthia F. Epstein, Peter Kivisto, J. Michael Ryan, William Outhwaite, eds., *The Wiley Blackwell Encyclopedia of Social Theory,* Volume II. Hoboken: Wiley Blackwell.

Yui, Kiyomitsu. 2012. "Multiple Modernities, Compressed Modernity and Hybrid Modernity: Theories of Modernities in Fundamental Reconsideration with Asian Perspective." Presented at the 40th World Congress of the International Institute of Sociology (IIS), Delhi, Feb 16-19, 2012.

Zaretsky, Eli. 1973. *Capitalism, the Family, and Personal Life.* New York: Harper & Colophon Books.

Zhang, Liang. 2013. "Individualization and Rural Society Reconstruction in the Process of Modernization." *Zhejiang Social Sciences,* 2013-03 (https://en.cnki.com.cn/Article_en/CJFDTotal-ZJSH201303002.htm).

|찾|아|보|기|

| ㄹ |

| ㅁ |

| ㅂ |

| ㅅ |

| ㅇ |

| ㅈ |

|옮|긴|이|의| 말|

얼마 전 한 예능 프로그램에 1990년대부터 지금까지 한국을 두루 경험한 외교관이 출연하여 화제가 되었다. 30년 전과 오늘날의 한국이 어떻게 다른지 묻는 질문에 그는 "1990년대에는 한국인들이 경제 분야에만 자신감이 있었다면 지금은 문화를 자랑스러워하는 것 같다"고 답했다. 아닌 게 아니라 영화, 드라마, 대중음악, 웹툰, 게임 등 다방면에서 한국의 콘텐츠가 세계적으로 권위 있는 상을 받거나 대중의 호응을 얻고 있으니 그런 평가에 고개를 끄덕인 시청자들이 많았을 것이다. '국뽕'을 경계하는 목소리도 있지만 언제부터인가 "오직 한없이 가지고 싶은 것은 높은 문화의 힘이다"라는 김구 선생의 소원이 마침내 이루어진 게 아니냐는 칼럼이나 댓글을 심심치 않게 마주하게 된다. 그런데 "문화의 힘은 우리 자신을 행복하게 하고 나아가서 남에게 행복을 주겠기 때문이다"라는, 그다음 구절에서 과연 나와 우리는 행복하다고 단언할 수 있는가 묻는다면 선뜻 답하기 어렵다.

'N포 세대' 혹은 'N잡러'로 불리는 청년들과 몸이 아파도 일을 그만둘 수 없는 노인들, 세계 최고 수준의 자살률, 저출산이 아닌 무출산을 향해 가고 있다는 표현이 나올 정도로 심각한 인구문제는 뉴스에 등장하는 누군가의 이야기가 아니라 당장 이 책을 읽고 있는 나와 가족, 이웃의 삶이다.

번역에 앞서 독자로서 『압축적 근대성의 논리』를 읽으면서 만화경과 같이 혼란한 현실을 좀 더 맑은 눈으로 볼 수 있게 된 것은 기쁘고 감사한 일이었다. 저자는 한국의 근대화 과정을 오랫동안 연구한 결과를 토대로 19세기 이후 선진국을 따라잡는 과정에서 한국이 어떻게 시공간적 압축을 겪었는지, 현대의 사회변동 속에서 나타난 다양한 근대성이 한국적인 것만은 아니지만 극적이고 고질적이며 복잡하게 상호작용하면서 어떻게 세계적으로 두드러진 사례가 되었는지를 체계적이고 설득력 있게 제시한다. 특히 가족이 일종의 사회간접자본으로 역할을 하면서 국가의 경제성장을 도왔지만 이 과정에서 복지 부담을 떠안았고 가족과 개인의 삶이 위협을 받게 되었다는 점은 결혼과 출산을 꺼리는 청년들에게나 여유로운 노후가 사라진 부모 세대에도 큰 울림을 준다. 정치적으로도 시민사회의 바탕 없이 서구 자유주의 제도가 도입되면서 국가의 권위주의가 확대된 결과 온갖 병폐가 나타났으며 지역, 세대, 계층, 젠더 간의 갈등은 현재진행형이다. 그렇다면 서구 따라잡기식 개발 과정에서 빚어진 문제에 대한 답을 또다시 서구에서 찾아야 하는가? 그럴 수 없다면 우리는 어떤 행동을 해야 하며 시민으로서 어떤 권리를 주장해야 하는가를 생각해보는 계기가 되었다.

아무래도 옮긴이로서의 소회는 탁월한 분석을 제시하는 책을 만날 기회를 얻었다는 것에 대한 감사함과 동시에 반성으로 마무리할 수밖에 없다. 번역에 정답이란 있는가, 모범답안이 있을 뿐 아닌가 하는 말을 듣게 되지만 이 책의 경우에는 분명한 정답이 존재한다는 생각이 내내 떠나지 않았다. 원서의 이해를 돕고 용어를 참고할 만한 저자의 연구논문이나 책을 찾아보면서 모범답안에라도 다가가려고 노력했지만 역시 부족한 부분을 생각하면 가슴이 먹먹해진다. 그럼에도 누군가 독자로서의 옮긴이처럼 이 책을 통해 이 시대 한국 사회와 가족, 나를 돌아보는 성찰과 깨달음, 위로를 얻는 데 조금이라도 도움이 된다면 답답한 마음이 한결 가벼워질 것 같다.

2023년 가을

박홍경

압축적 근대성의 논리

1판 1쇄 2023년 11월 30일
1판 2쇄 2024년 12월 20일

지은이 장경섭
옮긴이 박홍경

펴낸이 임지현
펴낸곳 (주)문학사상
주소 경기도 파주시 회동길 363-8, 201호 (10881)
등록 1973년 3월 21일 제1-137호

전화 031)946-8503
팩스 031)955-9912
홈페이지 www.munsa.co.kr
이메일 munsa@munsa.co.kr

ISBN 978-89-7012-573-2 (93300)